U0800221

高等职业教育测绘类专业系列教材

高速铁路精密测量
（第二版）

张福荣◎主编
周建东◎主审

中国铁道出版社有限公司

2025年·北　京

内 容 简 介

本书为高等职业教育测绘类专业系列教材。全书按照教、学、做一体化的教学模式，以项目教学为主线、典型工作任务为主要内容来编写，突出高等职业教育特色。本书包括9个项目，分别讲述了高速铁路精密测量技术体系建设、平面控制测量、高程控制测量、线下工程施工测量、线下工程构筑物变形测量、轨道施工测量、竣工测量、运营及养护维修测量和GNSS定位测量技术。

本书可作为高等职业院校工程测量技术、铁道工程技术、高速铁路施工与维护等专业的教材，也可作为有关工程技术人员的参考书。

图书在版编目（CIP）数据

高速铁路精密测量 / 张福荣主编．-- 2版．-- 北京 ：中国铁道出版社有限公司，2025. 7. --（高等职业教育测绘类专业系列教材）．-- ISBN 978-7-113-32283-0

Ⅰ．U238

中国国家版本馆CIP数据核字第2025LC8994号

书　　名：高速铁路精密测量
作　　者：张福荣

策　　划：陈美玲
责任编辑：陈美玲　　**编辑部电话：**(010)51873240　　**电子邮箱：**992462528@qq.com
封面设计：郑春鹏
责任校对：安海燕
责任印制：赵星辰

出版发行：中国铁道出版社有限公司（100054，北京市西城区右安门西街8号）
网　　址：https://www.tdpress.com
印　　刷：北京联兴盛业印刷股份有限公司
版　　次：2019年1月第1版　2025年7月第2版　2025年7月第1次印刷
开　　本：787 mm×1 092 mm 1/16　**印张：**11.25　**字数：**292千
书　　号：ISBN 978-7-113-32283-0
定　　价：35.00元

版权所有　侵权必究

凡购买铁道版图书，如有印制质量问题，请与本社读者服务部联系调换。电话：(010)51873174

打击盗版举报电话：(010)63549461

QIAN YAN 第二版前言

截至2024年底，我国高速铁路营业里程已达4.8万km，稳居世界第一。高速铁路已成为中国名片、中国速度的代表。高速铁路精密测量技术是保证高铁轨道的高平顺性、稳定性与可靠性的重要技术之一。近年来，北斗卫星导航系统的全面建成及应用和铁路工程等领域测量技术的不断发展，显著推动了我国铁路工程建设标准的提升。2024年，国家铁路局对《铁路工程测量规范》（TB 10101—2018）、《高速铁路工程测量规范》（TB 10601—2009）等标准进行了局部修订，以进一步提升高速铁路工程测量水平。本教材紧跟高速铁路精密测量技术最新发展形势，将高速铁路工程建设领域最新规范、标准等融入教材内容，以路基、桥梁、隧道等高速铁路建设典型结构为载体，按照行动导向、任务驱动的教学模式组织修订内容。

教材在第一版的基础上，新增了高速铁路精密测量技术体系建设内容，主要介绍了我国高速铁路发展基本情况和高速铁路精密测量技术体系建立的过程、内容及特点等。依据相应规范、标准等对高速铁路平面控制测量，高程控制测量，路基、桥梁、隧道等构筑物施工及监测，轨道施工测量，高速铁路线路竣工测量及GNSS测量技术等内容，进行了修订和完善。

本教材由陕西铁路工程职业技术学院张福荣担任主编，由中铁一局集团第五工程有限公司周建东担任主审。本教材共分为9个项目，编写分工如下：项目1由陕西铁路工程职业技术学院李立功编写，项目2由陕西铁路工程职业技术学院曾庆伟、中铁一局集团第五工程有限公司白芝勇共同编写，项目3由张福荣编写，项目4由天津铁道职业技术学院刘文贤编写，项目5由陕西铁路工程职业技术学院田倩编写，项目6和项目7由李立功和西安铁路职业技术学院刘锋共同编写，项目8由刘锋编写，项目9由曾庆伟和机械工业勘察设计研究院有限公司晁召波共同编写。本教材在编写过程中参考了大量相关的文献及资料，同时也得到编者院校的大力支持，在此一并表示感谢。

本书内容所涉及的新技术、新方法都处在不断变化之中，同时限于时间和编者水平，难免有疏漏之处，敬请读者批评指正。

编　者
2025 年 6 月

第一版前言

随着中国铁路快速发展，高速铁路对轨道工程的平顺性、可靠性、稳定性要求越来越高，而工程测量技术是高速铁路施工过程中一项重要的基础工作。本教材紧跟测绘技术发展，依据高速铁路工程测量等现行规范，按照项目导向、任务驱动教学模式编排教学内容，力求适应现代高等职业技术人员培养的需要。教学内容相较于其他类似教材丰富了构筑物变形测量、轨道施工测量、竣工测量、运营及养护维修测量、GPS定位测量技术等内容。

本教材由陕西铁路工程职业技术学院张福荣、西安铁路职业技术学院赵景民担任主编，由中铁一局集团第五工程有限公司周建东担任主审。本教材共分为8个项目，编写分工如下：项目1由陕西铁路工程职业技术学院曾庆伟、中铁一局集团第五工程有限公司白芝勇共同编写，项目2由张福荣编写，项目3由天津铁道职业技术学院刘文贤编写，项目4由陕西铁路工程职业技术学院田倩编写，项目5由赵景民编写，项目6由西安铁路职业技术学院张晓雅编写，项目7由西安铁路职业技术学院刘锋编写，项目8由曾庆伟和机械工业勘察设计研究院有限公司晁召波共同编写。本教材在编写过程中参考了大量相关的文献及资料，同时也得到编者院校的大力支持，在此一并表示感谢。

本书内容所涉及的新技术、新方法都处在不断变化之中，同时限于时间和编者水平，难免有不妥和疏漏之处，敬请读者批评指正。

编　者

2018年10月

MU LU

目录

项目1　高速铁路精密测量技术体系建设

项目描述

高速铁路是指设计标准等级高、可供列车安全高速行驶的铁路系统。它是一个复杂的综合系统，主要由基础设施、牵引供电系统、列车运行控制系统、高速列车以及通信系统等组成。作为一项重大的技术成就，高速铁路反映了一个国家的技术进步和工业水平。

我国高速铁路建设经历了从无到有，从跟跑到领跑的发展历程。通过持续不断的技术创新，我国在高速铁路工务工程、高速列车、通信信号、牵引供电、运营管理、安全监控、系统集成等领域取得了一系列重大成果，形成了具有中国特色的高速铁路技术体系，总体技术水平位居世界前列。高速铁路精密测量技术体系涵盖了全球导航卫星系统(GNSS)、高精度控制测量、工程动态监测等多种先进技术手段，构建起从控制网建立到工程施工测量再到运营维护监测的全流程精准测量体系，在高速铁路勘测设计、工程施工、运营维护等各阶段提供全方位技术保障。

学习目标

1. 知识目标

(1)了解我国高速铁路发展的基本情况；

(2)了解我国高速铁路网的基本构成；

(3)了解我国高速铁路精密测量技术体系建立的过程；

(4)掌握我国高速铁路精密测量技术体系的组成；

(5)掌握我国高速铁路精密测量技术的特点。

2. 能力目标

(1)能查阅高速铁路精密测量的相关资料、规范；

(2)能掌握我国高速铁路精密测量体系在高速铁路工程建设不同阶段的应用；

(3)能掌握高速铁路精密测量的工作内容。

3. 素质目标

(1)培养严谨细致、认真敬业的职业素养；

(2)培养民族自豪感、职业认同感；

(3)培养质量意识、创新意识。

任务1.1　我国高速铁路发展概况

1.1.1　任务目标

了解我国高速铁路发展基本情况；熟悉我国高速铁路的基本构成；能查阅相关资料、规范；

培养民族自豪感、职业认同感。

1.1.2　工作任务

阅读相关材料，了解我国高速铁路发展的基本情况。

1.1.3　相关配套知识

铁路作为国家重要的基础设施，是推动实现国家现代化的重要引擎，在经济社会发展中起着开路先锋的作用。高速铁路缩短了我国不同地区之间的旅行时间，加强了各区域间的经济联系，促进了资源和人员的流动，形成了诸多更加紧密的经济圈。同时，带动了沿线城市的产业升级和经济结构调整，促进了高新技术产业和现代服务业的发展。

我国高速铁路技术经历了从引进、消化、吸收再创新到自主创新的过程，目前，已经形成了具有自主知识产权的高速铁路技术体系。截至 2024 年底，我国铁路营业里程已达到 16.2 万 km，其中高速铁路 4.8 万 km，“八纵八横”高速铁路网加密成型，见表 1.1、表 1.2，稳居世界第一。

表 1.1　“八纵八横”高速铁路主通道构成（八纵）

序号	通道名称	线路构成	连接地区
1	沿海通道	大连（丹东）—秦皇岛—天津—东营—潍坊—青岛（烟台）—连云港—盐城—南通—上海—宁波—福州—厦门—深圳—湛江—北海（防城港）高速铁路（其中青岛至盐城段利用青连、连盐铁路，南通至上海段利用沪通铁路）	连接东部沿海地区，贯通京津冀、辽中南、山东半岛、东陇海、长三角、海峡西岸、珠三角、北部湾等城市群
2	京沪通道	北京—天津—济南—南京—上海（杭州）高速铁路，包括南京—杭州、蚌埠—合肥—杭州高速铁路，同时通过北京—天津—东营—潍坊—临沂—淮安—扬州—南通—上海高速铁路	连接华北、华东地区，贯通京津冀、长三角等城市群
3	京港（台）通道	北京—衡水—菏泽—商丘—阜阳—合肥（黄冈）—九江—南昌—赣州—深圳—香港（九龙）高速铁路；另一支线为合肥—福州—台北高速铁路，包括南昌—福州（莆田）铁路	连接华北、华中、华东、华南地区，贯通京津冀、长江中游、海峡西岸、珠三角等城市群
4	京哈—京港澳通道	哈尔滨—长春—沈阳—北京—石家庄—郑州—武汉—长沙—广州—深圳—香港高速铁路，包括广州—珠海—澳门高速铁路	连接东北、华北、华中、华南、港澳地区，贯通哈长、辽中南、京津冀、中原、长江中游、珠三角等城市群
5	呼南通道	呼和浩特—大同—太原—郑州—襄阳—常德—益阳—邵阳—永州—桂林—南宁高速铁路	连接华北、中原、华中、华南地区，贯通呼包鄂榆、山西中部、中原、长江中游、北部湾等城市群
6	京昆通道	北京—石家庄—太原—西安—成都（重庆）—昆明高速铁路，包括北京—张家口—大同—太原高速铁路	连接华北、西北、西南地区，贯通京津冀、太原、关中平原、成渝、滇中等城市群
7	包（银）海通道	包头—延安—西安—重庆—贵阳—南宁—湛江—海口（三亚）高速铁路，包括银川—西安以及海南环岛高速铁路	连接西北、西南、华南地区，贯通呼包鄂、宁夏沿黄、关中平原、成渝、黔中、北部湾等城市群
8	兰（西）广通道	兰州（西宁）—成都（重庆）—贵阳—广州高速铁路	连接西北、西南、华南地区，贯通兰西、成渝、黔中、珠三角等城市群

表 1.2　“八纵八横”高速铁路主通道构成(八横)

序号	通道名称	线路构成	连接地区
1	绥满通道	绥芬河—牡丹江—哈尔滨—齐齐哈尔—海拉尔—满洲里高速铁路	连接黑龙江及蒙东地区
2	京兰通道	北京—呼和浩特—银川—兰州高速铁路	连接华北、西北地区，贯通京津冀、呼包鄂、宁夏沿黄、兰西等城市群
3	青银通道	青岛—济南—石家庄—太原—银川高速铁路(其中绥德至银川段利用太中银铁路)	连接华东、华北、西北地区，贯通山东半岛、京津冀、太原、宁夏沿黄等城市群
4	陆桥通道	连云港—徐州—郑州—西安—兰州—西宁—乌鲁木齐高速铁路	连接华东、华中、西北地区，贯通东陇海、中原、关中平原、兰西、天山北坡等城市群
5	沿江通道	上海—南京—合肥—武汉—重庆—成都高速铁路，包括南京—安庆—九江—武汉—宜昌—重庆、万州—达州—遂宁—成都高速铁路(其中成都至遂宁段利用达成铁路)	连接华东、华中、西南地区，贯通长三角、长江中游、成渝等城市群
6	沪昆通道	上海—杭州—南昌—长沙—贵阳—昆明高速铁路	连接华东、华中、西南地区，贯通长三角、长江中游、黔中、滇中等城市群
7	厦渝通道	厦门—龙岩—赣州—长沙—常德—张家界—黔江—重庆高速铁路(其中厦门至赣州段利用龙厦铁路、赣龙铁路，常德至黔江段利用黔张常铁路)	连接海峡西岸、中南、西南地区，贯通海峡西岸、长江中游、成渝等城市群
8	广昆通道	广州—南宁—昆明高速铁路	连接华南、西南地区，贯通珠三角、北部湾、滇中等城市群

1. 我国高速铁路发展概况

20 世纪 90 年代以来，我国在高速铁路工务工程、通信信号、动车组、牵引供电、运营管理等方面，进行了一系列科学研究与技术攻关，先后经历了初始化的探索起步阶段、国产化的积累成长阶段、自主化的全面提升阶段，目前已进入智能化的引领发展阶段。经过长期坚持不懈的努力，我国在高速铁路技术创新方面取得了辉煌的成就与丰硕的成果，目前，我国高速铁路综合技术已达到世界先进水平，而且在部分技术领域已经达到世界领先水平。

(1)初始化的探索起步阶段(1994—2003 年)

20 世纪 90 年代，我国开始高速铁路探索研究，首次将高速铁路作为我国铁路发展战略。1994 年 9 月至 12 月，在广深准高速铁路开展了运行速度 170 km/h 的综合试验，系统验证了线路、机车车辆及旅客列车速度分级控制系统；2002 年 12 月，建成了运行速度 200 km/h 的秦沈客运专线，这是我国自主研究、设计、施工的第一条客运专线，自此形成了我国 200 km/h 高速铁路的技术标准体系，加快了我国铁路客运高速化发展的进程。

(2)国产化的积累成长阶段(2004—2007 年)

为缓解铁路运输对国民经济发展的制约，我国相继开展了既有线铁路 6 次大提速。2007 年 12 月，我国建成了设计速度 250 km/h 的合宁客运专线，系统掌握了 250 km/h 高速铁路的整套技术。

(3)自主化的全面提升阶段(2008—2016 年)

从 2008 年开始，我国不断推进工务工程、通信信号、动车组、牵引供电、运营管理、安全风险防控等高速铁路技术创新，高速铁路总体技术水平已进入世界先进行列，工程建造等部分技术领域达到世界领先水平。陆续建成了京津、京沪、京广、哈大等一批设计时速 350 km 的高速铁路。

(4)智能化的引领发展阶段(2017 年至今)

2017 年以来，我国高速铁路开始步入引领阶段，向更智能、更安全舒适、更高标准的方向迈进。在高速铁路工程建造、高速动车组、运营管理、安全保障等领域取得一系列创新成果，全面掌握了高速铁路关键核心技术。2017 年 9 月 21 日，“复兴号”中国标准动车组率先在京沪高铁实现时速 350 km 运营，是世界上高速铁路商业运营速度最高的国家，充分彰显了我国高速铁路科技创新的领先地位。依托京张高铁、京雄城际等重点工程，大力推进智能建造、智能装备、智能运营技术创新，构建了涵盖技术体系、数据体系和标准体系的智能高速铁路体系架构，成为世界智能铁路发展的重要引领者。

2. 我国高速铁路建设技术创新成就

我国高速铁路的快速发展离不开科技创新的引领和支撑。依托京沪高铁等重点工程，我国铁路持续深入开展关键技术自主攻关和产业化应用，形成了“复兴号”中国标准动车组等一大批重大科技创新成果，我国高速铁路总体技术水平已跻身世界先进行列，部分技术领域达到了世界领先水平，智能高速铁路技术创新实现重大突破，推动铁路科技创新，实现了历史性、整体性重大变化。

(1)工程建设技术

为适应我国地质及气候条件复杂多样的特点，我国系统研究掌握了不同气候环境、不同地质条件下建造高速铁路的成套技术，在京津城际、京沪高铁等投入运营的基础上，又相继建成哈大等高寒高速铁路、海南环岛等沿海水网地区和热带高速铁路、兰新等西部山区和沙漠风区高速铁路，我国成为世界上唯一具有在各种气候环境和复杂地质条件下建设运营高速铁路的国家。依托长期的高速铁路技术攻坚和工程实践，我国成功攻克千米级超大跨度桥梁、复杂长大隧道、深埋地下车站等一系列超级工程技术难题。修建了沪苏通长江公铁大桥、五峰山长江大桥、武汉天兴洲大桥等一批世界级大跨度高速铁路桥梁；建成了广深港高铁狮子洋隧道、西成高铁秦岭隧道群等长大高速铁路隧道；建成了北京南、上海虹桥、广州南等一大批现代化高速铁路枢纽站。

(2)装备制造技术

把握世界铁路科技发展趋势，立足我国国情需要，以实现我国铁路装备自主化、系统化和互联互通为目标，积极开展协同创新，成功研制了拥有自主知识产权、达到世界先进水平的“复兴号”中国标准动车组，整车寿命、牵引功率、运行阻力等主要指标显著提升，实现世界最高时速 350 km 商业运营。在此基础上，持续深入推进复兴号系列化动车组的研制，构建形成涵盖不同速度等级，能够适应高原、高寒、风沙等各种运营环境的复兴号系列产品。随着复兴号高原内电双源动车组开进西藏，开到拉萨，复兴号列车开行已经覆盖了全国 31 个省(区、市)(不包含港澳台)。为适应高速铁路成网运营对通信信号和牵引供电技术的特殊要求，我国自主研发了 CTCS-3 级列车控制系统，满足动车组列车最高运营速度 350 km/h、最小追踪间隔时间 3 min的安全运行要求；建成了铁路供电调度控制(SCADA)系统，为高速铁路运行提供了功能强大、安全可靠的电力供应系统。

(3)运营管理技术

为充分把握我国高速铁路成网运营特征和规律，我国不断创新和完善高速铁路运营管理，建立了适应国情路情、具有国际先进水平的高速铁路运营管理技术体系。构建了以中国国家铁路集团有限公司(简称"国铁集团")为全路指挥中心、以铁路局集团公司为地区调度中心、以车站为执行中心的调度指挥体系，掌握了复杂路网条件下不同速度等级的高速列车高密度跨线运输调度技术，解决了不同动车组编组、不同速度、长大距离和跨线运行等运输组织难题，实现了繁忙高速铁路干线和城际铁路列车高密度、公交化开行，高峰期发车间隔仅有4～5 min。

(4)安全保障技术

安全是运输的生命线，我国始终坚持高速铁路安全万无一失理念，充分发挥科技保安全作用，全面强化高速铁路技防安全保障技术攻关，研究构建了高速铁路安全保障技术体系。建立了由高速综合检测列车、综合巡检车等检测装备，以及沿线检测传感装置等组成的线路设备监测系统，截至2024年12月，行驶速度250 km/h、350 km/h的高速综合检测列车检测里程已累计超过900万km。运用大数据分析，实现对高速铁路基础设施运行状态的精准掌握。研发了风、雨、雪等自然灾害监测、异物侵限报警和地震监测预警系统，实现对自然灾害和治安风险的立体防控。

3. 我国高速铁路发展方向

根据《交通强国建设纲要》、《新时代交通强国铁路先行规划纲要》和《绿色交通"十四五"发展规划》，到2025年，我国高速铁路网络覆盖将进一步扩大，路网结构更加优化，骨干作用更加显著。展望2030年，基本实现内外互联互通、区际多路畅通、省会高速铁路连通、地市快速通达、县域基本覆盖，中国高速铁路将持续为经济社会发展提供强大支撑。我国高速铁路建设在未来呈现出多维度的发展趋势。随着技术的不断进步，高速铁路精密测量技术体系也将不断完善，为高速铁路建设的高质量发展注入新动力。

(1)技术创新持续深化

在列车速度提升上，继CR450高速动车组样车下线后，研发将不断突破速度瓶颈，在进一步降低列车高速行驶的阻力与噪声、研发适配高速运行的新型轨道材料等方面开展创新研究，确保列车运行安全、稳定、舒适。在智能化领域，借助5G、大数据、人工智能等前沿技术，推动高速铁路运营管理全方位智能化。持续优化列车自动驾驶系统，使其能精准应对恶劣天气、设备故障等复杂运行环境，提升运行效率与安全性；在车站管理中，利用人工智能图像识别技术快速安检，通过大数据分析智能引导旅客，提升出行体验。

(2)绿色发展更加突出

在能耗降低方面，积极研发新型节能技术，研究更高效的牵引供电系统，提高能源利用效率，降低列车运行能耗。在环保材料应用上，列车车身制造采用轻质、高强度且环保的复合材料，降低列车自重，减少能耗；铁路沿线建设采用生态友好型施工工艺与防护措施，保护周边生态环境。

(3)路网建设加密拓展

国内持续完善"八纵八横"高速铁路网，填补部分地区高速铁路空白，提升区域间连通性，尤其是加强出疆入藏、沿江沿边沿海等干线铁路建设。同时，多层次轨道交通互联互通需求凸显，城际铁路、市域(郊)铁路、铁路专用线等区域性铁路和现代化物流枢纽建设将成为重点。国外积极推进与多国协商建设亚欧高速铁路网络，促进国际间贸易往来与文化交流，推动"一带一路"倡议深入实施。

任务 1.2 我国高速铁路精密测量技术体系建设

1.2.1 任务目标

了解我国高速铁路精密测量技术体系建立的过程；掌握我国高速铁路精密测量技术体系的组成；掌握我国高速铁路精密测量技术的特点；掌握高速铁路精密测量的工作内容；掌握我国高速铁路精密测量体系在高速铁路工程建设不同阶段的应用；培养严谨细致、认真敬业的职业素养；培养质量意识、创新意识。

1.2.2 工作任务

阅读相关材料，熟悉高速铁路精密测量技术的工作内容，掌握我国高速铁路精密测量技术体系建设的过程及特点。

1.2.3 相关配套知识

高速铁路运行速度高，为保证列车的安全性和舒适性，轨道必须具有高平顺性，这对传统工程测量技术提出了挑战，测量精度需要控制在毫米级范围之内，要求高速铁路工程测量必须建立一套与之相适应的工程测量体系。

1. 建立的目的

高速铁路线路勘测设计、工程施工、工程验收和运营维护等各个环节，都需要使用精密工程测量技术，测量技术贯穿于高速铁路建设的全过程，对提升工程质量水平有重要作用。开展高速铁路精密测量的目的是彻底提高铁路工程建设质量，保证列车在高速行驶过程中的安全。精密测量需要根据工程实际情况，合理设计各级平面、高程控制网，使工程建设的各个环节能够有效实施，最终实现高速铁路的成功建设。

在高速铁路建设过程中，精密工程控制测量技术的应用可以实现对工程精度的严格把控。使用高精度的测量仪器和科学的布设控制方法，能够有效降低工程误差，使高速铁路工程能够满足工程控制预定的精度要求，也为高速铁路精确施工提供了坚实的基础。高速铁路精密工程测量的要求是以实际情况为基础，严格按照设计线形施工标准，确保达到轨道平顺性要求和毫米级精度要求，从而保证行车安全性及舒适度。

2. 建立的过程

我国高速铁路精密工程测量技术体系是伴随着我国无砟轨道工程的发展而逐步建立起来的。随着我国铁路技术不断发展，铁路建设过程中的高精度施工越来越受到重视，精密工程测量技术应用也越来越广泛。

2004 年，根据高速铁路轨道平顺性的精度要求，铁道第二勘察设计院和西南交通大学在遂渝线的无砟轨道综合试验场，就无砟轨道铁路工程中的测量技术展开研究，制定了控制网设计的精度准则和精度指标，建立了无砟轨道综合试验段的精密工程测量控制网，编制完成了《客运专线无碴轨道铁路工程测量暂行规定》。

2006 年，随着多条无砟轨道铁路线路陆续开工建设，结合我国高速铁路建设的特点，我国开展了高速铁路轨道控制网(CPⅢ)平面及高程测量标准研究和软件研制，初步建设起适应无砟轨道建设新形势的铁路精密工程测量技术体系。

2009 年，我国建立了高速铁路轨道线形控制绝对定位和相对定位相结合、逐级控制的精密控制测量技术体系与方法。由中铁二院工程集团有限责任公司主编，铁道部(现“国铁集团”)发布实施的《高速铁路工程测量规范》(TB 10601—2009)出台，为我国高速铁路大规模建设提供了坚实的技术支撑，标志着我国开始形成具有自主知识产权的高速铁路工程测量技术标准。

3. 体系的内容

高速铁路精密工程测量技术的应用贯穿高速铁路工程项目全过程，测量的内容包括很多方面，主要有：平面及高程控制测量、轨道施工测量、线下工程施工测量、工程运营维护测量等。为了满足高速铁路轨道铺设所需要的轨道内、外部尺寸精度要求，围绕高速铁路勘测设计、施工、运营维护等，我国建立了一套系统全面、层次分明的精密测量技术体系，如图1.1所示。

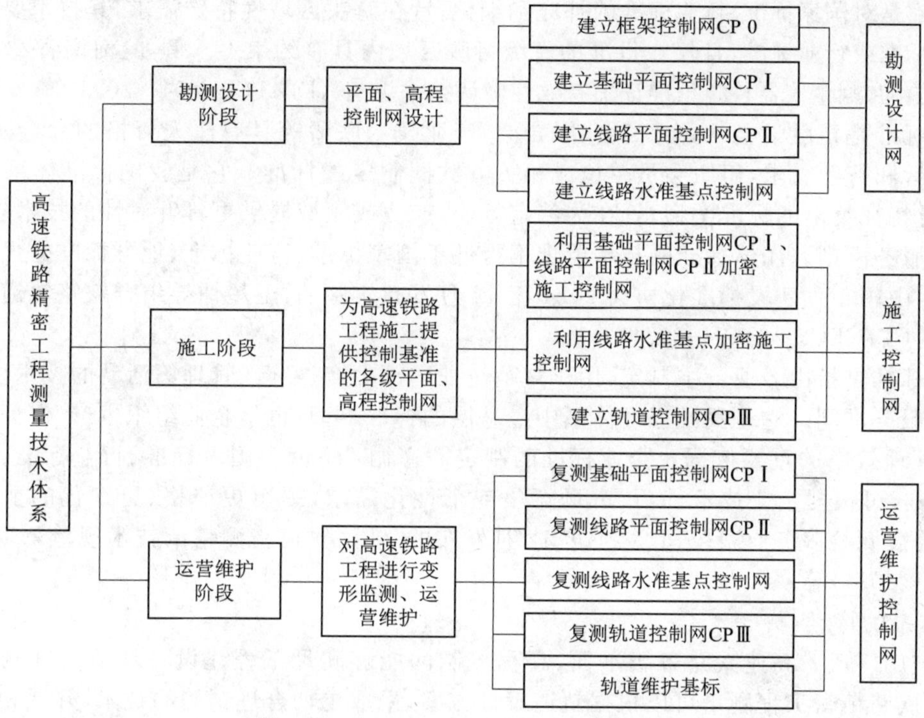

图1.1　高速铁路精密工程测量技术体系

我国高速铁路精密工程测量技术体系应用或执行的测量标准，包含国家标准、行业标准、地方标准、团体标准、企业标准等多种层次。国家标准是基础和底线，行业标准、地方标准是在国家标准基础上的细化或补充；团体标准由社会团体自主制定，以市场和创新需求为目标，供团体成员约定采用或者按照本团体的规定供社会自愿采用的标准；企业标准则是在符合上级标准的前提下，追求更高要求或个性化适配。

国家标准的编号由国家标准的代号(“国标”大写汉语拼音首字母构成)、国家标准发布的顺序号和年号三部分构成。强制性标准冠以“GB”、推荐性标准冠以“GB/T”。例如：中华人民共和国住房和城乡建设部2020年发布的《工程测量标准》(GB 50026—2020)，中华人民共和国国家质量监督检验检疫总局、中国国家标准化管理委员会2006年发布的《国家一、二等水准测量规范》(GB/T 12897—2006)，中华人民共和国住房和城乡建设部、国家市场监督管理总局2024年发布的《全球导航卫星系统(GNSS)测量规范》(GB/T 18314—2024)等。

行业标准是国务院有关行政主管部门依据其行政管理职责，对没有推荐性国家标准而又需要在全国某个行业范围内统一的技术要求所制定的标准。行业标准重点围绕本行业领域重要产品、工程技术、服务和行业管理等需求制定。其编号由行业标准代号、标准顺序号及年号组成。测绘行业标准由原国家测绘局(现自然资源部)批准发布,代号为大写字母“CH”;铁道行业标准由国家铁路局颁布,行业代号为大写字母“TB”。例如:国家铁路局 2024 年局部修订的《高速铁路工程测量规范》(TB 10601—2009)、《铁路工程测量规范》(TB 10101—2018),国家铁路局 2025 年发布的《铁路工程卫星定位测量规范》(TB 10054—2025),国家测绘局 2010 年发布的《平面控制测量成果质量检验技术规程》(CH/T 1022—2010)等。

地方标准是我国标准体系的重要组成部分,指由省、自治区、直辖市人民政府标准化行政主管部门(通常为各省、市的市场监督管理局)组织制定并批准发布,在本行政区域内统一实施的技术要求。它是对国家标准、行业标准的补充和细化,旨在解决区域性特殊需求,其技术要求不得低于国家标准或行业标准,且仅在批准的省级行政区域内具有约束力。例如:河南省 2023 年 8 月发布实施的《测量仪器检定校准证书有效性确认技术规范》(DB41/T 2454－2023)等。

团体标准是指由学会、协会、商会、联合会、产业技术联盟等具有法人资格的社会团体,根据自身宗旨和行业需求,组织会员单位或相关方共同制定的标准。它是我国标准体系中市场化、专业化特征突出的标准类型,旨在为特定行业、产业或领域提供更具针对性的技术规范、管理要求或服务准则。团体标准的技术要求不得低于国家标准、行业标准、地方标准的强制性规定。例如:中国工程建设标准化协会 2024 年 12 月发布实施的《卫星惯导组合铁路轨道几何状态测量仪》(T/CECS 10417—2024)等。

企业标准是指由企业自主制定,用于规范企业内部生产、经营、管理等活动的技术要求、管理规范或服务准则。它是我国标准体系中最基层的标准类型,也是企业组织生产、保证产品质量、提升管理效率的重要依据。企业标准的制定需遵循“不低于国家标准、行业标准、地方标准”的原则,可根据企业技术创新、市场竞争或个性化需求,提出更严格、更细化的要求。例如:河南烨宸测绘服务有限公司 2024 年 12 月发布的《铁路轨道精测精调技术规范》(T/QGC-ML 4784—2024)等。

4. 体系的特点

(1)应用广泛。高速铁路各级平面、高程控制网能够满足工程建设各环节的勘测精度要求。高速铁路精密工程测量可以根据轨道设计方案,采取更加合理精确的技术,开展相关测量工作,不仅可以满足施工过程中的测量要求,还可以满足轨道运营维护的精度要求,能够在铁路建设的全过程中充分发挥作用。

(2)分级布网。分级布网是保障高速铁路轨道高平顺性、高精度施工和安全运营的核心技术手段,主要包括基础平面控制网、线路平面控制网以及轨道控制网,这三级控制网能够为轨道建设过程中的勘测、施工和运营维护提供基准坐标控制参照。

在高速铁路测量控制网的布设过程中,平面控制网的布设应在框架控制网布设完成后分二级布设,测量控制网需要满足线下工程测量精度要求,同时也要满足轨道工程的铺设精度要求,才能保证实际施工的几何参数与设计目标参数保持足够小的偏差,使轨道施工与线下工程施工通过各级控制网实现协调统一,保证工程质量。

(3)边长投影变形值的控制。高速铁路线路工程一般地区跨度较大,而地球表面是一个凹凸不平的球面,当把球面的测量数据投影到施工平面上的时候,就会产生变形,这种变形被称作边长投影变形。过大的投影变形会对高速铁路施工和运行工作产生不利影响,因此必须构建独立的坐标系统,按照边长投影的变形值越小,越有利于提高轨道平顺性的原则,将边长投影变形值控制在每千米不大于 10 mm 的范围内。高速铁路工程施工时,要求实际测量值与坐标反算边长值相一致，达到尺度统一。

(4)三网合一测量体系。高速铁路工程测量控制体系按照阶段、目的和功能的不同，可划分为勘测控制网、施工控制网、运营维护控制网三类，简称为“三网”。为了保证测量成果的精度满足高速铁路在勘测、施工及运营维护三个阶段的质量及管理要求，三个阶段的平面及高程控制测量工作需要使用统一的基准参考，即三类控制网均采用CPⅠ基础平面控制网，以及线路水准基点高程控制网为基准。勘测控制网、施工控制网、运营维护控制网三网基准统一，也被称作“三网合一”。

在高速铁路工程项目的各个阶段，均采取坐标定位控制的方式，因此“三网合一”的基础就是三者坐标、高程系统要统一，以此保证高速铁路勘测设计、施工及运营维护工作顺利进行。如果坐标、高程系统不统一，设计坐标、高程便无法正确定位，导致轨道工程与线下工程错位，偏离设计位置，产生施工质量问题。

“三网合一”是建立统一坐标系统的前提。“三网合一”测量体系的建立，使铁路线路的坐标与其附属建筑物的坐标处在同一坐标系统中，路线上的每一个点都有且只有唯一的一个坐标与其相对应。“三网合一”使施工及运营维护工作，按照设计参数要求，严格进行施工和养护，保证轨道运行的平顺性，为高速铁路建设及管理的信息化和数字化创造了便利条件，是建设高速铁路精密工程测量技术体系的核心思想和基础手段。

知识拓展

由于标准化对象涉及各技术领域，标准化组织通常成立专业技术委员会来进行标准的制定工作。来自各相关方的技术专家在特定专业领域内开展标准化活动。有时，技术委员会还会根据专业技术的标准化需求，下设分技术委员会、成立工作组等技术组织。

技术委员会开展标准制定活动时，需要按照标准发布机构已确立的标准制定程序进行。标准制定后还需要进行周期性的复审，确保标准中的技术指标和内容仍然有效。复审的结果可能是继续有效，也可能是要修改或修订，如果有些产品或技术已被淘汰，则相关标准需要废止。

以我国国家标准的制定为例，制定全过程包括预研、立项、起草、征求意见、审查、批准、出版、复审和废止九个阶段。其中，技术委员会作为主要阶段工作的主体，发挥着重要作用。一项国家标准的制定周期一般为2～3年。标准自开始实施后5年内，要进行复审，以确认现行标准继续有效、修订或予以废止。

项目小结

本项目围绕我国高速铁路发展历程、取得成就，以及我国高速铁路精密测量技术体系建立的目的、内容、特点等，系统介绍了我国高速铁路发展的概况和高速铁路精密测量技术体系的建设情况。

我国高速铁路发展概况。通过查阅国家铁路局、中国中铁股份有限公司、中国铁建股份有限公司等官方网站，以及《中长期铁路网规划》(发改基础〔2016〕1536号)等资料，客观、正确了解我国高速铁路发展的基本情况。

我国高速铁路精密测量技术体系。通过查阅全国标准信息公共服务平台、中华人民共和国自然资源部、国家铁路局等官方网站，搜集、查阅高速铁路工程建设中所使用的规范、标准等，了解我国高速铁路精密测量技术体系的内容，明确高速铁路精密测量工作中，仪器选择、使用，外业观测和内业数据处理技术要求等内容。

复习思考题

1. 我国高速铁路建设技术创新成就有哪些？
2. 我国高速铁路精密测量技术体系包含哪些内容？有哪些特点？

项目 2　平面控制测量

项目描述

近年来，铁路建设等级和技术水平有了快速发展，高速铁路成为连接各大城市的纽带，有效地促进了地区经济的发展。高速铁路建设对线路的平顺性要求极高，以保障列车高速运行时的安全和舒适，而精密控制测量技术是实现线路高平顺性的关键技术。

按照“分级布网、逐级控制、三网合一”的原则，高速铁路控制测量工作的实施是先沿线布设首级控制网，分别为框架基准网（CP0）、基础平面控制网（CPⅠ）和线路平面控制网（CPⅡ），在此基础上布设轨道控制网（CPⅢ）。高速铁路首级控制网一般在勘测设计阶段由设计单位完成，首级控制网主要采用全球导航卫星系统（GNSS）测量技术，CP0 框架控制网按一等 GNSS 控制网技术要求沿线路每隔 50 km 左右布设一个点，CPⅠ基础平面控制网按二等 GNSS 控制网技术要求沿线路每隔 2 km 布设一个点或每隔 4 km 布设一对点，CPⅡ线路平面控制网按三等 GNSS 控制网技术要求沿线每隔 400～800 m布设一个点。各级平面控制网的作用为 CPⅠ主要为勘测设计、施工、运营维护提供坐标基准，CPⅡ为勘测设计和施工提供控制基准，CPⅢ为高速铁路无砟轨道铺设和运营维护提供测量控制基准。

学习目标

1. 知识目标

（1）了解高速铁路测量“三网合一”的重要性；

（2）掌握 CP0 框架控制网的布设、观测及数据处理方法；

（3）掌握 CPⅠ基础平面控制网的布设、观测及数据处理方法；

（4）掌握 CPⅡ线路平面控制网的布设、观测及数据处理方法；

（5）掌握路基、桥涵、隧道 CPⅢ轨道控制网的布设、观测及数据处理方法。

2. 能力目标

（1）能够对 CP0 框架控制网、CPⅠ基础平面控制网、CPⅡ线路平面控制网进行布设、观测及数据处理；

（2）能够对桥涵、隧道和路基段 CPⅢ轨道控制网进行布设、观测及数据处理。

3. 素质目标

（1）培养正确查询、运用行业规范、标准的能力；

（2）培养与人沟通以及写作能力；

（3）培养质量意识、安全意识、环保意识与协作意识；

（4）培养吃苦耐劳精神和严谨认真的工作作风。

任务 2.1 CP0 框架控制网测量

2.1.1 任务目标

通过本任务的学习，能够正确使用 GNSS 接收机，掌握 GNSS 数据处理方法；能完成 CP0 控制网布设、外业观测及数据处理；熟悉相关的测量技术要求。

2.1.2 工作任务

结合具体的工程项目，完成 CP0 控制网的布设，并进行外业数据采集及内业数据处理。

2.1.3 相关配套知识

CP0 框架控制网采用 GNSS 测量的方法，全线一次布网，统一测量，整体平差，为全线坐标提供起算基准。

1. 技术要求

CP0 框架控制网 GNSS 测量精度指标及观测技术要求见表 2.1、表 2.2。

表 2.1 CP0 框架控制网 GNSS 测量精度指标

等级	固定误差 a/mm	比例误差系数 b/(mm/km)	基线方位角中误差/(″)	约束平差后最弱边边长相对中误差	相邻点的相对中误差/mm
一等	≤5	≤1	1.0	1/250 000	20

表 2.2 CP0 控制网观测技术要求

卫星截止高度角	数据采样间隔	同时观测有效卫星数	有效卫星的最短连续观测时间	观测时段数	有效时段长度
15°	30 s	≥4	≥15 min	≥4	≥300 min

2. 仪器设备的选择

采用标称精度不低于$(5+1\times10^{-6}D)$mm 的双频 GNSS 接收机。同步观测的 GNSS 接收机不少于 4 台，且要求观测量为载波相位。接收机在使用前必须出具仪器鉴定部门提供的鉴定证书，在使用过程中对接收机应定期检验。

3. 选点与埋石

CP0 框架控制网测量采用 GNSS 测量，GNSS 测量相邻点之间不一定相互通视，且网形结构比较灵活，选点相对简便，选点前应收集和了解测区的地理情况、风土人情以及原有控制点的分布情况，在选点时应遵循以下原则。

(1)点位应沿线路走向每 50 km 左右布设一个点，点位距离线路中线不宜大于 10 km。在线路起点、终点或与其他线路衔接地段，应保证至少有 1 个 CP0 控制点。

(2)CP0 控制点应选在交通方便、有利于其他观测手段扩展与联测的地方。

(3)CP0 控制点应选择在四周开阔且易安置接收机设备的位置，在地面高度角 15°内不应有成片的障碍物，避免 GNSS 信号被吸收或遮挡。

(4)CP0 控制点应选在周围 200 m 范围内不得有强电磁场干扰源或强电磁反射源，不应有大面积水域或其他强烈干扰卫星信号接收的物体(如金属广告牌等)。

(5)CP0 控制点选在地质情况稳定、地基坚实，且地下水位较低、利于 GNSS 观测、不易受施工和其他人为活动干扰、能长期保存的稳定区域。

(6)当国家既有 GNSS 控制点的精度和位置满足 CP0 控制网要求时，应将其联测作为高速铁路 CP0 控制网点。当 CP0 控制点选好后，应进行点位埋设，埋设要求如图 2.1 所示，标石埋设完成后，应现场绘制点之记，如图 2.2 所示。当 CP0 控制点在建筑物顶上时，标石应和建筑物顶面牢固连接，埋设要求如图 2.3 所示。新埋的标石应办理测量标志委托保管书，一式两份，一份由标石保管单位或个人保存，另一份由测量单位保存。

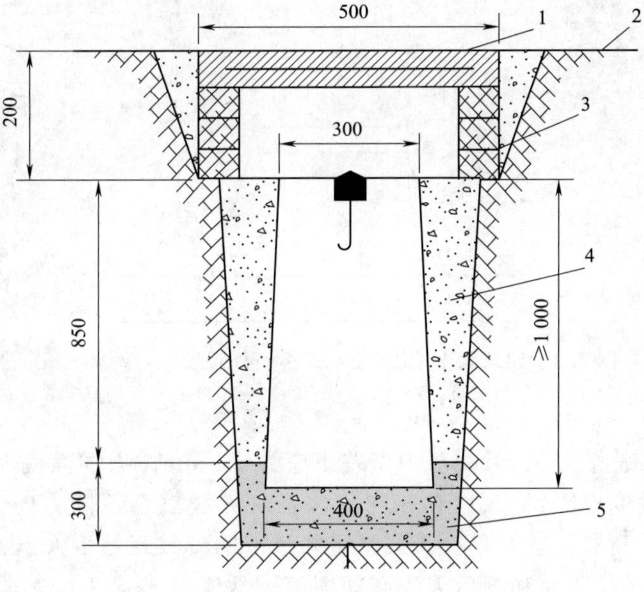

1—盖板；2—地面；3—保护井；4—素土；5—混凝土。

图 2.1　CP0 控制点埋设要求(单位：mm)

网区：平陆区　　所在图解：I49E008013　　点号：C002

点名	南疙疸	级别	B	概略位置	$B=34°50'$　$L=111°10'$　$H=484$ m		
所在地	山西省平陆县城关镇上岭村			最近住所及距离	平陆县城县招待所，距点位 8 km		
地类	山地	土质	黄土	冻土深度		解冻深度	
最近电信设施		平陆县城邮电局		供电情况	上岭村每天可提供交流电		
最近水源及距离		上岭村有自来水，距点 800 m		石子来源	点位附近	沙子来源	县城建筑公司
本点交通情况(至本点通路与最近车站、码头名称及距离)	由三门峡乘车轮渡过黄河，向北约 8 km到山西平陆县城，再由平陆县城乘车向东南约 7 km 至上岭村，再步行约 800 m 到点上。每天有两班车，两轮人力车可到达点位			交通路线图			

图 2.2　点之记示意

<table>
<tr><td colspan="3">选点情况</td><td>点位略图</td></tr>
<tr><td>单位</td><td colspan="2">国家测绘局第一大地测量队</td><td rowspan="6">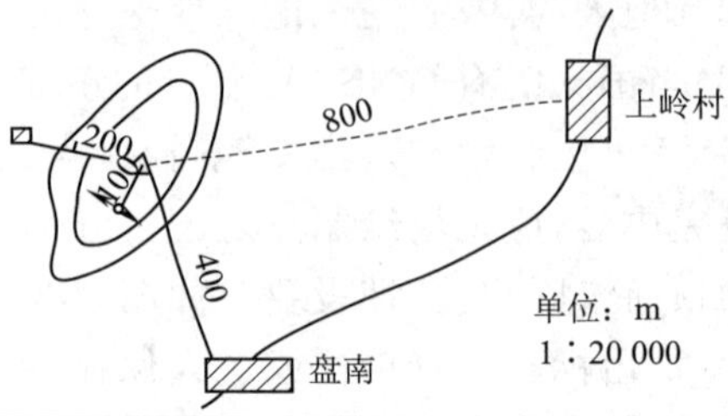
</td></tr>
<tr><td>选点员</td><td>××</td><td>日期××</td></tr>
<tr><td colspan="2">是否需联测坐标与高程</td><td>联测高程</td></tr>
<tr><td colspan="2">联测等级与方法</td><td>二等水准测量</td></tr>
<tr><td colspan="2">起始水准点及距离</td><td>点号为Ⅱ西三 023,距离本点 1.5 km,联测里程大约 2 km</td></tr>
</table>

图 2.2　(续)

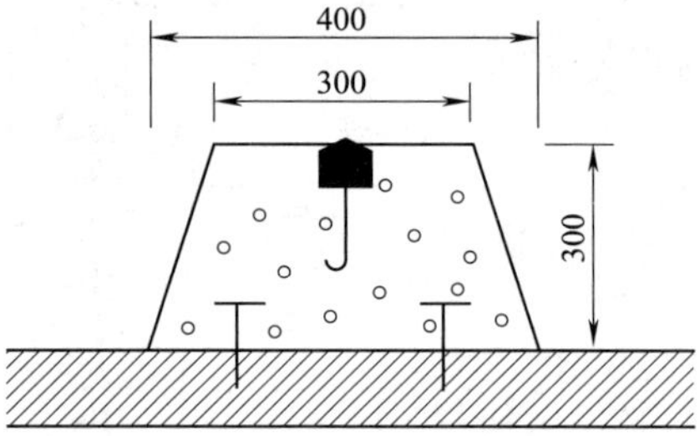

图 2.3　建筑物上 CP0 控制点标石埋设要求(单位:mm)

4. 外业观测

天线安置应严格整平对中,天线对中误差不应大于1 mm。天线高应在测前(开机之前)和测后(关机之后)各量取一次,每次应在相同的位置从天线三个不同方向(间隔 120°)量取,或用接收机天线专用量高器量取。单次天线高重复量取的读数互差不大于±2 mm 时,取平均值作为单次天线高观测值,测前和测后天线高观测值读数互差不大于±3 mm 时,取平均值作为天线高最终观测值,天线高记录精度取至 0.001 m。天线高应根据仪器类型,量取到厂方指定的天线高部位,并注明天线高的类型。每时段气象观测不少于 3 次(时段开始、中间、结束),气压读至 0.1 hPa,气温读至 0.1 ℃,当时段较长时可适当增加观测次数。

观测时段分布宜昼夜均匀,夜间观测时段数应不少于 1 个,每个观测时段不宜跨越北京时间早 8 点(协调世界时 0 点)。同一时段的观测过程中不得关闭并重新启动仪器,不得改变仪器的参数设置,不得转动天线位置。观测过程中若遇强雷雨、风暴天气应立刻停止当前观测时段的作业。静置和观测期间应防止仪器振动,不得移动仪器,还要防止人员或其他物体碰动天线或阻挡信号。在作业过程中,不应在天线附近使用无线电通信,当必须使用时,对讲机应距天线 10 m 以上,车载电台应距天线 50 m 以上。经检查,调度命令已执行完毕,所有规定的作业项目已完成并符合要求,记录和资料完整无误,且将点位标识和觇标恢复原状后方可执行下一个调度命令。在外业观测工作中,所有信息资料均需妥善记录,不得对原始数据进行加工处理。CP0 控制网应与 IGS(international GNSS service)参考站或国家 A、B 级 GNSS 点进行联测,全线联测的已知站点数不应少于 2 个,且在网中均匀分布。每个 CP0 控制点与相邻的CP0连接数不应小于 3,IGS 参考站或国家 A、B 级 GNSS 点与其相邻的 CP0 连接数不应小于 2。

5. 内业数据处理

CP0 框架控制网内业数据处理包括基线解算和网平差,基线向量解算采用精密星历(IGS 公布的最终精密星历,非 IGS 公布的快速精密星历)和适合长基线的高精度 GNSS 解算软件,建议采用 GAMIT、BERNESE 基线解算软件或经鉴定合格的长基线解算软件，网平差应采用相关部门评审通过的专用软件，不能使用一般商业软件。

(1)CP0 基线向量解算

基线向量解算时应注意同一时段观测值的数据剔除率不宜大于 10%，采用多基线解算模式，引入的起算点坐标位置基准应为国际地球参考框架(ITRF)或 IGS 国际地球参考框架中的坐标成果，该坐标框架应与采用的精密星历坐标框架应保持一致，起算点选用联测的 IGS 参考站或国家 A、B 级 GNSS 点，其点位坐标精度应优于 0.1 m。基线解算完成后应对 CP0 框架控制网基线处理结果进行质量检核，主要进行重复观测基线较差、闭合环坐标分量闭合差的检查。

同一基线不同时段的基线向量各分量及边长较差应满足的要求见式(2.1)。

$$\left.\begin{array}{l} d_{\Delta x} \leqslant 3\sqrt{2}R_{\Delta X} \\ d_{\Delta y} \leqslant 3\sqrt{2}R_{\Delta Y} \\ d_{\Delta z} \leqslant 3\sqrt{2}R_{\Delta Z} \\ d_{\Delta S} \leqslant 3\sqrt{2}R_{\Delta S} \end{array}\right\} \tag{2.1}$$

其中，$R(R_{\Delta x}, R_{\Delta y}, R_{\Delta z}, R_{\Delta S})$按下式计算：

$$R = \left[\frac{\dfrac{n}{n-1} \cdot \sum_{i=1}^{n} \dfrac{(C_i - C_{\mathrm{m}})^2}{\sigma_{C_i}^2}}{\sum_{i=1}^{n} 1/\sigma_{C_i}^2}\right]^{1/2}$$

式中　n——同一基线重复观测的总时段数；

i——时段号；

C_i——i 时段基线的某一坐标分量或边长；

C_{m}——各时段基线的某一坐标分量或边长加权平均值；

$\sigma_{C_i}^2$——相应于 i 时段基线的某一坐标分量或边长的方差。

基线向量的独立(异步)闭合环或附合线路的各坐标分量闭合差应满足的要求见式(2.2)：

$$\left.\begin{array}{l} W_x \leqslant 2\sigma_{W_x} \\ W_y \leqslant 2\sigma_{W_y} \\ W_z \leqslant 2\sigma_{W_z} \end{array}\right\} \tag{2.2}$$

其中

$$\left.\begin{array}{l} \sigma_{W_x} = \left(\sum_{j=1}^{r} \sigma_{\Delta x(j)}^2\right)^{1/2} \\ \sigma_{W_y} = \left(\sum_{j=1}^{r} \sigma_{\Delta y(j)}^2\right)^{1/2} \\ \sigma_{W_z} = \left(\sum_{j=1}^{r} \sigma_{\Delta z(j)}^2\right)^{1/2} \end{array}\right\}$$

式中　j——闭合环(线)中第 j 条基线；

r——闭合环(线)基线数；

$\sigma_{C(j)}^2$——第 j 条基线 $C(C=\Delta x, \Delta y, \Delta z)$分量的方差。

环线全长闭合差应满足的要求见式(2.3)。

$$W \leqslant 3\sigma_{\mathrm{W}} \tag{2.3}$$

其中

$$\sigma_{\mathrm{W}} = \left(\sum_{j=1}^{r} \boldsymbol{W} D_j \boldsymbol{W}^{\mathrm{T}}\right)^{1/2}$$

$$\boldsymbol{W}=\left[\frac{\boldsymbol{W}_x}{\boldsymbol{W}_s} \quad \frac{\boldsymbol{W}_y}{\boldsymbol{W}_s} \quad \frac{\boldsymbol{W}_z}{\boldsymbol{W}_s}\right]$$

$$W_s=\sqrt{W_x^2+W_y^2+W_z^2}$$

式中 D_j——闭合环(线)中第 j 条基线的方差(又叫协方差阵)。

(2)CP0 网平差

基线的质量检验符合要求后,将所有独立基线构成控制网,进行无约束平差,无约束平差中基线向量各分量的改正值满足的要求见式(2.4)。

$$\left.\begin{aligned} V_{\Delta x}&\leqslant 3\sigma \\ V_{\Delta y}&\leqslant 3\sigma \\ V_{\Delta z}&\leqslant 3\sigma \end{aligned}\right\} \tag{2.4}$$

式中 σ——基线长度中误差,取值为 $\sqrt{a^2+(b\times d)^2}$,其中 $a=5$ mm,$b=0.2$ mm/km,d 取各时段基线长度平均值,km。

在进行约束平差前,应对外部数据处理质量检核,主要检核联测站点的已知坐标成果与无约束平差成果间的差值,要求绝对值小于 0.2 m,且由此计算的基线长度相对误差应小于 $0.3\times D\times 10^{-6}$ mm。整体约束平差所采用的约束点应为 IGS 参考站或国家 A、B 级 GNSS 点的 CGCS2000 大地坐标系成果。整体约束平差中基线向量各分量改正数与无约束平差同一基线改正数较差的绝对值应满足的要求见式(2.5)。

$$\left.\begin{aligned} \mathrm{d}V_{\Delta x}&\leqslant 2\sigma \\ \mathrm{d}V_{\Delta y}&\leqslant 2\sigma \\ \mathrm{d}V_{\Delta z}&\leqslant 2\sigma \end{aligned}\right\} \tag{2.5}$$

平差结束后要求提交的成果:无约束平差结束后应输出 ITRF 或 IGS 国际地球参考框架下各点的三维坐标、各基线向量平差值、各基线的坐标分量、改正数及其精度;整体约束平差结束后应输出 CGCS2000 大地坐标系中各点的地心坐标和大地坐标、各基线向量平差值、各基线的坐标分量、改正数及其精度。CP0 框架控制网平差计算数据取位要求见表 2.3。

表 2.3 CP0 框架控制网平差计算数据取位要求

GNSS 基线各坐标分量/mm	点位中误差/mm	点位坐标/mm
0.1	0.1	0.1

任务 2.2 CPⅠ基础平面控制网测量

2.2.1 任务目标

通过本任务的学习,学生能完成 CPⅠ控制网布设、外业观测及数据处理;熟悉相关的测量技术要求。

2.2.2 工作任务

结合具体的工程项目,完成 CPⅠ基础平面控制网的布设,并进行外业数据采集及内业数据处理。

2.2.3　相关配套知识

CPⅠ基础平面控制网在 CP0 框架控制网的基础上，沿线路走向布设，采用 GNSS 二等测量的方法，全线一次布网，统一测量，整体平差，为线路平面控制网提供起闭基准。

1. 技术要求

CPⅠ基础平面控制网 GNSS 测量精度指标及观测技术要求见表 2.4、表 2.5。

表 2.4　CPⅠ基础平面控制网 GNSS 测量精度指标

等级	固定误差 a/mm	比例误差系数 b/(mm/km)	基线方位角中误差/(″)	约束平差后最弱边边长相对中误差	相邻点的相对中误差/mm
二等	≤5	≤2	1.3	1/180 000	10

表 2.5　CPⅠ基础平面控制网观测技术要求

卫星截止高度角	数据采样间隔	同时观测有效卫星数	有效卫星的最短连续观测时间	观测时段数	有效时段长度	PDOP 或 GDOP
≥15°	10～20 s	≥4	≥15 min	≥2	≥90 min	≤6

2. 仪器设备的选择

采用标称精度不低于($5+1\times10^{-6}D$)mm 的双频 GNSS 接收机。同步观测的 GNSS 接收机不少于 4 台，且观测量为载波相位。接收机在使用前必须出具仪器鉴定部门提供的鉴定证书，在使用过程中对接收机应定期检验。

3. 选点与埋石

CPⅠ控制点沿线路走向每隔 2 km 布设一个点或每隔 4 km 布设一对点，点对间距≥800 m，并附合于 CP0 控制网上，控制点宜设在距线路中心 50～1 000 m 的范围内不易被施工破坏、稳定可靠、便于测量的地方，在沿线大型桥梁、隧道处考虑加布点。为兼顾 GNSS 网形，在实地条件允许时，CPⅠ可在铁路中心线两侧错开布点。为保证通视，CPⅠ在距离线路中心线 50～150 m 范围内沿线路一侧布设，CPⅠ如要跨线路布设，则必须考虑路基对通视的影响。在线路勘测设计的起点、终点或与其他铁路控制网衔接地段必须有 2 个及以上的 CPⅠ控制点相重合。

当 CPⅠ控制点选好后，应进行点位埋设，埋设要求如图 2.4 所示，标石埋设完成后，应现场绘制点之记。当 CPⅠ控制点在建筑物顶上时，标石应和建筑物顶面牢固连接，埋设要求如图 2.5 所示。在埋设过程中，标石坑以选点所确定的位置为中心挖掘，标石坑大小以方便作业为准，CPⅠ控制点标石埋设深度不小于 1.4 m。标石采用正棱柱状混凝土普通标石，柱石采用预制或现浇。采用现浇标石在施工时必须充分搅拌并捣实，埋石时不用回填土，全部采用混凝土回填并夯实；采用预制标石时，在施工时必须先在标石坑底部填混凝土，标石四周先用混凝土，再用素土回填并夯实。在预制柱石上压印 GNSS B 级点点号，并用油漆描红，现浇时点号现场压印。标石埋设时应及时拍照，以反应标石埋设的客观过程。挖好基坑拍一张，安放完标石拍一张，全部埋好后拍一张。拍照时应调整好相机日期、时间，文件大小以 1 M 左右为宜。拍照方向为由南往北拍。以完整点号作为影像文件名。

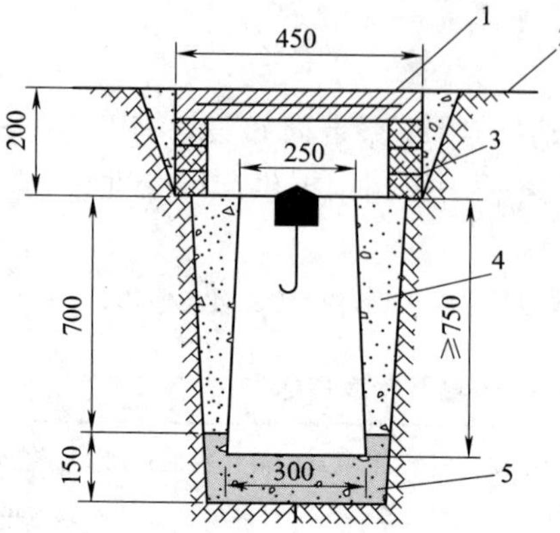

1—盖板；2—地面；3—保护井；4—素土；5—混凝土。

图 2.4　CPⅠ控制点标石埋设要求(单位:mm)

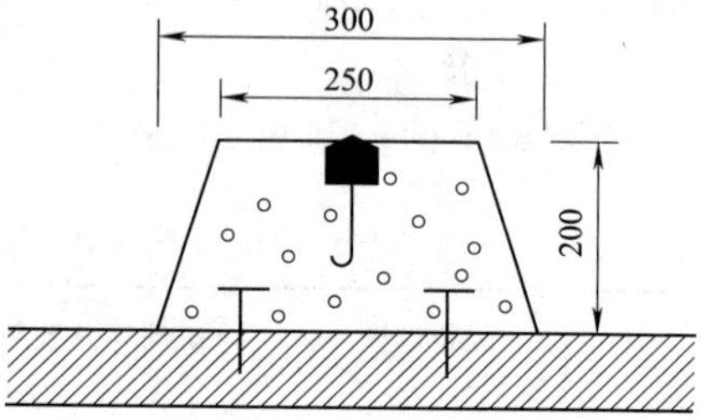

图 2.5　建筑物上 CPⅠ控制点标石埋设要求(单位:mm)

考虑 CPⅠ与二等水准点共用的情况，所以 CPⅠ、二等水准点中心标志均按一个规格制作，采用不锈钢质中心标志，在标志的正中位置刻制长 10 mm，深、粗均小于 0.5 mm 的十字丝作为 GNSS 观测的对中点，如图 2.6 所示。

4. 外业观测

图 2.6　标石中心标志

CPⅠ控制网应采用边联结方式，形成由三角形或大地四边形组成的带状网。CPⅠ控制网应与沿线国家或城市三等及以上控制点联测，一般宜每 50 km联测 1 个，全线联测点数不少于 3 个，当联测点数为 3 个及其以上时，点位在网中均匀分布，特殊情况下联测点数不少于 2 个，且点位应尽量分布在网的两端。

5. 内业数据处理

CPⅠ基础平面控制网内业数据处理包括基线解算和网平差，基线向量解算可以采用广播星历和一般商用软件进行解算，当基线长度大于 30 km 时或需要高精度处理时，宜采用精密星历和专用软件。网平差应采用相关部门评审通过的专用软件，不能使用一般商业软件。

(1)基线向量解算

CPⅠ基础平面控制网基线向量解算时应注意同一时段观测值的数据剔除率宜小于 10%，基线解算可以采用多基线解或单基线解。当基线长度小于 15 km 时宜采用双差固定解，当基线长度大于 15 km 时可在双差固定解和双差浮点解中选择最优结果，当基线长度大于30 km时宜采用三差解。基线解算中每一个同步图形应选定一个起算点，起算点的精度应低于 20 m，起算点按照连续跟踪站、已知点、单点定位结果的顺序选择。基线解算完成后应对 CPⅠ基础平面控制网基线处理结果进行质量检核，主要进行重复观测基线较差、闭合环坐标分量闭合差的检查。重复观测基线较差应满足要求见式(2.6)，闭合环坐标分量及全长闭合差应满足的要求见式(2.7)。

$$d_s \leqslant 2\sqrt{2}\sigma \tag{2.6}$$

$$\left.\begin{aligned} W_x &\leqslant 3\sqrt{n}\sigma \\ W_y &\leqslant 3\sqrt{n}\sigma \\ W_z &\leqslant 3\sqrt{n}\sigma \end{aligned}\right\} \tag{2.7}$$

$$W_s \leqslant 3\sqrt{3n}\sigma$$

式中　n——闭合环的边数。

当检查发现观测数据不能满足要求时，应对成果进行全面分析，必要时应补测或重测。

(2)CPⅠ基础平面控制网平差

基线的质量检验符合要求后，将所有独立基线构成控制网，进行无约束平差，无约束平差中基线向量各分量的改正值应满足的要求见式(2.4)。

对应式(2.4)中，σ 为基线长度中误差，取值为 $\sqrt{a^2+(b\times d)^2}$，其中 $a=5$ mm，$b=1$ mm/km，d 取各时段基线长度平均值，km。

在进行约束平差前，应对外部数据进行质量检核，主要对联测的国家控制点进行可靠性和稳定性检验，整体约束平差中基线向量各分量改正数与无约束平差同一基线改正数较差的绝对值应满足式(2.5)的要求。

如不符合规定，应删除误差较大的约束值，直至满足要求。平差结束后要求提交的成果主要包括无约束平差结束后所输出的 WGS-84 坐标系中的空间直角坐标、基线向量及其改正值和精度信息，整体约束平差结束后输出相应坐标系的空间直角坐标、各基线向量平差值、各基线的坐标分量、改正数及其精度。根据独立坐标系投影带的划分，将 CPⅠ基础平面控制网的空间直角坐标投影到相应的平面坐标投影带中，计算 CPⅠ控制点的工程独立坐标。CPⅠ基础控制网平差计算数据取位要求见表 2.6。

表 2.6　CPⅠ基础控制网平差计算数据取位要求

GNSS 基线各坐标分量/mm	点位中误差/mm	点位坐标/mm
0.1	0.1	0.1

2.2.4　相关案例——某高速铁路 CPⅠ基础平面控制网复测

1. 工程概况

某高速铁路某标段起点里程 DK500+130，终点里程 DK560+993.25，线路里程长 60.86325 km。测区地势平坦开阔，线路经过地表大多为耕地和居民地，主要交通道路为城镇及乡村道路，交通较便利，控制点间均可以通视。

2. 复测内容

本标段 CPⅠ控制点沿线路 4 km 布设一个或一对，共计 23 个，其中 CPⅠ005-1、CPⅠ013 确认丢失，其余桩点保存完好。

3. 复测坐标高程系统

本标段复测的坐标系统与设计相同，即平面坐标系统采用施工坐标系，形式为任意带高斯投影平面直角坐标系，参考椭球为 2000 国家基本椭球。椭球参数为：长半轴 $a=6\,378\,137$ m，扁率 $f=1/298.257\,222\,101$。坐标系详细分带及对应里程见表 2.7。

表 2.7　坐标分带及对应里程

起点里程	终点里程	中央子午线	投影面大地高/m	高程异常/m
DK500+000(1ZXCPⅠ096)	DK560+000(CPⅠ017)	108°27′	365	−35
DK560+000(CPⅠ017)	DK599+000(CPⅡ061)	108°00′	455	−35

注：高程系统采用 1985 国家高程基准。

4. 平面控制网布设

本标段CPⅠ控制网以三角形或大地四边形的构网原则，按CPⅠ的测量精度等级形成带状网，以CPⅠ对点作为联结边，采用边连式构网。联测了国家高精度GNSS点D079、D077，联测按CPⅠ的测量精度进行，对长边基线中间加测了临时点组成三角形，网形如图2.7所示。

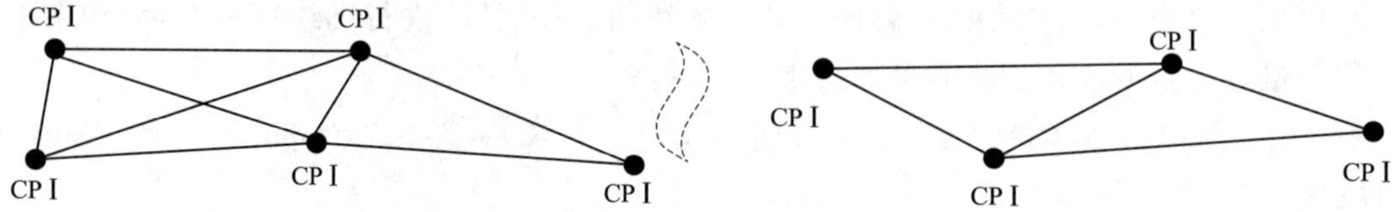

图2.7　CPⅠ控制网网形

5. 控制网外业观测

本次平面控制网复测投入GNSS接收机9台，仪器标称精度为$(5+1\times10^{-6}D)$mm，所有仪器均经国家认证单位鉴定并在有效期内，按静态定位模式进行测量，作业前按要求进行仪器检校。每条边观测2个时段，每个时段90 min，卫星高度角≥15°，接收机采样间隔15 s，PDOP≤6，对中设备采用精密对点器，对中精度小于1 mm，作业过程中天线安置严格整平、对中，天线标志线指向正北。每时段观测前后分别量取天线高，误差小于2 mm，取两次平均值作为最终结果。作业中使用对讲机，离GNSS接收机10 m以外。一个时段观测结束后，重新对中整平仪器，再进行第二时段的观测。观测过程中按规定填写了观测手簿，对观测点名、仪器高、仪器号、时间、日期以及观测者姓名均进行了详细记录，记录采用2H铅笔。

6. 内业数据处理

(1)基线向量解算

复测基线解算采用仪器制造商提供的Trimble Geomatics Office 1.63软件和广播星历按静态相对定位模式进行。基线处理后，本标段CPⅠ控制网复测基线向量异步环闭合差最大值见表2.8，重复观测基线较差最大值见表2.9。

表2.8　CPⅠ控制网基线向量异步环闭合差统计

闭合环号	线路点号	D_x闭合差/mm	D_y闭合差/mm	D_z闭合差/mm	长度闭合差/mm	环总长度/m	相对闭合差/mm	备注
24	CPⅠ010、CPⅠ008-1、CPⅠ009	−4.00	19.00	2.00	19.52	14 782.456 9	1.32	合格

表2.9　CPⅠ控制网重复观测基线较差统计

序号	起点	终点	D_x闭合差/m	D_y闭合差/m	D_z闭合差/m	线路长度/m	限差/差值	备注
18	CPⅠ003-1	CPⅠ003	−1 168.996 0	6.050 0	−562.732 0	1 297.403 4	22.92	—
72	CPⅠ003-1	CPⅠ003	−1 169.003 0	6.053 0	−562.734 0	1 297.410 6	7.19	合格

(2)CPⅠ复测控制网平差

①CPⅠ复测控制网平差已知点选择

某高速铁路设计资料提供了三个国家高精度GNSS点，但设计单位未进行交桩。CPⅠ控制网复测时联测了D079、D077两个高精度点，但D079点偏离线路横向约40 km，如果选择这两个点作为已知点对CPⅠ控制网进行约束平差，最弱点将在CPⅠ098附近，而这是本高速铁路与相邻高速铁路搭接处，产生的误差较大。经过复测平差方案比较及平差结果的可靠性比较分析，CPⅠ复测控制网平差选择相邻高速铁路CPⅠ098和本标段结尾的CPⅠ017作为CPⅠ控制网约束平差的已知点进行平差，可以反映CPⅠ控制网的实际情况且能保证本高速铁路和相邻高速铁路的搭接。

②已知点稳定性检验

a. 采用一点一方向平差检验已知点基线边精度。

采用COSAGPS软件进行一点一方向平差(与设计坐标系基准相同)，则CPⅠ098～CPⅠ017点的相对几何关系比较，见表2.10。

表2.10 基线边检验

CPⅠ点对	距离			
	实测/m	反算/m	差值/mm	相对精度
CPⅠ098～CPⅠ017	57 026.388	57 026.385	3	1/190 000

本标段首尾两个控制点CPⅠ098、CPⅠ017的复测边长与设计边长较差为3 mm，说明这两点的相对几何关系正确，精度很高，成果可靠，两点间基线精度满足≤1/170 000的要求，可以作为约束平差的起算基准。

b. 约束D079、D077检验起算点CPⅠ098、CPⅠ017的坐标精度见表2.11。

表2.11 坐标精度

点号	坐标差值/mm		限差/mm	备注
	δ_x	δ_y		
CPⅠ098	−15.6	0.8	±20	合格
CPⅠ017	11.5	−9.6	±20	合格

约束本标段国家高精度GNSS点D079、D077进行平差得到起算点CPⅠ098、CPⅠ017的坐标与设计坐标比较，坐标差值也均在限差以内。经过分析CPⅠ098、CPⅠ017可以作为CPⅠ控制网约束平差的起算基准。

③三维无约束平差

输入一个CPⅠ点的三维坐标作为起算数据，进行GNSS网的三维无约束平差，平差采用武汉大学的COSAGPS后处理软件，平差数据采用基线向量的双差固定解。经三维无约束平差计算后的精度统计见表2.12、表2.13。

表2.12 CPⅠ控制网三维无约束平差精度统计

点号		平差后边长精度				备注
起点	终点	线路长度/m	长度闭合差/cm	相对误差	相对闭合差/mm	
CPⅠ096	CPⅠ098	971.050	0.09	1/1 055 000	0.95	最弱边
CPⅠ008-1	CPⅠ010	7 383.347	0.08	1/9 047 000	0.11	最优边

表2.13 CPⅠ控制网三维无约束平差精度统计

点号	x方向误差/cm	y方向误差/cm	z方向误差/cm	点位误差/cm	备注
CPⅠ018	0.39	0.76	0.54	1.01	最弱点
CPⅠ001	0.08	0.15	0.11	0.20	最优点

由 CPⅠ控制网三维无约束平差精度统计数据可知:CPⅠ控制网的基线向量网自身的内符合精度高,基线向量没有明显系统误差和粗差,基线向量网的质量是可靠的。

④二维约束平差

二维约束平差是以 CPⅠ098、CPⅠ017 控制点的平面坐标成果作为已知点对复测的 CPⅠ控制网进行整网约束平差,获得 CPⅠ控制点复测坐标成果。本标段的坐标换带在标段结束的 CPⅠ017 附近,采用 Geotrans 软件获得 CPⅠ017 在 108°带的坐标。经二维约束平差计算后的精度统计见表 2.14。

表 2.14　CPⅠ控制网二维约束平差精度统计

点号		平差后方位角、边长精度						备注
起点	终点	方位角	方位角中误差/(″)	线路长度/m	长度闭合差/cm	相对误差	相对闭合差/mm	
CPⅠ096	CPⅠ098	159°29′33.6″	0.16	970.6989	0.10	1/943000	1.06	最弱边
CPⅠ008-1	CPⅠ010	275°35′27.7″	0.03	7383.3168	0.09	1/8478000	0.12	最优边

点号	坐标点位精度			备注
	x 方向误差/cm	y 方向误差/cm	点位误差/cm	
CPⅠ011	0.21	0.16	0.26	最弱点
CPⅠ001	0.09	0.07	0.11	最优点

通过上述对 CPⅠ控制网平差精度统计分析,最弱边相对中误差为 1/94.3 万、最弱边方位角中误差为 0.16″,达到《高速铁路工程测量规范》中 CPⅠ最弱边相对中误差≤1/180000、方向中误差≤1.3″的精度要求。

⑤CPⅠ控制网复测坐标成果及精度

CPⅠ控制网复测坐标成果及精度统计见表 2.15。

表 2.15　CPⅠ控制网复测坐标成果及精度统计

序号	点号	x 方向误差/cm	y 方向误差/cm	点位误差/cm
1	CPⅠ098	—	—	—
2	CPⅠ017	—	—	—
3	CPⅠ001	0.09	0.07	0.11
4	CPⅠ096	0.10	0.08	0.13
5	CPⅠ003	0.15	0.12	0.20
6	CPⅠ002	0.14	0.11	0.18
7	CPⅠ003-1	0.16	0.12	0.20
8	CPⅠ004	0.17	0.13	0.21
9	CPⅠ005	0.18	0.14	0.23
10	CPⅠ006-1	0.19	0.15	0.24
11	CPⅠ006	0.19	0.15	0.24
12	CPⅠ007-1	0.19	0.15	0.25

续上表

序号	点号	x 方向误差/cm	y 方向误差/cm	点位误差/cm
13	CPⅠ012	0.20	0.15	0.26
14	CPⅠ013-1	0.20	0.15	0.25
15	CPⅠ014	0.20	0.14	0.24
16	CPⅠ010	0.20	0.16	0.26
17	CPⅠ011	0.21	0.16	0.26
18	CPⅠ015	0.17	0.13	0.21
19	CPⅠ016	0.14	0.10	0.17
20	CPⅠ018	0.16	0.12	0.20
21	CPⅠ007	0.19	0.15	0.24
22	CPⅠ008	0.20	0.16	0.25
23	CPⅠ008-1	0.20	0.15	0.25
24	CPⅠ009	0.20	0.15	0.25

任务 2.3　CPⅡ线路平面控制网测量

2.3.1　任务目标

通过本任务的学习，学生能完成 CPⅡ线路平面控制网布设、外业观测及数据处理；熟悉相关的测量技术要求。

2.3.2　工作任务

结合具体的工程项目，采用 GNSS 测量和导线测量两种方法，完成 CPⅡ线路平面控制网的布设，并进行外业数据采集及内业数据处理。

2.3.3　相关配套知识

CPⅡ线路平面控制网在 CPⅠ平面控制网的基础上，沿线路附近布设，采用 GNSS 三等测量或导线三等测量方法进行，为线路测量和轨道控制网测量提供平面起闭的基准。

1. GNSS 测量建立 CPⅡ线路平面控制网方法

(1)技术要求

CPⅡ线路平面控制网 GNSS 测量精度指标及观测技术要求见表 2.16、表 2.17。

表 2.16　CPⅡ线路平面控制网 GNSS 测量精度指标

等级	固定误差 a/mm	比例误差系数 b/(mm/km)	基线方位角中误差/(″)	约束平差后最弱边边长相对中误差	相邻点的相对中误差/mm
三等	≤5	≤3	1.7	1/100 000	8

表 2.17　CPⅡ线路平面控制网观测技术要求

卫星截止高度角	数据采样间隔/s	同时观测有效卫星数	有效卫星的最短连续观测时间/min	观测时段数	有效时段长度/min	PDOP 或 GDOP
≥15°	10～20	≥4	≥15	≥1	≥60	≤8

(2)仪器设备的选择

采用标称精度不低于$(5+1\times10^{-6}D)$mm 的双频 GNSS 接收机，同步观测的 GNSS 接收机不少于 3 台，观测量为载波相位。接收机在使用前必须出具仪器鉴定部门提供的鉴定证书，在使用过程中对接收机应定期检验。

(3)选点与埋石

CPⅡ控制点沿线路，点间距按 400～800 m 布设，并附合于 CPⅠ基础平面控制网上，CPⅡ控制点宜选在距线路中线 50～200 m 范围内、稳定可靠、便于测量的地方。在线路起点、终点及不同测量单位衔接地段，应联测 2 个及以上 CPⅡ控制点作为共享点。

当 CPⅡ控制点选好后，应进行点位埋设，埋设要求如图 2.8 所示，标石埋设完成后，应现场绘制点之记。当 CPⅡ控制点在建筑物顶上时，标石应和建筑物顶面牢固连接，埋设要求参见图 2.5。

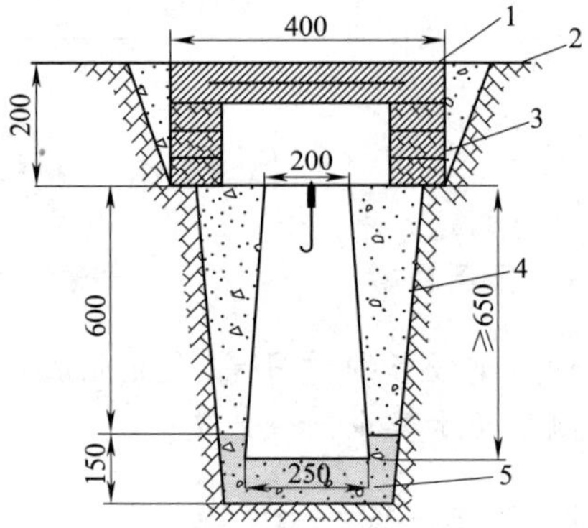

1—盖板；2—地面；3—保护井；4—素土；5—混凝土。

图 2.8　CPⅡ控制点标石埋设示意(单位:mm)

(4)外业观测

CPⅡ线路平面控制网采用边联结方式构网，形成由三角形或大地四边形组成的带状网，并与CPⅠ联测构成附合网；观测前要对网形进行设计，保证 CPⅡ点间的基线长度(不应太短)在 600 m 左右，并不短于 4 km 联测一个 CPⅠ点，以保证平面坐标系统的统一。

(5)内业数据处理

CPⅡ线路平面控制网内业数据处理包括基线解算和网平差，基线向量解算可以采用广播星历和一般商用软件进行解算，当基线长度大于 30 km 时或需要高精度处理时，宜采用精密星历和专用软件。网平差应采用相关部门评审通过的专用软件，不能使用一般商业软件。

①基线向量解算

CPⅡ线路平面控制网基线向量解算时应注意同一时段观测值的数据剔除率宜小于 10%，基线解算可以采用多基线解或单基线解。当基线长度小于 15 km 时宜采用双差固定解，当基线长度大于 15 km 时可在双差固定解和双差浮点解中选择最优结果，当基线长度大于30 km时宜采用三差解。基线解算中每一个同步图形应选定一个起算点，起算点的精度应不低于20 m，起算点按照连续跟踪站、已知点、单点定位结果的顺序选择。基线解算完成后应对 CPⅡ基础平面控制网基线处理结果进行质量检核，主要进行重复观测基线较差、闭合环坐标分量闭合差的检查，限差要求见表 2.18。

表 2.18　基线质量检验限差

检验项目	限差要求			
	x 坐标分量闭合差	y 坐标分量闭合差	z 坐标分量闭合差	环线全长闭合差
同步环	$W_x \leqslant \sqrt{n}\sigma$	$W_y \leqslant 3\sqrt{n}\sigma$	$W_z \leqslant 3\sqrt{n}\sigma$	$W \leqslant 3\sqrt{3n}\sigma$
独立环(附合线路)	$W_x \leqslant 3\sqrt{n}\sigma$	$W_y \leqslant 3\sqrt{n}\sigma$	$W_z \leqslant 3\sqrt{n}\sigma$	$W \leqslant 3\sqrt{3n}\sigma$
重复观测基线较差	$d_s \leqslant 2\sqrt{2}\sigma$			

②CPⅡ线路平面控制网平差

基线的质量检验符合要求后，将所有独立基线构成控制网，进行无约束平差，无约束平差中基线向量各分量的改正值满足式(2.4)的要求。

对应式(2.4)中，σ 为基线长度中误差，取值为 $\sqrt{a^2+(b\times d)^2}$，其中 $a=5$ mm，$b=0.1$ mm/km，d 取各时段基线长度平均值，km。

在进行约束平差前，应对外部数据进行质量检核，主要对联测的国家控制点进行可靠性和稳定性检验，整体约束平差中基线向量各分量改正数与无约束平差同一基线改正数较差的绝对值应满足式(2.5)的要求。

如不符合规定，应删除误差较大的约束值，直至满足要求。平差结束后要求提交的成果：无约束平差结束后应输出 WGS-84 坐标系中的空间直角坐标、基线向量及其改正值和精度信息；整体约束平差结束后应输出相应坐标系的空间直角坐标、各基线向量平差值、各基线的坐标分量、改正数及其精度。根据独立坐标系投影带的划分，将 CPⅡ线路平面控制网的空间直角坐标投影到相应的平面坐标投影带中，计算 CPⅡ线路控制点的工程独立坐标。CPⅡ线路控制网 GNSS 测量平差计算数据取位要求见表 2.19。

表 2.19　CPⅡ线路控制网 GNSS 测量平差计算数据取位要求

GNSS 基线各坐标分量/mm	点位中误差/mm	点位坐标/mm
0.1	0.1	0.1

2. 导线测量建立 CPⅡ线路平面控制网的方法

(1)技术要求

CPⅡ线路平面控制网导线测量主要技术要求见表 2.20。

表 2.20　CPⅡ线路平面控制网导线测量主要技术要求

导线等级	附合长度/km	边长/m	测距中误差/mm	测角中误差/(″)	相邻点的相对中误差/mm	导线全长相对闭合差限差	方位角闭合差限差/(″)
三等	≤5	400～800	5	1.8	8	1/55 000	$\pm 3.6\sqrt{n}$

注：n 为测站数。

当在同一测区范围内，导线环(段)的超过 20 个时，测角中误差应按式(2.8)计算。

$$m_\beta=\sqrt{\frac{1}{N}\left[\frac{f_\beta^2}{n}\right]} \tag{2.8}$$

式中　f_β——导线环(段)的角度闭合差；

n——导线环(段)的测角个数；

N——导线环(段)的个数。

CPⅡ线路平面控制网水平角观测技术要求及边长观测技术要求见表 2.21、表 2.22。

表 2.21 CPⅡ线路平面控制网水平角观测技术要求

导线等级	仪器等级	测回数	半测回归零差/(″)	2C 互差/(″)	同一方向各测回互差/(″)
三等	0.5″级	4	4	8	4
	1″级	6	6	9	6
	2″级	10	8	13	9

表 2.22 CPⅡ线路平面控制网边长观测技术要求

导线等级	测距仪精度	每边测回数/mm		一测回读数较差/mm	测回间较差/mm	往返测平距较差
		往测	返测			
三等	Ⅰ	2	2	2	3	$2m_D$
	Ⅱ	4	4	5	7	

(2)仪器设备

CPⅡ线路平面控制测量采用测角精度不低于 1″,测距精度不低于$(1+2\times10^{-6}D)$mm 的全站仪施测,仪器经国家认证单位鉴定并在有效期内。

(3)选点与埋石

CPⅡ控制点应沿线路布设,点间距按 400~800 m 布设,并附合于 CPⅠ基础平面控制网上,CPⅡ控制点宜选在距线路中线 50~200 m 范围内、稳定可靠、便于测量的地方。在线路起点、终点及不同测量单位衔接地段,应联测 2 个及以上 CPⅡ控制点作为共享点。CPⅡ线路平面控制网可以布设成闭合导线、附合导线或导线网,当导线附合长度超过 2 km 时,应采用导线网,导线网的边数以 4~6 条为宜。当 CPⅡ控制点选好后,应进行点位埋设,埋设要求如图 2.8所示,标石埋设完成后,应现场绘制点之记。

(4)外业观测

测角仪器与测距仪器在使用前应经过国家认证单位的鉴定并在有效期内,每年鉴定一次,使用中发现异常及时鉴定。照准部旋转轴正确性指标应按管水准器气泡或电子水准器长气泡在各位置的读数较差衡量,对于 0.5″级和 1″级仪器不应超过 0.3 格,2″级仪器不应超过 1 格,6″级仪器不应超过 1.5 格;望远镜视轴不垂直于横轴指标值,对于 0.5″级和 1 级仪器不应超过 6″,2″级仪器不应超过 8″,6″级仪器不应超过 10″。光学(激光)对中器的视轴(激光束)与竖轴的重合偏差不应大于 1 mm。作业时视线应高出地面或离开障碍物 1.2 m 以上,视线应避免通过发热体,视线背景应避免反光体,在反射光束范围内,不得同时有 2 个反射器,测距时避免步话机离仪器太近。晴天作业时,仪器应遮阳处理,严禁将照准头对向太阳。低温作业时,应有一定的预热时间,当仪器各电子部件到达正常稳定的工作状态,开始测距。应选择合适的测距时间,避免在烟、尘、雨雾及 4 级以上大风等不利观测条件下进行距离测量。测距时应在测站和反射镜站进行气象测定,当两端气象差异较大时,取其平均值。气压、气温读数精度要求见表 2.23。

表 2.23 气压、气温读数精度要求

导线等级	干湿温度表/℃	气压表/hPa
三等	0.2	0.5

(5)内业数据处理

每天数据观测完毕对数据进行整理，对各项限差进行计算检核，对不满足限差的数据进行分析，需要时进行重测。

数据处理时，外业平距应进行高程归化和高斯投影改化，所有角度闭合差和边长闭合差满足要求后采用严密平差方法计算，平差软件采用通过鉴定的专业平差软件或商业软件，如武汉大学的COSAWIN软件等。CPⅡ线路控制网导线测量平差计算数据取位要求见表2.24。

表2.24　CPⅡ线路控制网导线测量平差计算数据取位要求

水平方向观测值/(″)	水平距离观测值/mm	方向改正数/(″)	距离改正数/mm	点位中误差/mm	点位坐标/mm
0.1	0.1	0.01	0.01	0.1	0.1

3. 隧道洞内CPⅡ控制测量的方法

(1)技术要求

隧道洞内CPⅡ导线测量主要技术要求见表2.25。

表2.25　隧道洞内CPⅡ导线测量主要技术要求

导线等级	附合长度/km	边长/m	测距中误差/mm	测角中误差/(″)	相邻点位坐标中误差/mm	导线全长相对闭合差限差	方位角闭合差限差/(″)
三等	$L\leqslant 2$	300～600	3	1.8	7.5	1/55000	$\pm 3.6\sqrt{n}$
三等	$2<L\leqslant 7$	300～600	3	1.8	7.5	1/55000	$\pm 3.6\sqrt{n}$
隧道二等	$L>7$	300～600	3	1.3	5	1/100000	±2.6

(2)仪器设备

CPⅡ线路平面控制测量采用测角精度不低于1″，测距精度不低于$(2+2\times 10^{-6}D)$mm的全站仪施测，仪器经国家认证单位鉴定并在有效期内。

(3)选点

隧道洞内CPⅡ控制点应充分利用洞内施工平面控制桩，单独布点时宜布设在安全稳固、施工干扰少、便于保存和设站的地方，点间视线距洞内设施0.2 m以上。

(4)外业观测

观测前应将仪器开箱放置20 min左右，使仪器与洞内温度一致，洞口测站观测宜在夜晚或阴天进行，洞内观测应充分通风，无施工干扰，避免尘雾。目标棱镜人工观测应有足够的照明度，目标清晰，采用自动观测尽量减少光源干扰。

2.3.4　相关案例——某高速铁路CPⅡ控制网复测

1. 工程概况

某高速铁路ZQ-1标段起点里程DK500＋130，终点里程DK560＋993.25，线路里程长60.86325 km。测区地势平坦开阔，线路经过地表大多为耕地和居民地，主要交通道路为城镇及乡村道路，交通较便利，控制点间均可以通视。

2. 复测内容

本标段CPⅡ控制点沿线路走向布设，点间距800 m，共计65个，其中CPⅡ006、CPⅡ013-2、CPⅡ033-1、CPⅡ046、CPⅡ029-1确认丢失，其余桩点保存完好。

3. 复测坐标高程系统

本标段复测的坐标系统与设计相同，即：平面坐标系统采用施工坐标系，形式为任意带高斯投影平面直角坐标系，参考椭球为2000国家基本椭球。椭球参数为：长半轴 $a=6\,378\,137$ m，扁率 $f=1/298.257\,222\,101$。坐标系详细分带及对应里程见表2.26。

表2.26　坐标分带及对应里程

起点里程	终点里程	中央子午线	投影面大地高/m	高程异常/m
DK500＋000(1ZXCPⅠ096)	DK560＋000(CPⅠ017)	108°27′	365	－35
DK560＋000(CPⅠ017)	DK599＋000(CPⅡ061)	108°00′	455	－35

注：高程系统采用1985国家高程基准。

4. 平面控制网布设

本标段CPⅡ控制网沿线路形成带状网，附合至相邻的CPⅠ控制点构成附合网，全网采用边连式构网。图2.9为CPⅡ控制网构网方式。

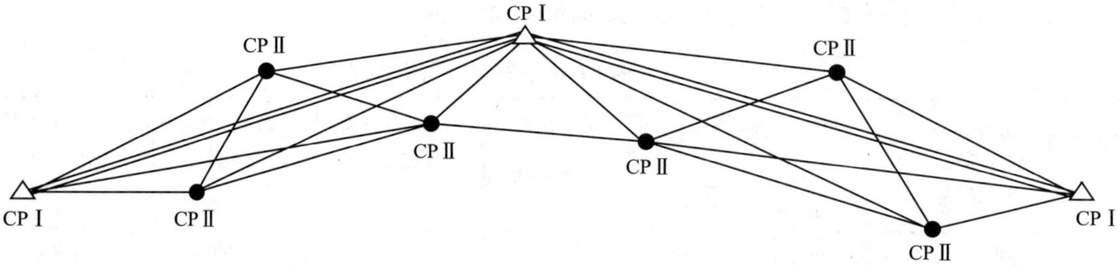

图2.9　CPⅡ控制网构网方式

5. 控制网观测

本次平面控制网复测投入GNSS接收机9台，仪器标称精度为$(5+1\times10^{-6}D)$mm，所有仪器均经国家认证单位鉴定并在有效期内，按静态定位模式进行测量，每条边观测1～2个时段，每个时段60 min，卫星高度角≥15°，接收机采样间隔15 s，PDOP≤8，作业前按要求进行仪器检校。对中设备采用精密对点器，对中精度小于1 mm，作业过程中，天线安置严格整平、对中，天线标志线指向正北。每时段观测前后分别量取天线高，误差小于2 mm，取两次平均值作为最终结果。作业中使用对讲机，离GNSS接收机10 m以外。一个时段观测结束后，重新对中整平仪器，再进行第二时段的观测。观测过程中按规定填写了观测手簿，对观测点名、仪器高、仪器号、时间、日期以及观测者姓名均进行了详细记录，记录采用2H铅笔。

6. 观测数据处理及质量分析

复测基线解算采用仪器制造商提供的Trimble Geomatics Office 1.63软件和广播星历按静态相对定位模式进行。按《铁路工程卫星定位测量规范》(TB 10054—2025)、《高速铁路工程测量规范》(2024年局部修订)(TB 10601—2009)要求GNSS控制基线向量网所有异步环闭合差应符合式(2.9)规定。

$$\left.\begin{aligned} W_x &\leqslant 3\sqrt{n}\sigma \\ W_y &\leqslant 3\sqrt{n}\sigma \\ W_z &\leqslant 3\sqrt{n}\sigma \\ W &\leqslant 3\sqrt{3n}\sigma \end{aligned}\right\} \tag{2.9}$$

同一边不同观测时段基线较差应满足 $d_s \leqslant 2\sqrt{2}\sigma$ mm。

基线处理后，本标段 CPⅠ控制网复测基线向量异步环闭合差最大值见表 2.27，重复观测基线较差最大值见表 2.28。

表 2.27　CPⅡ控制网基线向量异步环闭合差统计

闭合环号	线路点号	D_x 闭合差/mm	D_y 闭合差/mm	D_z 闭合差/mm	长度闭合差/mm	环总长度/m	相对闭合差 D/mm	备注
126	CPⅡ055、CPⅠ015、CPⅠ016	5.00	−13.00	−13.00	19.05	7054.2828	2.70	合格
	闭合差限差/mm	43.33	43.33	43.33	75.05			

表 2.28　CPⅡ控制网重复观测基线较差统计

序号	起点	终点	D_x 闭合差/m	D_y 闭合差/m	D_z 闭合差/m	长度闭合差/m	差值/mm	备　注
590	CPⅠ015	CPⅡ055	2811.838	648.85	387.016	2911.5667	24.0794	—
570	CPⅠ015	CPⅡ055	2811.843	648.853	387.018	2911.5725	5.7631	合格

7. 复测控制网平差及精度分析

(1)三维无约束平差

以全网有效观测时间最长网点的 WGS-84 三维坐标作为起算数据，进行 GNSS 网的三维无约束平差，平差采用武汉大学的 COSAGPS 后处理软件，平差数据采用基线向量的双差固定解。经三维无约束平差计算后的精度统计见表 2.29。

表 2.29　CPⅡ控制网三维无约束平差精度统计

最弱边						
序号	起点	终点	线路长度/m	长度闭合差/cm	相对误差	相对闭合差 D/mm
532	CPⅡ036-1	CPⅡ036-2	641.784	0.11	1/563000	1.78
最弱点						
序号	点号		x 方向误差/cm	y 方向误差/cm	z 方向误差/cm	点位误差/cm
82	CPⅡ061		0.22	0.41	0.30	0.55

由 CPⅡ控制网三维无约束平差精度统计数据可知：CPⅡ控制网的基线向量网自身的内符合精度高，基线向量没有明显系统误差和粗差，基线向量网的质量是可靠的。

(2)二维约束平差

CPⅡ控制网附合到 CPⅠ上，以复测后确认精度可靠的所有 CPⅠ设计坐标为起算数据对 CPⅡ控制网进行约束平差。经二维约束平差计算后的精度统计见表 2.30。

表 2.30　CPⅡ控制网二维约束平差精度统计

最弱点				
序号	点号	x 方向误差/cm	y 方向误差/cm	点位误差/cm
71	CPⅡ040-2	0.20	0.19	0.27

续上表

最弱边								
序号	起点	终点	方位角	方位角中误差/(″)	线路长度/m	长度闭合差/cm	相对误差	相对闭合差/mm
532	CPⅡ036-1	CPⅡ036-2	2°25′7.6″	0.66	641.7214	0.22	1/287000	3.48

通过上述对CPⅡ控制网平差精度统计分析，最弱边相对中误差为1/28.7万、最弱边方位角中误差为0.66″，达到《高速铁路工程测量规范》中CPⅡ最弱边相对中误差≤1/100000、方位角中误差≤1.7″的精度要求。

8. CPⅡ控制网复测坐标成果及精度

CPⅡ控制网复测坐标成果及精度统计见表2.31。

表2.31 CPⅡ控制网复测坐标成果及精度统计

序号	点号	x方向误差/cm	y方向误差/cm	点位误差/cm
1	CPⅡ001	0.09	0.07	0.11
2	CPⅡ002	0.11	0.08	0.13
3	CPⅡ003	0.08	0.06	0.10
4	CPⅡ004	0.08	0.06	0.10
5	CPⅡ005	0.11	0.09	0.14
6	CPⅡ007-1	0.08	0.06	0.10
7	CPⅡ008-1	0.10	0.08	0.13
8	CPⅡ009-1	0.08	0.07	0.11
9	CPⅡ010-1	0.11	0.08	0.13
10	CPⅡ011-1	0.08	0.06	0.10
11	CPⅡ012-1	0.07	0.06	0.09
12	CPⅡ013-1	0.07	0.06	0.09
13	CPⅡ014-1	0.07	0.06	0.10
14	CPⅡ014-2	0.06	0.06	0.09
15	CPⅡ015-1	0.06	0.06	0.08
16	CPⅡ015-2	0.07	0.06	0.09
17	CPⅡ016-1	0.07	0.06	0.09
18	CPⅡ016-2	0.07	0.06	0.09
19	CPⅡ017-1	0.09	0.06	0.11
20	CPⅡ018-1	0.10	0.07	0.12
21	CPⅡ018-2	0.12	0.08	0.14
22	CPⅡ019-1	0.11	0.09	0.14
23	CPⅡ020-1	0.10	0.07	0.12
24	CPⅡ021-1	0.08	0.06	0.10
25	CPⅡ022-1	0.08	0.06	0.10
26	CPⅡ023-1	0.07	0.05	0.09

续上表

序号	点号	x 方向误差/cm	y 方向误差/cm	点位误差/cm
27	CPⅡ024-1	0.06	0.05	0.08
28	CPⅡ025-1	0.07	0.06	0.09
29	CPⅡ026-1	0.07	0.05	0.08
30	CPⅡ027-1	0.07	0.06	0.10
31	CPⅡ028-1	0.08	0.07	0.11
32	CPⅡ029-1	0.09	0.07	0.12
33	CPⅡ030-1	0.07	0.05	0.08
34	CPⅡ031-1	0.07	0.05	0.09
35	CPⅡ031-2	0.07	0.05	0.08
36	CPⅡ032-1	0.08	0.06	0.10
37	CPⅡ034-1	0.11	0.10	0.15
38	CPⅡ035-1	0.11	0.10	0.14
39	CPⅡ036-1	0.11	0.10	0.15
40	CPⅡ036-2	0.21	0.19	0.29
41	CPⅡ037-1	0.11	0.09	0.14
42	CPⅡ038-1	0.19	0.15	0.24
43	CPⅡ039-1	0.20	0.17	0.26
44	CPⅡ040-1	0.16	0.12	0.2
45	CPⅡ040-2	0.20	0.19	0.27
46	CPⅡ041-1	0.09	0.08	0.12
47	CPⅡ042-1	0.10	0.08	0.13
48	CPⅡ042-2	0.15	0.13	0.20
49	CPⅡ043	0.10	0.08	0.13
50	CPⅡ044-1	0.13	0.09	0.15
51	CPⅡ045	0.18	0.11	0.21
52	CPⅡ047-1	0.18	0.13	0.22
53	CPⅡ048-1	0.16	0.12	0.20
54	CPⅡ049-1	0.15	0.12	0.20
55	CPⅡ049-2	0.15	0.12	0.19
56	CPⅡ050-1	0.12	0.09	0.15
57	CPⅡ051-1	0.11	0.08	0.13
58	CPⅡ052	0.11	0.08	0.13
59	CPⅡ052-1	0.12	0.10	0.15
60	CPⅡ053	0.12	0.09	0.15
61	CPⅡ054	0.13	0.10	0.16
62	CPⅡ055	0.13	0.11	0.17
63	CPⅡ056	0.14	0.10	0.17

续上表

序号	点号	x 方向误差/cm	y 方向误差/cm	点位误差/cm
64	CPⅡ057	0.14	0.10	0.17
65	CPⅡ058	0.14	0.10	0.17
66	CPⅡ059	0.10	0.07	0.13
67	CPⅡ060	0.13	0.10	0.17
68	CPⅡ061	0.15	0.12	0.19

任务 2.4 CPⅢ轨道控制网平面测量

2.4.1 任务目标

通过本任务的学习，学生能完成CPⅢ轨道控制网布设、外业观测及数据处理；熟悉相关的测量技术要求。

2.4.2 工作任务

结合具体的工程项目，完成CPⅢ轨道控制网的布设，并进行外业数据采集及内业数据处理。

2.4.3 相关配套知识

CPⅢ轨道平面控制网沿线路走向布设，起闭于CPⅠ基础平面控制网或CPⅡ线路平面控制网，一般在线下工程施工完成、通过沉降变形评估后进行施测，是轨道铺设和运营维护的基准，CPⅢ轨道控制网由施工单位建网测量，工程竣工后移交运营单位作为轨道维护的基准，具有相对精度高、点位分布密集、测量工作量大、使用周期长等特点。CPⅢ轨道平面控制网作业流程如图2.10所示。

1. 技术要求

CPⅢ轨道平面控制网测量采用自由测站边角交会法施测，满足的技术要求见表2.32～表2.37。

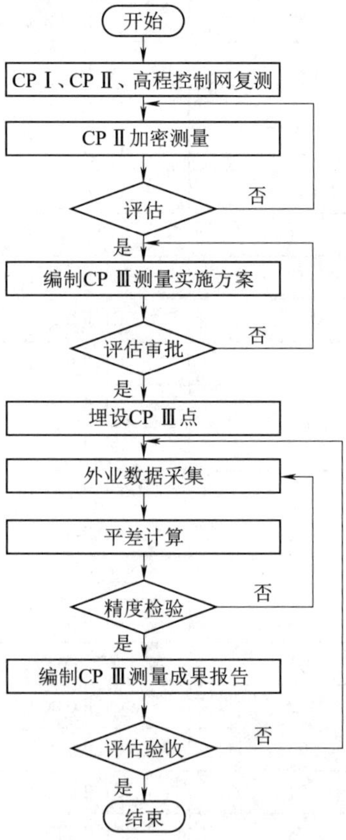

图 2.10 CPⅢ轨道平面控制网作业流程

表 2.32 CPⅢ平面控制网测量的主要技术指标

测量方法	方向观测中误差/(″)	距离观测中误差/mm	相邻点的相对中误差/mm	同精度复测坐标较差/mm
自由测站边角交会	±1.8	±1.0	±1.0	±3

表2.33　CPⅢ平面控制网水平方向观测技术要求

仪器等级/(″)	测回数	半测回归零差/(″)	不同测回2C互差/(″)	同一方归零后方向值较差/(″)
0.5	2	6	9	6
1	3	6	9	6

表2.34　CPⅢ平面控制网距离测量技术要求

测回	半测回间距离较差/mm	测回间距离较差/mm
≥2	±1	±1

表2.35　CPⅢ平面自由网平差后的主要技术要求

方向改正数/(″)	距离改正数/mm
±3	±2

表2.36　CPⅢ平面网约束平差后的主要技术要求

与CPⅠ、CPⅡ联测		与CPⅢ联测		点位中误差/mm
方向改正数/(″)	距离改正数/mm	方向改正数/(″)	距离改正数/mm	
≤±4.0	≤±4	≤±3.0	≤±2	2

表2.37　CPⅢ平面控制网数据取位要求

水平方向观测值/(″)	水平距离观测值/(″)	方向改正数/(″)	距离改正数/mm	点位中误差/mm	点位坐标/mm
0.1	0.1	0.01	0.01	0.01	0.1

2. 仪器设备

采用标称精度满足方向测量中误差≤1″、测距中误差≤$(1+2\times10^{-6}D)$mm的具有自动搜索目标、自动照准、自动观测、自动记录的全站仪，全站仪能够兼容通过相关部门评审并在有效期内的CPⅢ外业数据采集软件，每台仪器应配置12个棱镜，全线应统一，如Leica或Sinning棱镜。配套的温度计量测精度不低于±0.2℃，气压计量测精度不低于±0.5hPa。全站仪使用前必须出具仪器鉴定部门提供的鉴定证书，在使用过程中对全站仪应定期检验。棱镜应经过专业机构进行常数测定，各棱镜常数互差≤0.2mm。

3. 起算基准的设计

由于CPⅢ轨道控制网的精度受CPⅠ基础平面控制网和CPⅡ线路平面控制网的影响，因此在CPⅢ轨道控制网建网前应对精测网进行复测，检测CPⅠ、CPⅡ控制点的兼容性，同时当原有CPⅠ、CPⅡ控制点的密度与位置不能满足CPⅢ联测要求时，应进行CPⅡ线路平面控制网的加密。

(1)CPⅠ、CPⅡ平面控制网复测

按照三等GNSS测量或三等导线测量的方法进行CPⅡ控制网的复测，复测时向相邻区段延伸进行搭接测量，至少搭接测量一条公共边。如CPⅡ控制点复测成果与设计成果的点位误差大于10mm时应进行核实，如复测确认某个CPⅡ控制点兼容性较差，应按同精度扩展原则重新对该点进行平差。

(2)CPⅡ平面控制网加密

①CPⅡ加密点的布设

加密的CPⅡ点必须满足CPⅢ测量时每600 m左右联测一个CPⅠ或CPⅡ控制点，一般宜在400～800 m，且需要与连续3个自由测站通视，自由测站至CPⅠ或CPⅡ控制点之间的距离不宜大于300 m。路基段应在征地界范围内不宜被破坏的地方设置，桥梁段可以布设在桥上，或布设在墩台顶部桥梁固定支座端上方，但不得与CPⅢ点共享。CPⅡ加密点应采用强制对中标。当采用GNSS测量或导线测量时，应分别满足GNSS测量或导线测量的布点要求。

②CPⅡ加密点测量的技术要求

加密测量前应检查联测标石的完好性，对丢失或破损的标石应按原测标准采用同精度扩展方法恢复或增补。当采用GNSS测量时，应选用标称精度不低于$(5+1\times10^{-6}D)$mm的双频GNSS接收机，精度满足GNSS三等测量的要求，即基线边方向中误差≤1.8″，最弱边相对中误差≤1/100 000。当采用导线测量时，应选用测角精度不低于1″，测距精度不低于$(1+2\times10^{-6}D)$mm的全站仪，精度满足三等导线测量的要求，即测角中误差≤1.8″导线全长相对闭合差≤1/55 000。

4. 网形设计

(1)CPⅢ轨道平面控制网基本网形

轨道控制网CPⅢ的平面控制网一般采用图2.11所示的构网形式。

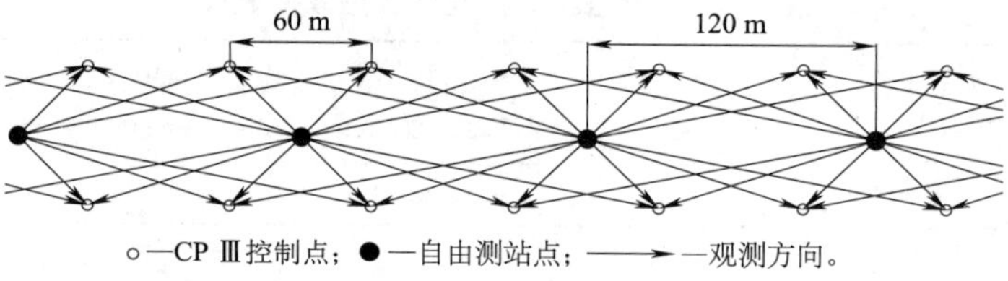

图2.11 测站间距为120 m的CPⅢ平面网观测网形示意

当遇到施工干扰或观测条件稍差以及大跨度连续梁的相邻CPⅢ控制点间距接近60 m的情况时，可采用图2.12所示的构网形式。

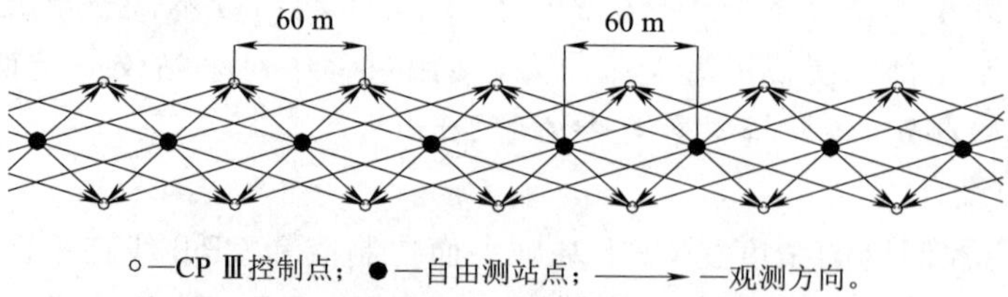

图2.12 测站间距为60 m的平面网观测网形示意

(2)CPⅢ轨道平面控制网与CPⅠ、CPⅡ控制点联测构网图形

CPⅢ轨道平面控制网与CPⅠ、CPⅡ控制点联测有两种方式，一种是在自由测站置镜观测CPⅠ、CPⅡ控制点，网形如图2.13所示。另一种是在CPⅠ、CPⅡ控制点置镜观测CPⅢ，网形如图2.14所示。

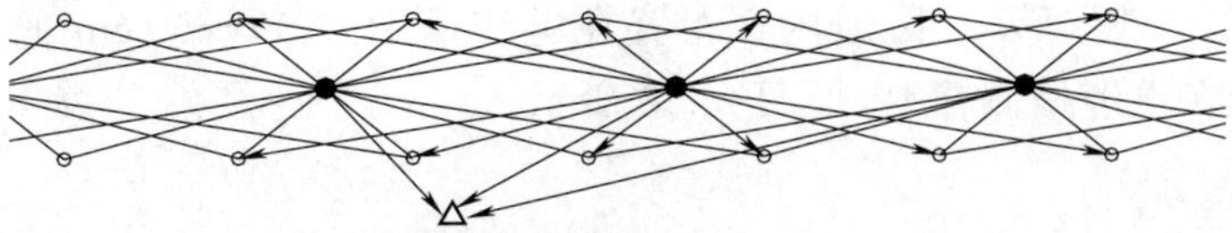

图 2.13 自由测站上联测 CPⅠ、CPⅡ控制点观测网形

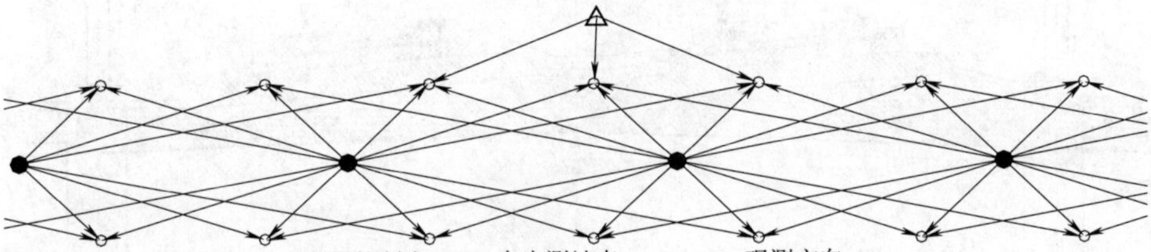

图 2.14 CPⅠ、CPⅡ控制点上置镜观测 CP Ⅲ点观测网形

(3)CP Ⅲ轨道平面网搭接测量基本网形

CP Ⅲ轨道平面网根据施工需要可以分段测量，一般分段测量的长度≥4 km，且接头处不能设置在车站范围内。区段搭接测量网形如图 2.15 所示。

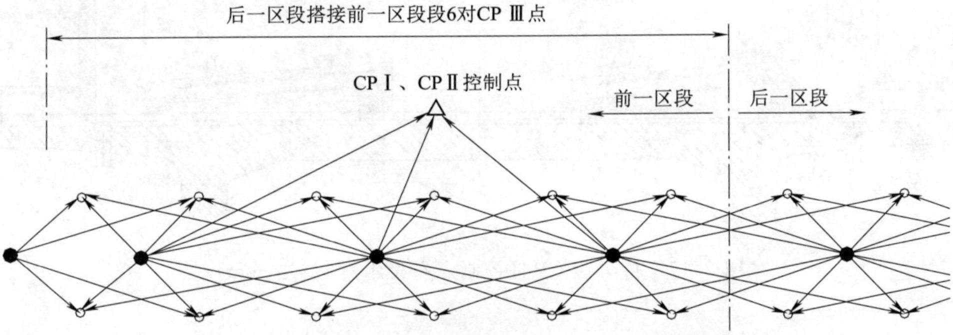

图 2.15 区段搭接构网示意

5. 选点与埋石

(1)CP Ⅲ控制点的选点

CP Ⅲ控制点宜成对布设于线路外侧，距线路中线的距离应为 3～4 m，控制点间间距宜为 50～70 m(特殊地段不得超过 80 m)，成对布设在线路两侧的两个 CP Ⅲ控制点里程差不宜超过 1 m。相邻 CP Ⅲ控制点应大致等高，且应高于设计轨面 0.3 m。CP Ⅲ控制点应设置在稳固可靠、不易破坏和便于测量并应注意防冻、防沉降和抗移动的地方。路基地段宜布置在接触网杆基础上，也可设置在专门的混凝土立柱上，如图 2.16 所示桥梁上宜布置在桥梁固定支座端上方的防撞墙上，距梁端 0.5 m 处。对于 24 m 或 32 m 简支梁每 2 孔布设一对 CP Ⅲ点，相邻两对 CP Ⅲ点相距约为 64 m、56 m 或 48 m；对于连续 24 m 简支梁，根据实际情况也可每三孔布设一对 CP Ⅲ点；对于连续梁，CP Ⅲ应优先布设于固定端上方。对于跨度超过 80 m 的，应在跨中部分布设一对 CP Ⅲ点；大跨桥梁和特殊结构的 CP Ⅲ点布设方案根据工程结构特点和轨道

形式单独制定，如图 2.17 所示。隧道内宜布置在电缆槽上方 30～50 cm 的边墙内衬上，条件允许时还可以布设在电缆槽侧臂上，如图 2.18 所示。

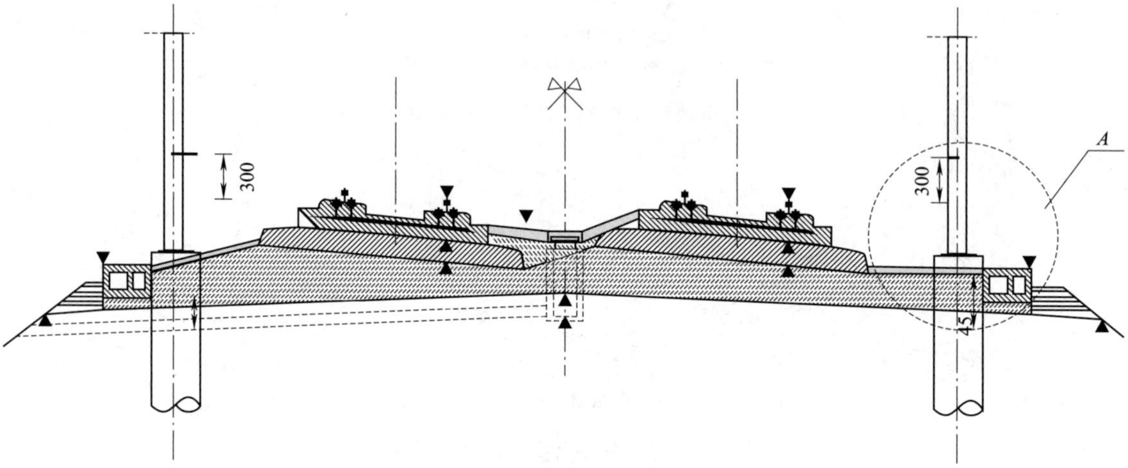

图 2.16　路基段 CPⅢ控制点布设示意(单位:mm)

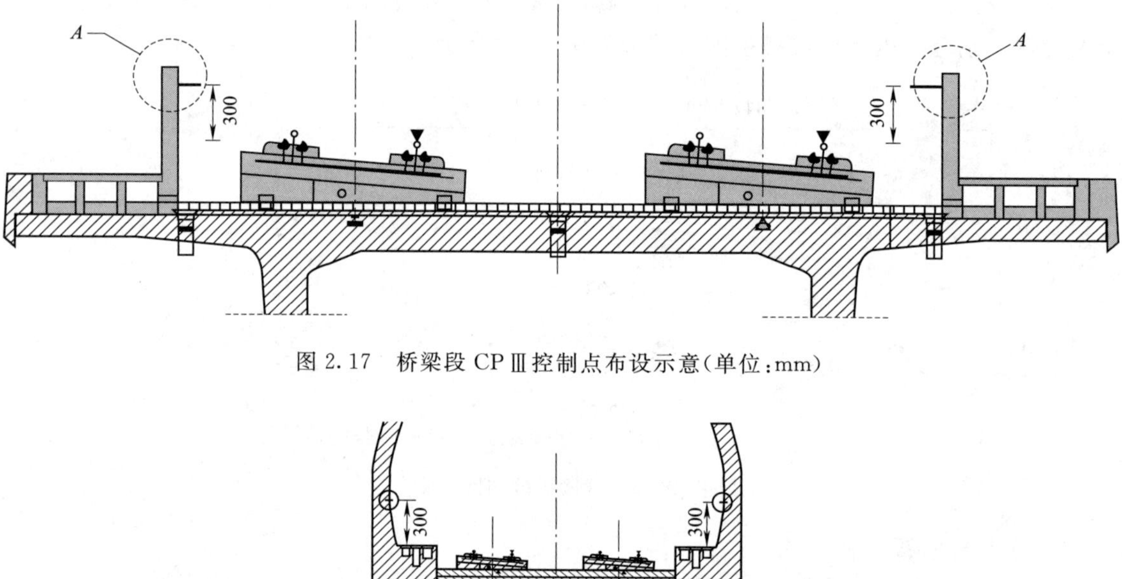

图 2.17　桥梁段 CPⅢ控制点布设示意(单位:mm)

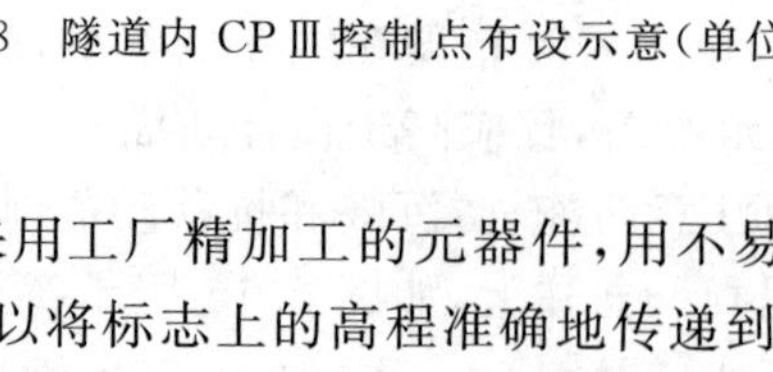

图 2.18　隧道内 CPⅢ控制点布设示意(单位:mm)

(2)CPⅢ控制点标志类型

CPⅢ控制点的标志必须采用工厂精加工的元器件，用不易生锈及腐蚀的金属材料制作。具有强制对中、能安装棱镜、可以将标志上的高程准确地传递到棱镜中心，且能长期保存、不易变形、结构简单及便于安装的功能，主要由埋设标、连接杆和棱镜组成。对于同一段线路上的 CPⅢ测量、轨道施工精调、轨道线形竣工测量、轨道维护测量，必须使用同一型号的 CPⅢ控制测量标志。根据 CPⅢ测量所使用的棱镜不同，主要可分为横插式棱镜组、竖插式棱镜组、球棱镜组三种类型，如图 2.19～图 2.21 所示。

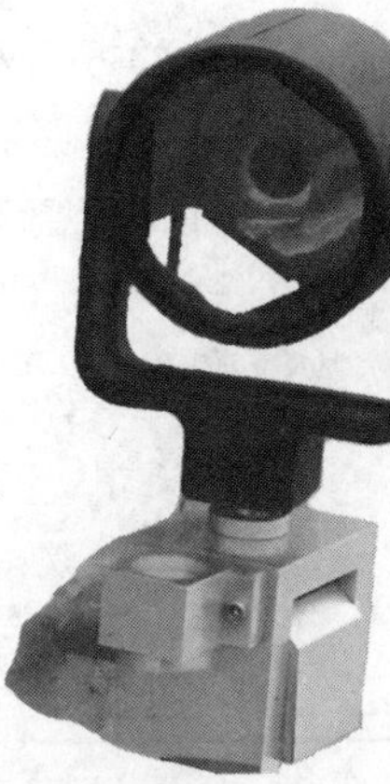

图 2.19　横插式棱镜组

图 2.20　竖插式棱镜组

图 2.21　球棱镜组

(3)CPⅢ控制点的编号原则

CPⅢ控制点按照千米数递增进行编号，其编号反映里程数。CPⅢ控制点的点号由七位数组成，前四位数表示CPⅢ控制点所在里程的整千米数，第五位是“3”表示是CPⅢ网点，后两位数字表示点的顺序号，点的顺序号为单数表示该点在线路里程增大方向的左侧，点的顺序号为双数表示该点在线路里程增大方向的右侧，当里程不足千、百、十千米时，在其前面加“0”，以保证CPⅢ点的点号为七位数，在有长短链地段编号不能重复。如：点编号为 0125301，表示线路里程 DK125 范围内里程增大方向左侧的CPⅢ第 1 号点，点编号为 0125302 表示线路里程 DK125 范围内里程增大方向右侧的CPⅢ第 2 号点。

(4)CPⅢ控制点的埋设

CPⅢ控制点的埋设主要是埋设预埋件，横插式棱镜组需要预埋安装棱镜组的“预埋钉”，CPⅢ控制点的平面位置为预埋钉标识螺栓的前边缘的中心点；竖插式棱镜组需要预埋安装棱镜组的“预埋套管”，CPⅢ控制点的平面位置为棱镜中心；球棱镜组需要预埋安装球棱镜的“立式基座”，CPⅢ控制点的平面位置为球棱镜中心，棱镜组件安装精度要求见表 2.38。

表 2.38　CPⅢ棱镜组件安装精度要求

CPⅢ标志	重复性安装误差/mm	互换性安装误差/mm
空间位置	0.5	0.5
x	0.4	0.4
y	0.4	0.4
H	0.2	0.2

CPⅢ控制点埋设完成后，应在控制点的旁边，设置点号标识，要求清晰明显。点号标识采用统一规格字模，图字高均为 6 cm 的字体刻绘的标志牌，也可采用白色油漆抹底，红色油漆喷写点号，标牌规格为长 300 mm、宽 200 mm。

6. 外业观测

CPⅢ轨道平面控制测量在观测前应做好各项准备工作，如对仪器进行校验、测定棱镜加常数等，同时应做好外业记录，记录表格见表 2.39。CPⅢ轨道平面控制网观测宜在阴天或夜间气象稳定的时间段进行，采用自由测站边角交会法施测。一般测站间距约为 120 m，自由测站到 CP Ⅲ点的最远观测距离应≤180 m，每个 CP Ⅲ点至少应保证有3 个自由测站的方向和距离观测量。当遇施工干扰或观测条件稍差以及大跨度连续梁的相邻 CP Ⅲ控制点间距接近80 m的情况时，测站间距应为 60 m 左右，每个 CP Ⅲ控制点应有 4 个测站的方向和距离观测量。水平方向测量应采用全圆方向观测法进行观测，如采用分组观测，应以同一归零方向，并重复观测一个方向。边长测量应进行温度、气压等气象元素改正，温度读数精确至0. 2 ℃，气压读数精确至 0. 5 hPa。

表 2. 39　CP Ⅲ平面外业观测记录表

______线______段　　　　　　　　　　　　第　页　共　页

测量单位：________　天气：________　测量日期：_____年_____月_____日

<table>
<tr><td>自由测站编号</td><td></td><td>温度</td><td></td><td>气压</td><td></td></tr>
<tr><td>CP Ⅲ点编号</td><td>备注</td><td colspan="2">CP Ⅲ点编号</td><td colspan="2">备注</td></tr>
<tr><td></td><td></td><td colspan="2"></td><td colspan="2"></td></tr>
<tr><td></td><td></td><td colspan="2"></td><td colspan="2"></td></tr>
<tr><td></td><td></td><td colspan="2"></td><td colspan="2"></td></tr>
<tr><td></td><td></td><td colspan="2"></td><td colspan="2"></td></tr>
<tr><td></td><td></td><td colspan="2"></td><td colspan="2"></td></tr>
<tr><td></td><td></td><td colspan="2"></td><td colspan="2"></td></tr>
<tr><td></td><td></td><td colspan="2"></td><td colspan="2"></td></tr>
</table>

CP Ⅲ轨道平面网根据施工需要可以分段测量，分段测量时区段间重复观测≥6 对 CP Ⅲ点。区段搭接测量时，应共同搭接测量一个 CP Ⅱ控制点，区段搭接处的 CP Ⅱ控制点宜位于搭接区段的中间，且与前后区段自由测站点通视良好，有条件时，可搭接测量区段交界处的 2 个 CP Ⅱ控制点。

为满足高速铁路工程控制测量“三网合一”的要求，CP Ⅲ轨道平面控制网与 CP Ⅰ、CP Ⅱ控制点应进行联测。联测时有两种方式：一种是在自由测站置镜观测 CP Ⅰ、CP Ⅱ控制点，要求至少在 2 个连续的自由测站上观测 CP Ⅰ、CP Ⅱ控制点；另一种是在 CP Ⅰ、CP Ⅱ控制点置镜观测 CP Ⅲ，要求至少观测 3 个 CP Ⅲ控制点。

7. 数据处理

CP Ⅲ控制网观测数据处理必须采用相关部门评审通过的专业软件来进行。下面以中铁二院工程集团有限责任公司与西南交通大学联合开发的高速铁路通用平差软件 Survey Adjust及 GL-Survey 为例介绍其数据处理流程。

(1)数据处理流程

①数据传输及预处理。将外业观测记录的数据传入计算机，进行数据整理，检查半测回归零差、不同测回同一方向 $2C$ 互差、同一方向归零后方向值较差等规范指标是否满足要求。

②编辑平面和高程已知数据。在平面数据处理前需要编辑好本测段的平面及高程已知点数据，以及本测段的投影面高程、高程异常等数据。

③生成平差文件。生成平差文件时软件会提示是否进行两化改正，为了保证三网合一的原则，应采用两化改正。在计算过程中会自动生成两个平差文件，一个为未进行任何改正，另外一个为进行两化改正后的数据，后续平差计算均采用两化改正后的平差文件进行。

④较差检验。此为 CPⅢ网专用的较差检测功能，检测每一对 CPⅢ点由不同测站测量后的兼容性，检测后 CPⅢ点对较差精度不应低于 1/4 000，此精度值仅作参考。

⑤输出观测手簿。必要时或需要进行数据检查时使用，提交评估时可暂不进行此项工作。

⑥设置平差参数，解算概略坐标。

⑦自由网平差校正。此功能为检查已知点的兼容性及整网的内符合精度、尺度比等规范指标参数，如果有超过限差的观测数据，应对其原始数据进行检查，若确实因测量误差，应进行重测。

⑧约束网平差。约束平差报告应标明控制等级、观测仪器、棱镜类型、天气、观测日期和时间、观测者、记录者、检查者等信息，应正确标明观测量的差值和限差指标。

平差计算完成后，若平差后精度指标均满足要求，即可形成最终成果，如有超限的应分析原因，并查找原因补测或重测，直到测量成果满足要求。

(2)数据处理过程注意事项

在进行数据处理过程中，应注意以下几点：

①当发现网平差不收敛或者闭合差明显超限时，应认真仔细查找原因，首先检查已知点数据是否正确，其次检查各个测站的观测点的编号，找出有问题的测段或测站，进行重测。

②CPⅢ平面控制网区段衔接时，前后区段独立平差重叠点坐标差值应≤±3 mm，满足该条件后，后一区段 CPⅢ平面控制网应采用本区段联测的 CPⅠ、CPⅡ控制点及重叠段前一区段连续的 1～3 对 CPⅢ点作为约束点进行平差计算。再次平差后，其他未约束的重叠点在两个区段分别平差后的坐标差值不宜大于 1 mm，若坐标差值大于 1 mm 时，应查明原因，确认无误后，未约束的重叠点坐标应采用后一区段 CPⅢ网的平差结果，并在新提交成果中备注栏注明为“更新成果”。

坐标换带处 CPⅢ平面控制网平差时，应分别采用相邻两个投影带的 CPⅠ、CPⅡ坐标进行约束平差，分别提交相邻投影带两套坐标成果，提供两套坐标的区段长度不应小于 800 m。

8. 提交的成果

数据处理完成后应提交的成果资料包括：

(1)技术设计书。

(2)外业观测数据文件及记录手簿。

(3)控制网示意图。

(4)施测单位资质证书及仪器鉴定证书。

(5)测量平差报告。

(6)控制点成果表。

(7)技术总结报告书。

知识拓展

高寒地区有着其显著的自然特点，在高寒地区开展高速铁路精密测量也有着其特殊的要求。在进行自由设站边角交会法 CPⅢ测量时，可采用“全站仪＋惯导”技术方案的轨道惯性导航动态测量系统，改变了传统全站仪需要精确整平、人工搬站设站等低效率作业模式，提升了测量效率，同时也能保证测量精度，适应高寒地区大跨度桥梁等特殊地段的测量需求。在观测条件、点位埋设、数据处理等方面，还要注意以下几点。

观测温度方面：高寒地区气温变化大，低温会使测量仪器性能改变、零部件收缩或膨胀，影响测量精度。因此,需选择适合低温环境的仪器设备,并在测量前对仪器进行预热和校准。同时,测量时要记录温度,以便后续进行温度改正计算。在高温时段,如夏季的中午,可能出现冻土融化导致地面变形的情况,此时应避免进行测量工作;而在低温时段,如冬季的夜晚,要注意仪器的保暖,防止电池性能下降和仪器部件损坏。

点位埋设方面:高寒地区冻土的冻胀和融沉会使 CPⅢ控制点发生位移。在控制点埋设时,需采取特殊的基础处理措施,如加深埋设深度、采用隔热材料包裹基础等,以减少冻土对控制点的影响。并且,要定期对控制点进行复测,及时发现和纠正控制点的位移。

观测条件方面:高寒地区冬季日照时间短,且太阳高度角低,这会影响测量的作业时间和光线条件。测量人员应合理安排测量时间,充分利用白天的有效光照。在光线较暗时,需使用辅助照明设备,确保测量目标清晰可见,同时要注意避免光线反射对测量精度产生影响。

数据处理方面:采用适合高寒地区特点的平差算法和模型,考虑温度、冻土等因素对测量数据的影响,进行更精确的误差修正和参数估计。例如,在平差计算中加入温度改正项,根据实测温度和仪器的温度系数,对测量的距离和角度进行改正。

质量控制方面:除了常规的质量控制措施外,针对高寒地区的特殊情况,要加强对控制点稳定性和测量数据可靠性的检验。增加复测频率,对比不同时期的测量数据,及时发现因温度变化、冻土活动等因素导致的测量误差和控制点位移。同时,对测量数据进行严格的粗差剔除和精度评定,确保 CPⅢ平面测量成果满足高寒地区高速铁路建设和运营的要求。

项目小结

本项目围绕高速铁路平面控制测量的作用、不同等级平面控制网观测技术要求等,介绍了高速铁路平面控制测量的控制点要求、施测方法、数据处理步骤等内容。

框架基准网 CP0。采用 GNSS 卫星定位测量方法建立的三维控制网,作为全线(段)的坐标起算基准。应以 CGCS2000 国家大地坐标系作为坐标基准,以 IGS 参考站或国家 A、B 级 GNSS 控制点作为约束点,进行控制网整体三维约束平差。

基础平面控制网 CPⅠ。在框架控制网(CP0)的基础上,沿线路走向布设,按 GNSS 静态相对定位原理建立,为线路平面控制网(CPⅡ)提供起闭的基准。CPⅠ控制网应附合到 CP0 上,并采用固定数据平差。

线路平面控制网 CPⅡ。在基础平面控制网(CPⅠ)上沿线路附近布设,为勘测、施工阶段的线路平面测量和轨道控制网测量提供平面起闭的基准。CPⅡ控制网应附合到 CPⅠ上,并采用固定数据平差。

轨道控制网 CPⅢ平面测量。沿线路布设的平面、控制网,平面起闭于基础平面控制网(CPⅠ)或线路平面控制网(CPⅡ),一般在线下工程施工完成后进行施测,是轨道铺设和运营维护的基准。CPⅢ控制网应附合到 CPⅠ或 CPⅡ上,并采用固定数据平差。

复习思考题

1. 高速铁路建设控制测量分几级进行?每级主要包含哪两项内容?
2. CPⅠ控制点的选点、标志埋设有哪些要求?外业观测所采用的仪器和方法是什么?
3. CPⅡ控制测量的选点、标志埋设有哪些要求?

4. CPⅢ控制网外业观测所采用的仪器和方法有哪些？外业观测时平面位置测量和高程测量能否同时进行？

5. CPⅠ、CPⅡ控制测量对提供的控制点坐标采用的坐标系有何要求？

6. CPⅠ、CPⅡ控制测量的主要作用是什么？

项目3　高程控制测量

项目描述

高速铁路建设对路基、桥涵、隧道及过渡段的沉降监测要求高，以保证轨道施工的高平顺性。鉴于上述要求，高程控制网采用分级布网，首级采用二等水准为全线统一的高程控制网，次级采用精密水准网。高程控制测量可分为线路水准基点测量、轨道控制网（CPⅢ）水准测量、轨道控制网（CPⅢ）自由测站三角高程测量三项任务。

学习目标

1. 知识目标

（1）掌握测量技术设计书编写要求；

（2）掌握线路水准基点、轨道控制网（CPⅢ）布设方法；

（3）掌握二等水准测量的方法；

（4）掌握精密水准测量的方法。

2. 能力目标

（1）能进行线路水准基点布设、观测及数据处理；

（2）能进行轨道控制网（CPⅢ）水准测量点位布设、观测及数据处理；

（3）能进行轨道控制网（CPⅢ）自由测站三角高程测量点位布设、观测及数据处理；

（4）能编写技术设计书，能查阅测量规范。

3. 素质目标

（1）培养正确查询、运用行业规范、标准的能力；

（2）培养与人沟通以及写作能力；

（3）培养质量意识、安全意识、环保意识与协作意识；

（4）培养吃苦耐劳精神和严谨认真的工作作风。

任务3.1　线路水准基点测量

3.1.1　任务目标

掌握线路水准基点的布设方法，能进行线路水准基点测量技术设计、外业数据的采集及内业数据处理；掌握二等水准测量的数据采集、数据处理及相关软件的使用方法，能查阅测量规范。

3.1.2　工作任务

结合具体工程项目，完成线路水准基点的布设形式、外业数据采集及内业数据的处理。

3.1.3　相关配套知识

线路水准基点控制网主要为工程勘察设计、施工提供高程基准。线路水准基点应按二等水准测量要求施测，每 150 km 应与国家一、二等水准点进行联测，特殊情况下，不应超过 400 km，全线应一次布网联测。

1. 技术要求

二等水准测量的技术要求见表 3.1～表 3.4。

表 3.1　高程控制网的技术要求

等级	每千米高差偶然中误差 M_Δ/mm	每千米高差全中误差 M_W/mm	附合路线或环线周长的长度/km	
			附合路线长	环线周长
二等	≤1	≤2	≤400	≤750

表 3.2　水准观测主要技术要求

仪器	等级	水准尺类型	水准仪等级	视距/m	前后视距差/m	测段的前后视距累积差/m	视线高度/m	数字水准仪重复测量次数
光学	二等	铟瓦	DS_1	≤50	≤1.0	≤3.0	下丝读数≥0.3	—
数字				≥3 且≤50	≤1.5	≤6.0	≤2.80 且≥0.55	≥2 次

表 3.3　水准测量限差要求

等　级	测段、路线往返测高差不符值		测段、路线左右路线高差不符值	附合路线或环线闭合差		检测已测段高差之差
	平原	山区		平原	山区	
二等	$\pm 4\sqrt{K}$	$\pm 0.8\sqrt{n}$	—	$\pm 4\sqrt{L}$		$\pm 6\sqrt{R}$

注：K 为测段水准路线长度，km；L 为水准路线长度，km；R 为检测段长度，km；n 为测段测站数。

表 3.4　水准观测的测站限差

等级	基辅分划（黑红面）读数之差/mm	基辅分划（黑红面）所测高差之差/mm	检测间歇点高差之差/mm	上下丝读数平均值与中丝读数之差/mm
二等	0.5	0.7	1	3

2. 仪器设备

线路水准基点测量采用 DS_1 型及以上的电子或光学水准仪进行施测。仪器经国家认证单位鉴定并在有效期内。

3. 水准基点的布设

线路水准基点应选在土质坚实、观测方便和利于长期保存的地方，沿线路布设成附合路线或闭合环，一般每 2 km 布设一个点，重点工程地段应根据实际情况增设，点位距线路中线50～300 m 为宜。水准基点在严寒冻土地区应埋设至冻土线 0.3 m 以下。水准基点标石可采用预制桩或现浇桩，在稳固的建筑物上也可埋设墙角基石，埋设要求如图 3.1、图 3.2 所示。在地表沉降不均匀及地质不良地段，宜按每10 km设置一个深埋水准点，每50 km设置一个基岩水准点，基岩水准点和深埋水准点尽量利用国家或其他测绘单位埋设的稳定的基岩水准点或深埋水准点。为便于后续施工使用，布设的水准基点应尽量与CPⅠ、CPⅡ共点，不能共点时可单独埋设。埋设完成后应现场填写点位说明，并绘制点位示意图。

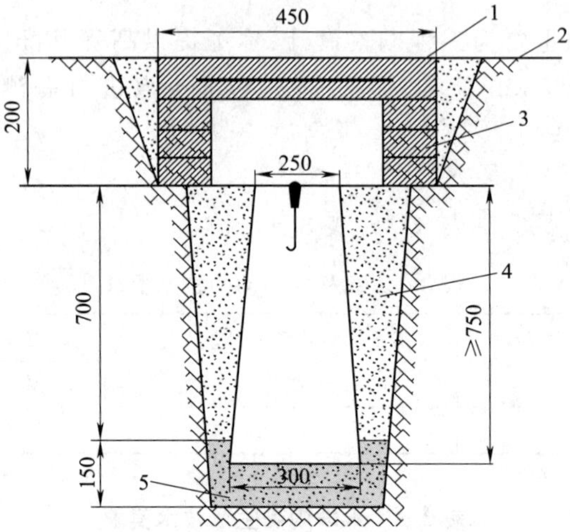

1—盖板；2—地面；3—保护井；4—素土；5—混凝土。

图3.1　水准基点埋设示意(单位：mm)

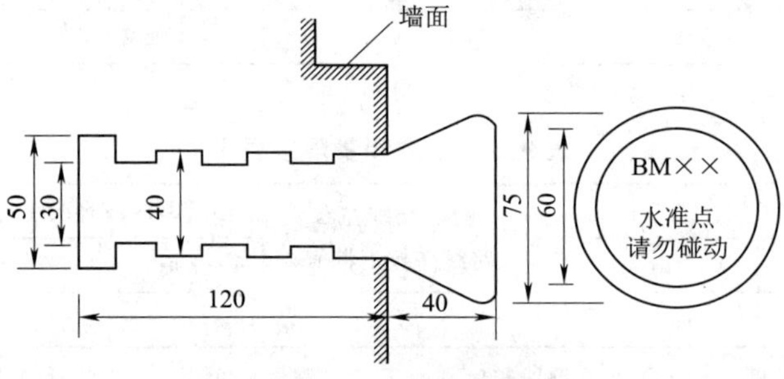

图3.2　基岩水准点埋设示意(单位：cm)

4. 水准基点的外业观测

水准基点按照二等水准测量的要求施测，施测顺序如下。

往测：奇数站为后—前—前—后，偶数站为前—后—后—前。

返测：奇数站为前—后—后—前，偶数站为后—前—前—后。

施测过程中往返观测，应沿同一条路线进行。每一测段均采用偶数站结束，由往测转为返测时，互换前后尺再进行观测。在连续各测站上安置水准仪三脚架时，应使其中两脚与水准路线的方向平行，而第三脚轮换置于路线方向的左侧与右侧。观测间歇时，最好在水准点上结束，否则应设置2个固定点，作为间歇点，间歇后，应对间歇点进行检测，符合限差要求即可由此起测。作业前应检查与校正i角，保证i角绝对值在作业过程中均不超过15″。测量时，保证前后视距差在误差范围内，减少仪器i角对高差观测的影响。为了保证水准尺的稳定性，将尺垫安放在坚实的地方踩实以防止尺垫下沉。用竹竿辅助安置水准尺，确保水准尺在观测时处于竖直状态。观测前30 min，将仪器置于露天阴影处，使仪器与外界气温趋于一致；对于数字式水准仪，进行不少于 20 次单次测量，达到仪器预热的目的。测量中避免望远镜直接对着太阳，避免视线被遮挡，遮挡不超过标尺在望远镜中截长的 20%。对于宽度较宽的河、湖水中的沉降测量，按照《国家一、二等水准测量规范》(GB/T 12897—2006)跨河水准测量要求进行观测。

5. 平差计算与精度评定

外业观测工作结束后，应对观测数据进行检核，检核的主要内容包括：测站数据、水准路线数据、高差闭合差等。当数据质量符合规范要求后，方可进行平差计算。

(1)数字取位要求

数字取位要求见表 3.5。

表 3.5　高程控制测量数据取位要求

等级	往(返)测距离总和/km	往(返)测距离中数/km	各测站高差/mm	往(返)测高差总和/mm	往(返)测高差中数/mm	高程/mm
二等	0.01	0.1	0.01	0.01	0.1	0.1

(2)平差计算

二等水准测量的高差的计算方法与工程测量所讲的水准测量计算方法相同，这里不再重述。

(3)精度评定

①每千米水准测量偶然中误差 M_Δ 的计算

根据各段往返测较差计每千米水准测量高差中数的偶然中误差 M_Δ。

$$M_\Delta = \pm\sqrt{[\Delta\Delta/R]/(4n)} \tag{3.1}$$

式中　Δ——测段往返测高差较差，mm；

R——测段长度，km。

②每千米水准测量全中误差的计算

当构成水准网的水准环超过 20 个时，按环线闭合差 W 计算每千米水准测量的全中误差 M_W，每千米水准测量的全中误差 M_W 按式(3.2)计算。

$$M_W = \pm\sqrt{[WW/F]/N} \tag{3.2}$$

式中　W——经过各种改正后的水准环闭合差，mm；

F——水准环线周长，km；

N——水准环数。

6. 应提交的成果

数据处理完成后应提交的成果资料包括：

(1)技术设计书。

(2)外业观测数据文件及记录手簿。

(3)水准路线联测示意图。

(4)施测单位资质证书及仪器鉴定证书。

(5)测量平差报告。

(6)高程成果表。

(7)技术总结报告书。

任务3.2 CPⅢ轨道控制网水准测量

3.2.1 任务目标

掌握轨道控制网(CPⅢ)水准测量的布设、数据采集、数据处理及相关软件的使用方法;能进行轨道控制网(CPⅢ)水准测量的技术设计、外业数据的采集及内业数据处理,能够查阅测量规范。

3.2.2 工作任务

CPⅢ轨道控制网的布设形式、外业数据的采集及内业数据的处理。

3.2.3 相关配套知识

CPⅢ轨道控制网主要为轨道施工与维护提供高程基准。CPⅢ轨道控制网水准测量应附合于线路水准基点,按精密水准测量技术要求施测,水准路线附合长度不得大于3 km。

1. 技术要求

精密水准测量的技术要求见表3.6～表3.9。

表3.6 高程控制网的技术要求

等级	每千米高差偶然中误差 M_Δ/mm	每千米高差全中误差 M_W/mm	附合路线或环线周长的长度/km	
			附合路线长	环线周长
精密水准	≤2	≤4	≤3	—

表3.7 水准观测主要技术要求

仪器	等级	水准尺类型	水准仪等级	视距/m	前后视距差/m	测段的前后视距累积差/m	视线高度/m	数字水准仪重复测量次数
光学	精密	铟瓦	DS_1	≤60	≤1.5	≤3.0	下丝读数≥0.3	—
数字				≥3且≤60	≤2.0	≤6.0	≤2.80且≥0.45	≥2次

表3.8 水准测量限差要求

水准测量等级	测段、路线往返测高差不符值	测段、路线的左右路线高差不符值/mm	附合路线或环线闭合差/mm	检测已测测段高差之差/mm
精密	$\pm 8\sqrt{K}$	$\pm 6\sqrt{K}$	$\pm 8\sqrt{L}$	$\pm 8\sqrt{R_i}$

注:K为测段水准路线长度,单位为km;L为水准路线长度,单位为km;R_i为检测段长度,单位为km。

表3.9 水准观测的测站限差

等级	基辅分划(黑红面)读数之差/mm	基辅分划(黑红面)所测高差之差/mm	检测间歇点高差之差/mm	上下丝读数平均值与中丝读数之差/mm
精密	0.5	0.7	1	3

2. 仪器设备

CPⅢ轨道控制网水准测量采用 DS_1 型及以上的电子或光学水准仪进行施测。仪器经国家认证单位鉴定并在有效期内。

3. 轨道控制网(CPⅢ)的布设

轨道控制网(CPⅢ)可以构成矩形环单程水准网或往返水准路线。

采用矩形环单程水准网时，左边第一个闭合环的四个高差应由两个测站完成，其他闭合环的三个高差可由一个测站按后前前后或前后后前的顺序进行单程观测，如图3.3所示，单程观测形成的闭合环如图3.4所示。

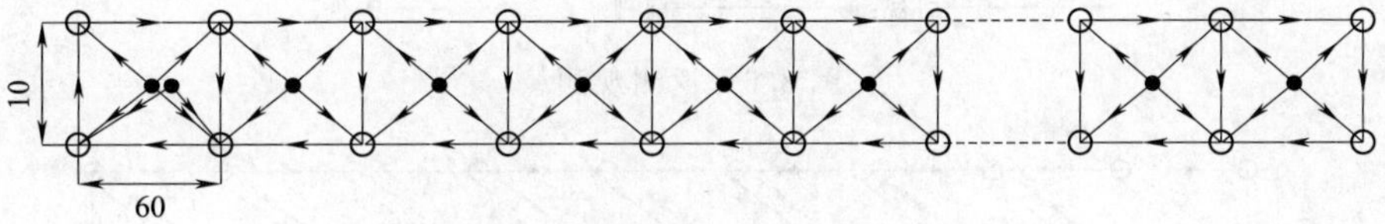

● —测站点；○—CPⅢ控制点。

图3.3　矩形环水准网观测示意(单位：m)

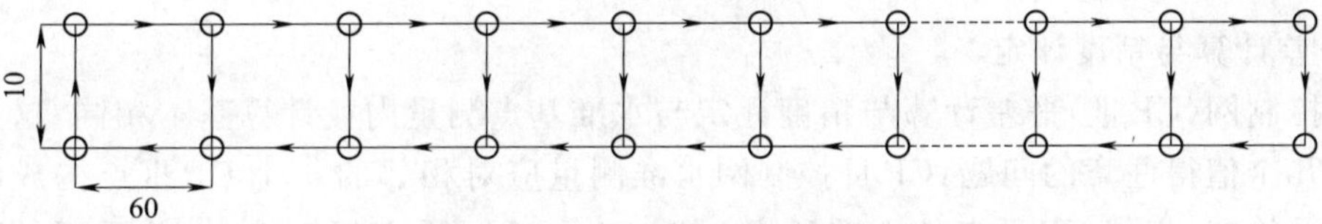

○—CPⅢ控制点。

图3.4　矩形环水准网观测闭合环示意(单位：m)

采用往返水准路线形式时，往测以线路一侧的CPⅢ控制点为主线贯通水准测量，另一侧的CPⅢ控制点为中视就近进行观测，如图3.5所示；返测时以另一侧的CPⅢ控制点为主线贯通水准测量，对侧的CPⅢ控制点为中视就近进行观测如图3.6所示，观测形成的闭合环如图3.7所示。

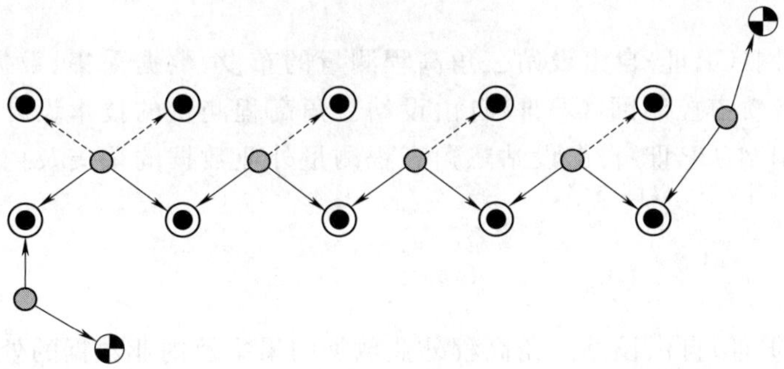

—二等水准点；—仪器摆站点；—CPⅢ水准点；

—后视；—前视；—中视。

图3.5　往测观测

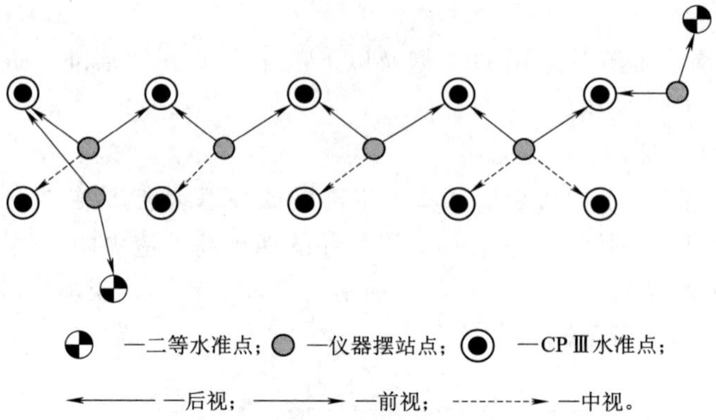

图 3.6 返测观测

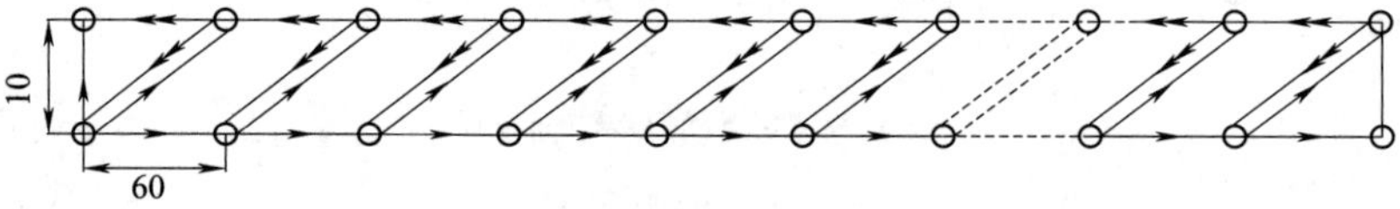

图 3.7 往返测观测形成的闭合环(单位：m)

4. 平差计算与精度评定

轨道控制网(CPⅢ)平差计算与精度评定与水准基点测量内业计算基本相同，这里不再赘述。但有几个值得注意的问题：CPⅢ控制网水准测量应对相邻的 4 个 CPⅢ点构成的水准环进行闭合差检校，相邻 CPⅢ点的水准环闭合差≤1 mm；区段之间衔接时，前后区段独立平差重叠点高程差应≤3 mm，满足条件后一区段 CPⅢ网平差应采用本区段联测的线路水准基点及重叠点前一区段连续 1～2 对 CPⅢ点高程成果进行约束平差；相邻 CPⅢ高差中误差不应大于±0.5 mm。

任务 3.3 CPⅢ轨道控制网自由测站三角高程测量

3.3.1 任务目标

掌握轨道控制网(CPⅢ)自由设站三角高程测量的布设、数据采集、数据处理及相关软件的使用方法；能进行轨道控制网(CPⅢ)自由设站三角高程测量的技术设计，能编写技术设计书，能进行轨道控制网(CPⅢ)自由设站三角高程测量外业数据的采集及内业数据处理，能够查阅测量规范。

3.3.2 工作任务

轨道控制网(CPⅢ)自由设站三角高程外业数据的采集及内业数据的处理。

3.3.3 相关配套知识

轨道控制网(CPⅢ)自由测站三角高程网应附合于线路水准基点，每 2 km 左右与线路水准基点进行联测，应按精密水准测量技术要求进行往返测。

1. 技术要求

轨道控制网(CPⅢ)自由测站三角高程的观测值，除了满足 CPⅢ平面网的外业观测要求，同时还应满足表 3.10 的规定。

表 3.10　轨道控制网(CPⅢ)自由测站三角高程外业观测技术要求

全站仪标称精度	测回数	测回间距离较差	测回间竖盘指标差互差	测回间竖直角互差
≤1″、$(1+1\times10^{-6}D)$mm	≥3	≤1 mm	≤9″	≤6″

2. CPⅢ自由测站三角高程网的布设

CPⅢ自由测站三角高程网的布设可以采用单个测站和多个测站，如图 3.8、图 3.9 所示。

3. 平差计算与精度评定

轨道控制网(CPⅢ)自由测站三角高程应进行环闭合差和附合路线闭合差统计，计算每千米高差偶然中误差和每千米高差全中误差。由不同测站测量的同名高差采用距离加权平均值。CPⅢ自由测站三角高程网采用线路水准基点进行固定数据严密平差各项限差要求见表 3.11。

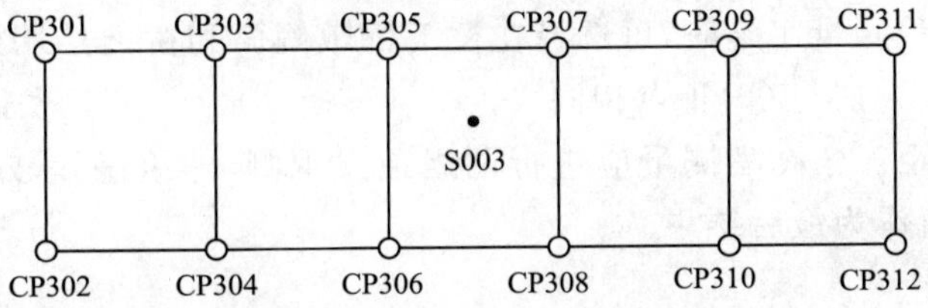

图 3.8　单个测站 CPⅢ控制网自由测站三角高程网示意

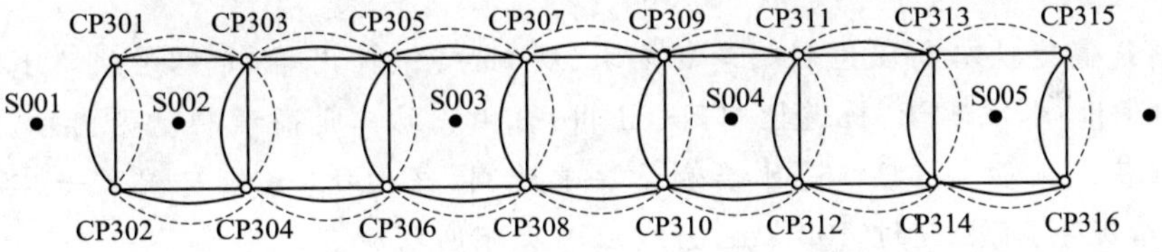

○—CPⅢ控制点；●—自由测站点。

图 3.9　多个测站 CPⅢ控制网自由测站三角高程网示意

表 3.11　轨道控制网(CPⅢ)自由测站三角高程网平差后的精度指标

高差改正数/mm	高差观测值的中误差/mm	高程中误差/mm	平差后相邻点高差中误差/mm
≤1	≤0.5	≤2	0.5

知识拓展

当桥面与地面间高差大于 3 m 时，线路水准基点高程直接传递到桥面 CPⅢ控制点上有困难时，应选择桥面与地面间高差较小的地方进行 CPⅢ点高程的传递测量。高程传递测量时，采用不量仪器高和棱镜高的中间设站三角高程施测，测量原理如图 3.10 所示。

中间设站三角高程测量作业实施时，前后视所用的棱镜必须是同一个，且观测时棱镜高不变。仪器到棱镜的距离一般应小于 100 m，最大不应超过 150 m。仪器到前视棱镜和后视棱镜的距离应尽量相等，一般差值不宜超过 5 m。观测时，要准确测量温度、气压值，以便进行边长改正。中间设站三角高程测量作业主要技术要求见表 3.12。

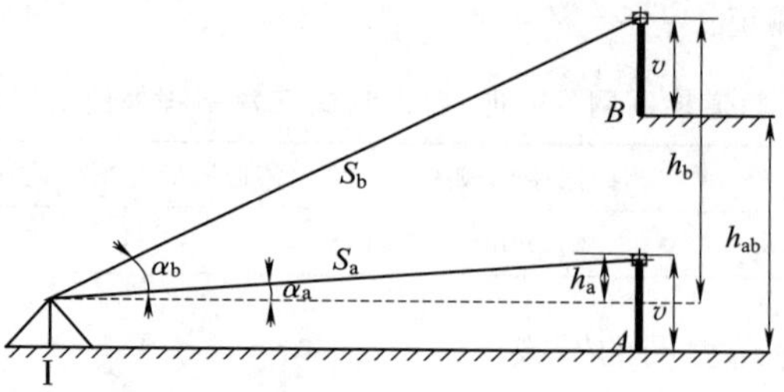

图 3.10　中间设站三角高程方法施测示意

表 3.12　中间设站光电测距三角高程测量外业观测技术要求

垂直角测量			距离测量		
测回数	指标差较差/(″)	测回间较差/(″)	测回数	测回内较差/mm	测回间较差/mm
4	5.0	5.0	4	2.0	2.0

中间设站三角高程测量实施时，可选择在桥下桥墩侧面和桥上挡墙外侧各埋设一个水准转点，转点标志和埋设方法与 CPⅢ点相同。

中间设站光电测距三角高程测量应进行两组独立观测，两组高差较差≤2 mm，精度合格后，取两组高差平均值作为最后结果。

项目小结

本项目围绕高速铁路高程控制测量的要求、观测方法、作用等，介绍了线路水准基点测量、轨道控制网（CPⅢ）水准测量、轨道控制网（CPⅢ）自由测站三角高程测量等内容。

线路水准基点测量。应按二等水准测量要求施测，每 150 km 应与国家一、二等水准点进行联测，特殊情况下，不应超过 400 km，全线应一次布网联测。

轨道控制网（CPⅢ）水准测量。CPⅢ轨道控制网水准测量应附合于线路水准基点，按精密水准测量技术要求施测，水准路线附合长度不得大于 3 km，为轨道施工与维护提供高程基准。

轨道控制网（CPⅢ）自由测站三角高程测量。应附合于线路水准基点，每 2 km 左右与线路水准基点进行联测，应按精密水准测量技术要求进行往返测。

复习思考题

1. 精密高程控制测量对高速铁路建设质量起到哪些作用？
2. CPⅢ控制点的高程如何获取？对仪器精度有何要求？
3. 线下水准基点高程如何向线上 CPⅢ控制点进行传递？

项目4　线下工程施工测量

项目描述

高速铁路线下工程是指无砟轨道以下的土建工程，相对于线上而言，主要有线路工程、桥梁工程、隧道工程三种类型。高速铁路线下工程施工测量就是为高速铁路线下施工提供平面和高程位置，主要包括施工控制网复测、施工控制网加密、线路中线施工测量、路基施工测量、桥梁施工测量和隧道施工测量等方面的内容。

学习目标

1.知识目标

(1)掌握CPⅠ、CPⅡ控制网复测的方法；

(2)掌握高速铁路施工控制网的加密方法；

(3)掌握高速铁路路基段线路中线测量方法；

(4)掌握高速铁路隧道段线路中线测量方法；

(5)掌握高速铁路工程桥梁墩、台定位测量方法。

2.能力目标

(1)能够描述常见的工程结构类型；

(2)能够按照规范要求进行CPⅠ、CPⅡ控制网的复测；

(3)能够按照规范要求在CPⅠ、CPⅡ控制网的基础上进行施工控制网的加密；

(4)能够进行路基段线路中线测量；

(5)能够进行隧道段线路中线测量；

(6)能够进行桥梁墩、台定位测量。

3.素质目标

(1)培养正确查询、运用行业规范、标准的能力；

(2)培养与人沟通以及写作能力；

(3)培养质量意识、安全意识、环保意识与协作意识；

(4)培养吃苦耐劳精神和严谨认真的工作作风。

任务4.1　线路施工测量

4.1.1　任务目标

掌握CPⅠ、CPⅡ控制网复测的方法，掌握工程施工控制网加密方法，掌握路基段线路中线测量的方法；能够按照规范要求进行所在标段CPⅠ、CPⅡ控制网的复测，施工控制网的加密，路基段线路中线测量。

4.1.2 工作任务

作为施工方的测量技术人员，结合具体项目，在工程建设的施工阶段，采用GNSS卫星定位测量技术、全站仪导线测量进行全线控制网的复测和加密，并在此基础上进行线路中线测量等后续施工测量工作。

4.1.3 相关配套知识

线路施工测量的依据是线路定测时由设计单位设置的平面控制点和高程控制点，设计单位在交付图纸资料的同时，要在现场将控制点实地位置一并移交给施工单位，这项工作就是交桩。施工单位在接桩后，为了保证施工测量的精度，检查所接桩点的可靠性，在施工前要对平面控制点和高程控制点进行复测。为了保证施工测量的精度和便于进行施工放样，还要对平面控制点和水准控制点进行加密，有条件的单位，复测工作和加密工作可以同时进行，应该注意的是，平差计算要分开进行。

1. 施工控制网复测

施工控制网复测的主要内容包括：交接桩、编制复测技术设计书、控制点的复测、编制复测技术报告。

(1)交接桩

施工复测前，建设单位组织设计单位向施工单位现场移交各级平面、高程控制点和测量成果资料，并填写交桩纪要，监理单位按有关规定参加交接工作。设计单位进行现场交接桩时，应该交接的测量控制桩点为框架控制网(CP0)、基础平面控制网(CPⅠ)、线路控制网(CPⅡ)的控制点和水准点。现场控制点交接完成后，还要进行测量资料的交接，包括：CP0、CPⅠ、CPⅡ平面控制点坐标及点之记；CPⅠ、CPⅡ测量平差计算资料；水准点高程及点之记；水准测量平差计算资料；线路平面图、纵断面图、中线逐点桩坐标、曲线要素表、断链表、控制网联测示意图；测量技术总结等。交接桩的同时，应对各桩点的完好性、损坏情况以及点号、名称是否与设计文件一致做好记录，各方签字认可并存档。

(2)编制复测技术设计书

复测工作开展前应编制复测技术设计书，复测技术设计书是复测工作的指导性文件，复测技术设计书包括：任务下达单位、复测区域概况、复测范围与内容、复测执行的技术标准、复测精度要求、复测采用的坐标系统、复测数据处理方法、复测组织与实施、复测的工期等内容。

(3)控制点的复测

根据复测技术设计书，进行复测工作，复测主要包括施工全段的CPⅠ、CPⅡ控制点平面位置复测和水准点高程复测。CP0的复测由建设单位组织设计单位统一实施，施工单位应联测CP0点作为CPⅠ控制网平差的起算依据。复测时采用的方法、使用的仪器以及复测的精度应符合相应等级的要求。对于丢失和破坏的控制点，在复测过程中应按原控制网标准用同精度内插方法恢复，对连续破坏的控制点应由设计单位组织恢复。复测值与设计值较差在规范允许的范围内时，应采用设计单位测量成果，当复测较差超限时，必须重新复测，确认设计单位提供的测量成果有误时，应通知设计单位对测量成果进行改正，并提交监理单位确认。复测的技术指标见表4.1～表4.4。

表 4.1　CPⅠ、CPⅡ 控制点复测坐标较差限差要求

控制点类型	复测坐标较差限差/mm	控制点类型	复测坐标较差限差/mm
CPⅠ	20	CPⅡ	15

表 4.2　GNSS 复测相邻点间坐标差之差的相对精度限差

控制网等级	相邻点边长 S/m			控制网等级	相邻点边长 S/m		
	$S\geqslant800$	$500<S<800$	$S\leqslant500$		$S\geqslant800$	$500<S<800$	$S\leqslant500$
一等	1/160 000	1/120 000	1/100 000	三等	1/80 000	1/60 000	1/50 000
二等	1/130 000	1/100 000	1/80 000	四等	1/50 000	1/40 000	1/30 000

表 4.3　导线复测的较差限差

控制网名称	等级	水平角较差限差/(″)	边长较差限差/mm	坐标较差限差/mm
CPⅡ	三等	3.6	$2m_D$	15
CPⅡ	隧道二等	2.6	$2m_D$	15

注：m_D为仪器标称精度。

表 4.4　水准点复测限差

二等	精密水准	三等	四等
$\pm6\sqrt{L}$	$\pm8\sqrt{L}$	$\pm20\sqrt{L}$	$\pm30\sqrt{L}$

注：L 为检测测段长度，单位为 km。

(4)编制复测技术报告

复测工作完成后应进行成果分析，编制复测报告或复测技术总结。主要包括：任务依据、技术标准；测量日期、人员、设备；复测外业过程及内业数据处理；控制点的数量及完好情况；控制网精度统计分析；复测成果与设计成果比较分析；需要说明的问题及复测结论。

2. 施工控制网加密测量

由于CPⅡ控制点和水准基点的密度无法满足施工的要求，在线下工程施工前，应进行平面控制点和高程控制点的加密。施工控制网加密可以按照施工要求采用同级扩展或向下一级发展的方法。在加密前，应根据现场情况制定施工控制网加密测量技术设计书。

施工平面控制网加密测量可以采用导线或 GNSS 测量方法进行。加密必须就近附合到CPⅡ或CPⅠ控制点，同时依据施工放样要求，按少而精的原则布设，并以CPⅠ或CPⅡ控制点坐标作为约束数据进行固定数据约束平差。当采用导线测量加密时，导线边长以 200～400 m为宜，按四等导线的精度要求施测。当采用 GNSS 测量方法加密时，GNSS 基线边不宜短于300 m，按四等 GNSS 精度要求施测。主要技术指标见表 4.5、表 4.6。

表 4.5　导线加密测量主要技术指标

等级	测角中误差/mm	测距中误差/(″)	方位角闭合差/(″)	导线全长相对闭合差限差	测回数		
					0.5″级仪器	1″级仪器	2″级仪器
四等	2.5	1/80 000	$\pm5\sqrt{n}$	1/40 000	3	4	6

表 4.6　GNSS 加密测量主要技术指标

等级	固定误差/mm	比例系数误差/mm	基线方位角中误差/(″)	约束点间的边长相对中误差	约束平差后最弱边边长相对中误差
四等	≤5	≤2	2	1/100 000	1/70 000

施工高程控制网加密测量采用同级扩展的方法按二等水准测量要求施测，点位应尽量与加密的平面控制点共桩，应按附合水准路线起闭于线路水准基点。

加密测量完成后，应提交技术设计书、外业观测数据资料、平差计算资料、测量成果、点之记、测量技术报告等资料。

3. 线路中线测量

线路中线测量就是把设计图纸上的线路中线控制桩，用测量的方法按照一定的精度放样到地面上，为施工人员指定线路方向及位置，是后续工作开展的依据。线路中线控制桩包括直线控制桩、曲线控制桩、百米桩和中线桩以及根据需要设置的加桩。直线上中桩间距不宜大于50 m，曲线地段中桩间距不宜大于 20 m，如果地形平坦时，中桩间距可为 40 m，在地形变化处或设计需要时，应设加桩。线路中线桩可以采用全站仪极坐标法或 GNSS-RTK 法进行测设，中桩桩位检测限差应满足纵向 $S/2\,000+0.1$（S 为相邻中桩间距离，以 m 计）、横向 ±10 cm 的要求。中桩高程测量可采用光电测距三角高程、水准测量或 GNSS-RTK 测量。中桩高程测量应观测两次，其差值不应大于 0.1 m。

(1)线路中桩坐标计算

线路中线坐标一般由设计单位提供，如果设计没有提供中桩坐标资料，应按照图纸上给出的线路平面线性元素计算出逐桩坐标，中桩里程桩号应是 10 m 的整倍数。逐桩坐标应有两人各自独立计算，对计算结果应进行百分之百的校核，确认无误后，方可进行实地放样。在设计提供坐标的情况下，施工单位也要对逐桩坐标进行复核。需要注意的是，坐标计算必须归算到全线统一坐标系中。

(2)线路中桩放样

①全站仪坐标放样

采用全站仪放样时，不同厂家的仪器，操作步骤不同，但是基本原理是一样的，具体操作步骤可以参照仪器的操作手册进行。当CPⅠ、CPⅡ以及加密点坐标和中桩点坐标均准备好后，即可进行中线测设，测量方法如图 4.1 所示。需要注意的是，在放样测量时，要联测相邻标段2～3 个中桩，与对方的相同点进行比较，其点位差值不大于 5 cm。

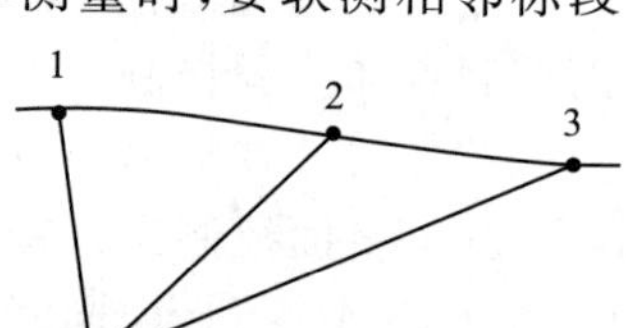

图 4.1　全站仪放样点位示意

放样前，在全站仪中建立放样坐标文件夹，把放样点坐标导入文件夹。在控制点（如CPⅡ-1）安置全站仪，后视另一个控制点（如CPⅡ-2）进行定向，输入测站点和后视点坐标，调用待测点（如 1 点）坐标，仪器可以自动计算出后视方向与待测点方向之间的水平夹角 β 以及测站点与待测点之间的距离 D，旋转仪器到待测点方向，沿此方向安置棱镜并测距 D'，仪器自动与 D 进行比较，面板显示其差值：$\Delta D=D'-D$，当 $\Delta D>0$ 时，棱镜向测站方向移动，当 $\Delta D<0$ 时，棱镜向远离测站方向移动，直到 $\Delta D=0$，棱镜所在位置 P，即为 1 的准确位置。

全站仪测设中桩的点位误差为 2 cm。中线测设后要进行检核，一般是在其他控制点上安置仪器，反测放样点坐标，反测坐标与原坐标进行比较，以两个方向差值为直角边求斜边，如果斜边小于 2 cm，则认为放样点位置可靠。如果出现较大偏差，要查明原因，重新放样和检核给予纠正。由于全站仪极坐标中桩放样时，实际点位误差主要是测设时的测量误差，一般很少，完全能够达到精度要求，可不做调整。

②GNSS-RTK 坐标放样

线路中线长度超过 5 km 时，在条件允许的情况下，易采用 GNSS-RTK 技术进行中桩放样。RTK 技术能够实时测量出点位的三维坐标，且目前平面定位精度为毫米级，拟合高程精度的中误差为±2 cm。RTK 技术具有受地形条件影响小，不需要通视，误差不积累、测量速度快、人员少、精度高的优势。

4. 路基施工放样

(1)路基边桩放样

路基边桩测设就是在地面上将每一个横断面的路基边坡线与地面的交点用木桩标定出来。边桩的位置由两侧边桩至中桩的距离来确定。目前常用极坐标法进行边桩测设。根据边桩至中桩的距离，计算出边桩的坐标，可采用极坐标法对其放样，此法简单而快捷。

现场放样边桩应以实地核对，减少错误。机械填土时，每填高 1 m 左右，要重新恢复中线或边桩，并测设填土面标高，计算路基填土边线，同时考虑路基两侧多填宽 0.20～0.30 m，以免路基两侧少填；路堑开挖时，应测设边坡、复核路基宽度，并在开挖边线位置正确洒出石灰线作为开挖边线。

(2)路基边坡放样

边桩测设后，为保证路基边坡满足设计要求，还应将设计边坡在实地上标定出来，以指导施工，边坡放样方法可以参考其他教材相关内容，这里不再赘述。

任务 4.2　桥梁施工测量

4.2.1　任务目标

掌握高速铁路工程桥梁控制网的布设方法，掌握桥梁墩台的定位放样及纵横轴线测设方法，掌握桥梁下部结构测量的方法；能按规范要求进行高速铁路工程桥梁控制网的布设，桥梁墩台的定位放样及纵横轴线测设及桥梁下部结构测量。

4.2.2　工作任务

作为施工方的测量技术人员，结合具体项目，在工程建设的施工阶段，采用 GNSS 卫星定位测量技术、全站仪导线测量进行桥梁控制网的布设观测，并在此基础上进行墩台中心定位、纵横轴线测设、基础放样及后续施工测量工作。

4.2.3　相关配套知识

桥梁施工测量是根据设计文件，按照规定的精度，将图纸上设计的桥梁墩台位置标定于地面，据此指导施工，确保建成的桥梁在平面位置、高程位置和外形尺寸等方面均符合设计要求。桥梁施工测量的方法及精度要求随桥梁轴线长度、桥梁结构、施工方法以及地形复杂情况而定，主要包括桥梁施工控制测量、桥梁墩台定位测量、墩台纵横轴线测设、基础施工测量、桥墩墩身测量等内容。

1. 桥梁施工控制测量

在施工阶段，施工单位应保证桥轴线长度测量和桥梁墩台定位放样的精度满足要求。因此，桥长小于 800 m，当桥址两岸已有足够数量的CPⅠ、CPⅡ控制点和线路水准基点且分布合理，同时投影变形不大，不影响施工放样精度时，可以直接利用已知控制点，不需要另行单独建网。对于复杂的特大桥，由于施工精度要求高，不允许有长度变形，而且对施工控制点的密度和位置均有严格的要求，应单独建立施工平面、高程控制网。

(1)桥梁施工平面控制测量

对于复杂的特大桥单独建立施工平面控制网时，应根据桥梁长度、平面线性和地形环境等条件，可以选用 GNSS 测量、三角形网测量、导线测量及其组合测量，网形布设如图 4.2 所示。选择控制点时，应尽可能使桥轴线作为控制网的一个边，以利于提高桥轴线的精度，如不可能，也应将桥轴线的两个端点纳入网内，以间接求算桥轴线长度。对于控制点的要求，除了要图形刚强外，还要求地质条件稳定，视野开阔，便于交会墩位，且尽量保证交会角不要太大或太小。控制点宜埋设强制归心观测墩，观测时必须联测CPⅠ、CPⅡ控制点，以便于建立桥梁施工控制网与线路控制网的关系，供接线设计使用，保证桥梁与其两端线路中线正确衔接，如果条件允许，尽可能联测桥梁两端的轴线控制桩。桥梁施工平面控制测量等级和精度见表 4.7。

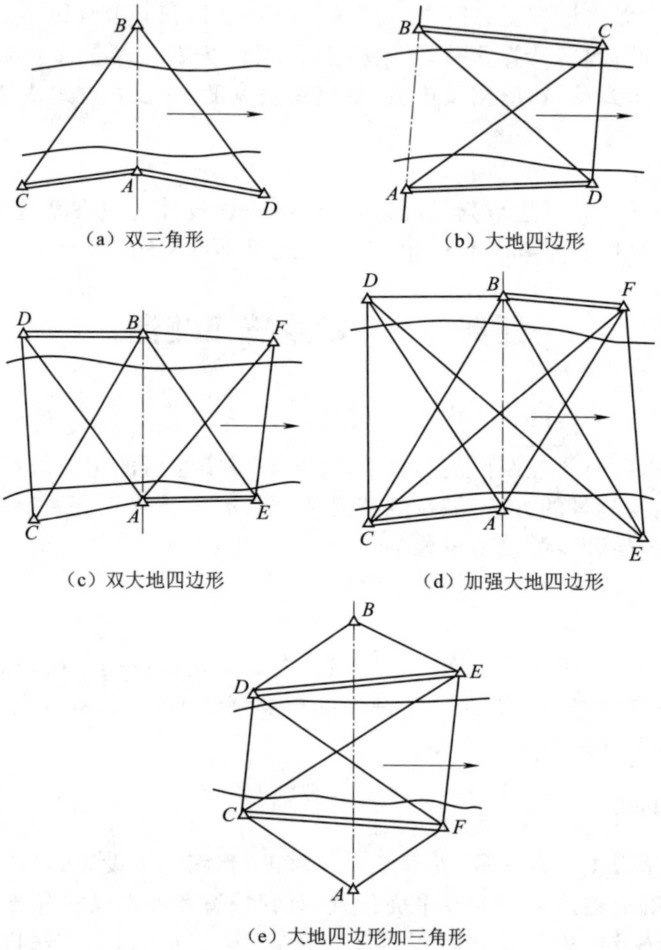

(a) 双三角形　(b) 大地四边形　(c) 双大地四边形　(d) 加强大地四边形　(e) 大地四边形加三角形

图 4.2　桥梁平面控制网的布设形式

表 4.7　桥梁施工平面控制测量等级及精度要求

测量等级			桥轴线边相对中误差	最弱边相对中误差
GNSS 测量	三角形网测量	导线测量		
一等	—	—	≤1/250 000	1/180 000
二等	—	—	≤1/200 000	1/150 000
三等	二等	—	≤1/150 000	1/100 000
四等	三等	三等	≤1/100 000	1/70 000

(2)桥梁施工高程控制测量

在桥址两岸布设基本水准点和施工水准点，组成高程控制网。施工水准点应沿桥轴线两侧均匀布设，每岸不少于 3 个点，点沿桥线方向的间距宜为 400 m 左右，并构成连续水准闭合环。对于复杂特大桥，两岸各埋设至少 1 个深桩水准基点，埋置深度应达到有利于稳定的土层。当桥墩较高，两岸坡陡时，在陡坡上一定高差内加设辅助水准点，以满足施工需求。施工水准点应根据地质情况和精度要求采用混凝土标石、钻孔桩标石等进行埋设。桥梁施工高程控制网按二等水准测量精度进行施测，当从河的一岸测到另一岸时，为了减弱测量误差的影响，必须采用跨河水准测量的方法进行施测。跨河两水准点间高差中误差应满足式(4.1)的要求。

$$m_h \leqslant 0.2\sqrt{2}\Delta_H \tag{4.1}$$

式中　m_h——跨河两水准点间高差的中误差，mm；

Δ_H——施工中放样精度要求最高的几何位置中心的高程容许误差，mm。

(3)桥梁施工控制网的复测及加密

一般桥梁施工控制网由于直接利用线路平面控制网CPⅠ、CPⅡ和线路水准基点作为施工控制网，因此施工控制网的全面复测与线路复测的要求相同。在桥梁施工前应对施工控制网进行全面复测，施工期间对其进行定期或不定期复测。复测周期根据测区地质条件、控制网等级综合确定。全面复测宜在原网的基础上进行，复测精度等级、复测方法及技术要求宜与原测一致。定期或不定期复测时，当发现控制点的稳定性有问题时，应立即进行局部或全面复测。复测完成后，应编制复测报告。

当控制点不能满足施工放样要求时，应按同精度扩展或降级加密的方法增设控制点。加密点布设在离桥中线较近、不受施工影响、通视条件良好及比较稳固的地基或构筑物上，对于长距离跨海施工，在海中相隔 2 km 左右的优先施工桥墩承台上布设 GNSS 加密点。

2. 桥梁墩台定位测量

(1)桥梁墩台中心坐标计算

在桥梁施工测量中，首要的工作是准确地定出桥梁墩台的中心位置，但墩台放样的前提是必须进行放样资料的计算。直线桥梁墩台定位数据是根据控制点坐标和设计的墩台中心位置里程计算出来的，曲线桥梁墩台定位数据是依据控制点坐标以及墩台中心位置里程、桥梁偏角、偏距、墩距、曲线要素计算出的墩台中心坐标。

①直线桥墩台中心坐标计算

直线桥的墩台中心位于桥轴线上，且桥轴线和线路中线完全重合如图 4.3所示。

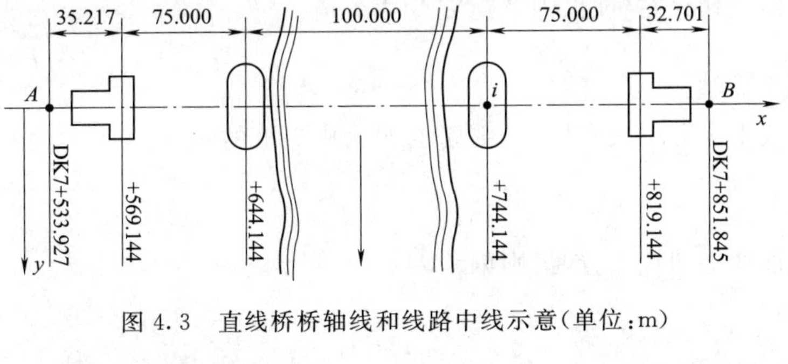

图 4.3　直线桥桥轴线和线路中线示意(单位：m)

设桥轴线控制点 A 为施工坐标系的原点，其里程为 DK_A，x 轴与桥轴线重合，且指向里程增加方向，第 i 号墩的里程为 DK_i，则该墩中心的坐标 x_i、y_i 为

$$\left.\begin{aligned} x_i &= DK_i - DK_A \\ y_i &= 0 \end{aligned}\right\} \tag{4.2}$$

②曲线桥梁墩台坐标计算

曲线桥所在的路线中线是曲线，而所用的每孔梁的中线是直线，因此线路中线与桥梁中线不能完全吻合，如图 4.4 所示。梁在曲线上的布置，是使每孔梁跨的中线连接起来，成为与线路中线基本相符的折线，这条折线成为桥梁的工作线，也称为墩中心距，用 L 表示，墩、台中心一般就位于这条折线转折角的顶点上。相邻梁跨工作线所构成的偏角 α 称为桥梁偏角。

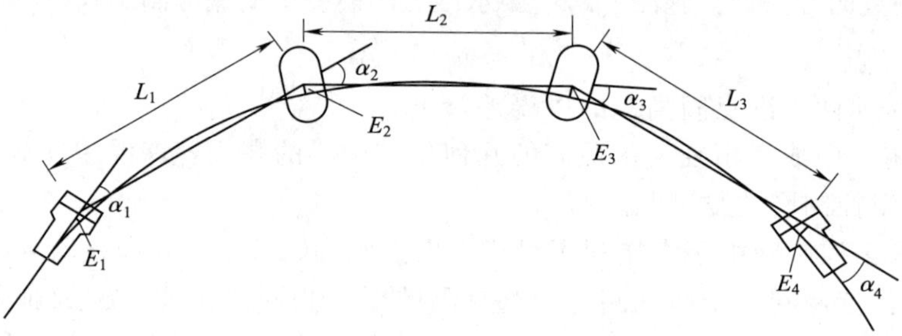

图 4.4　线路中线与桥梁中线

在桥梁设计中，梁中心线的两端并不是位于路线中线上，因为如果位于线路的中线上，梁的中部线路必然偏向梁的外侧，当列车通过时，梁的两侧受力不均。为了尽可能地使梁受力均匀，就必须将梁的中线向外侧移动一段距离 E（E 称为桥梁偏距），如图 4.5 所示。如果偏距 E 为以梁长为弦线中矢值的一半，这种布梁方法称为平分中矢布置；如果 E 等于中矢值，称为切线布置。由于桥梁偏角很小，可以认为 E 就是桥梁工作线各转折点相对线路中线外移的距离。

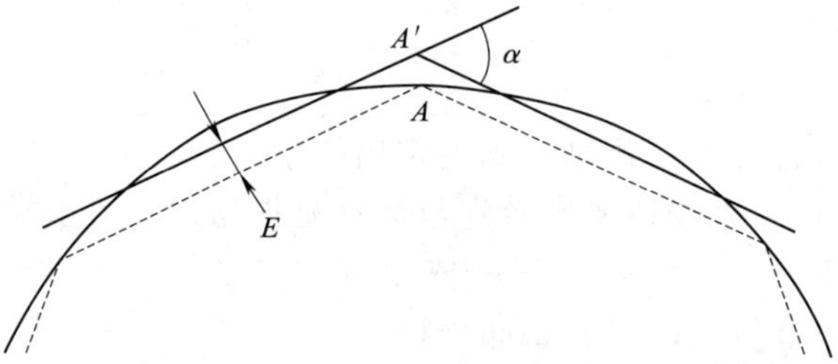

图 4.5　桥梁偏距示意

a. 偏距计算

当梁在圆曲线上切线布置时，则偏距 E 为中矢值。

$$E=\frac{L^2}{8R} \tag{4.3}$$

当梁在圆曲线上平分中矢布置时，则偏距 E 为中矢值的一半。

$$E=\frac{L^2}{16R} \tag{4.4}$$

当梁在缓和曲线上切线布置时，则偏距为

$$E=\frac{L^2}{8R}\frac{l_t}{l_0} \tag{4.5}$$

当梁在缓和曲线上平分中矢布置时，则偏距为

$$E=\frac{L^2}{16R}\frac{l_t}{l_0} \tag{4.6}$$

偏距 E、偏角 α 和墩中心距 L 一般在设计文件中给出，但是在测设以前应按上述方法重新进行校核计算。

b. 曲线桥梁墩台中心坐标计算

铁路桥梁坐标系统一般采用切线坐标系统，因此，以 ZH、HZ 点分别建立坐标系，计算墩台坐标，分别利用两个坐标系测设，无须统一在一个坐标系统，坐标系以 ZH(HZ)点为坐标原点，以指向 JD 点的切线为 x 轴的正半轴，过原点垂直于切线方向为 y 轴。

ⓐ墩台位于缓和曲线上的坐标计算

如图 4.6 所示，A 为工作线交点，A'为桥墩横向轴线与线路中线的交点。计算线路中线上 A'点的坐标公式为

$$\left.\begin{aligned} x'_A &= l-\frac{l^5}{40R^2 l_0^2} \\ y'_A &= \frac{l^3}{6Rl_0}-\frac{l^7}{336R^3 l^3} \end{aligned}\right\} \tag{4.7}$$

式中　R——圆曲线半径；

l_0——缓和曲线全长；

l——计算点至 ZH(HZ)的曲线长。

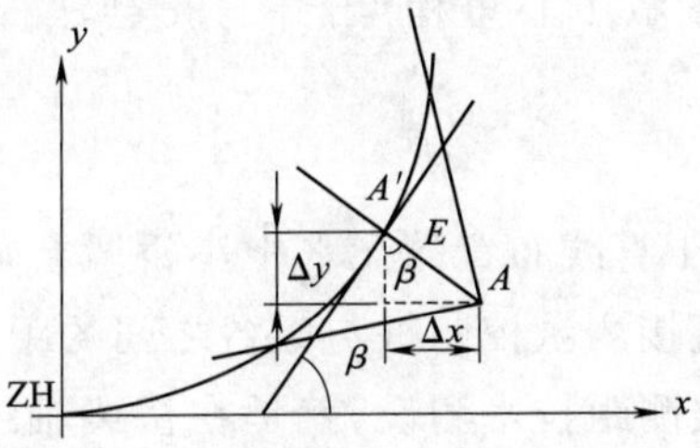

图 4.6　缓和曲线上的坐标计算

则工作线交点 A 的坐标为

$$\left.\begin{aligned} x_A &= x'_A+\Delta x = x'_A+E\sin\beta \\ y_A &= y'_A+\Delta y = y'_A+E\cos\beta \end{aligned}\right\} \tag{4.8}$$

$$\beta=\frac{90l^2}{\pi R l_0}(°) \tag{4.9}$$

在式(4.9)中 β 为缓和曲线上任一点的切线角。x'_A、Δx 始终为正，在第一象限 y'_A为正，Δy 为负；在第四象限 y'_A为负，Δy 为正。

ⓑ墩台位于圆曲线上的坐标计算

如图 4.7 所示，工作线交点坐标计算公式为

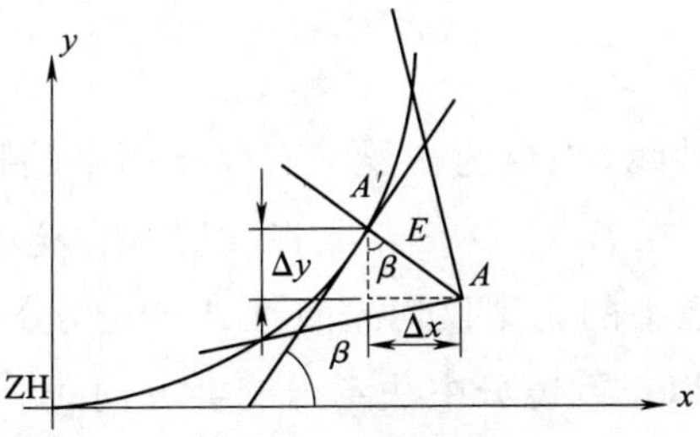

图 4.7　圆曲线上的坐标计算

$$\left.\begin{aligned} x_A &= (R+E)\sin(\beta_0+\theta)+m \\ y_A &= (R+P)-(R+E)\cos(\beta_0+\theta) \end{aligned}\right\} \tag{4.10}$$

$$\theta=\frac{180^\circ}{\pi R}S \tag{4.11}$$

式中　θ——A'至 HY 点弧长 S 所对的圆心角。

在第一象限 y_A 为正值，在第四象限 y_A 为负值。若是需要墩台中心在统一坐标系下的坐标，则可以通过旋转变换得到。

(2)桥梁墩台中心放样

桥梁因结构较复杂，在施工中对测量精度要求高，对于复杂特大桥型在跨度较大、有水中作业的桥梁工程中尤其如此。墩台中心放样可以根据桥梁的大小、结构、仪器类型、施工条件、地形复杂程度等选择合适的测量方法。岸上墩台中心点定位可采用全站仪极坐标法进行测量，并由不同控制点进行放样检查，由不同控制点放样的点位偏差不应大于 20 mm，取其两个放样点连线之中点作为墩台中心点。水中桥墩基础采用水上作业平台施工时，可用极坐标法或交会法进行墩中心点定位，使用方向交会法测设时，应至少选择三个方向进行交会。水中桥墩基础施工采用单侧(或双侧)栈桥时，沿栈桥布设与桥中线的平行线，通过岸上桥中线控制点，沿平行线方向用直量法设置墩中心里程点，并与交会法提供的坐标比较，互差的限值为 2 cm，以直量法为准。

①全站仪直接测距法

全站仪测距法一般只适用于直线布置的无水中小桥墩台放样，是直接量距法的改进定位技术。利用全站仪测距技术，直接测量控制桩与墩台之间的距离，从而确定墩台中心的位置。

如图 4.8 所示，利用全站仪测距技术测设，就是在桥梁轴线一端的控制桩点上安置仪器，并照准轴线另一端的控制桩点，在轴线方向上设置棱镜，测量出墩台中心到测站控制桩点的距离，建立墩台中心桩，把棱镜沿轴线方向置于墩台中心桩上，精确定位，并钉上一个小钉表示出中心点位。各墩台中心定位要一次完成。

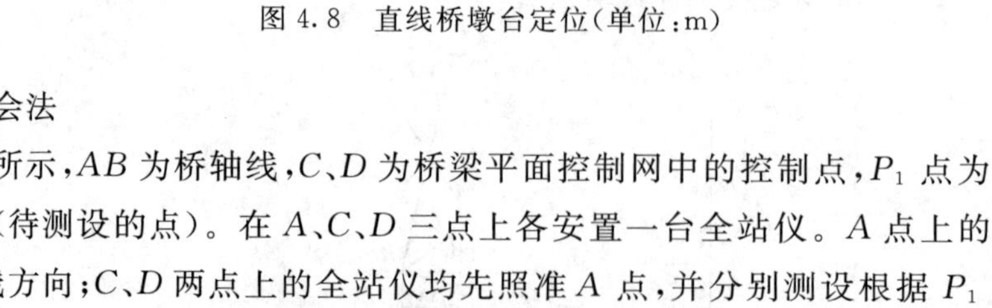

图 4.8　直线桥墩台定位(单位:m)

②方向交会法

如图 4.9 所示，AB 为桥轴线，C、D 为桥梁平面控制网中的控制点，P_1 点为第 1 个桥墩设计的中心位置(待测设的点)。在 A、C、D 三点上各安置一台全站仪。A 点上的全站仪照准 B 点，定出桥轴线方向；C、D 两点上的全站仪均先照准 A 点，并分别测设根据 P_1 点的设计坐标和控制点坐标计算的 α、β 角，以正倒镜分中法定出交会方向线。

由于测量误差的影响，从 C、A、D 三点的三条方向线一般不可能正好交会于一点，而是构成误差三角形。如果误差三角形在桥轴线上的边长在容许范围之内(墩底放样为 2 cm，墩顶放样为 1 cm)，则取 C、D 两点方向线的交点；在桥轴线上的投影 P_i 作为桥墩的中心位置。在桥墩施工中，随着桥墩的逐渐筑高，桥墩中心的放样工作需要重复进行，而且要迅速和准确。为此，在第一次求得正确的桥墩中心位置 P_i 以后，将 CP_i 和 DP_i 方向线延长到对岸，设立固定的照准标志 C'、D'。以后每次作方向交会法放样时，从 C、D 点直接照准 C'、D'点，即可恢复对 P_i 点的交会方向，如图 4.10 所示。

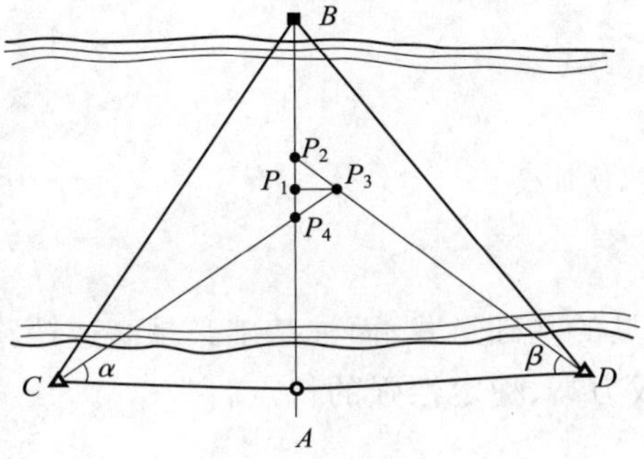

图 4.9　方向交会法定位桥墩中心

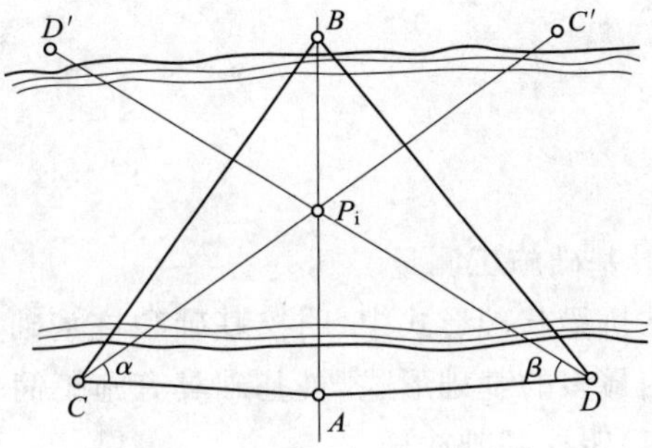

图 4.10　恢复墩台中心示意

③极坐标法

在使用全站仪并在被测设的点位上可以安置棱镜的条件下，用极坐标法放样桥墩中心位置，更为精确和方便。对于极坐标法，原则上可以将仪器安置于任意控制点上，按计算的放样数据，即角度和距离测设点位。

但是，若是测设桥墩中心位置，最好是将仪器安置于桥轴线点 A 或 B 上，照准另一轴线点作为定向，然后指挥棱镜安置在该方向上，测设 AP_i 或 BP_i 的距离，即可测定桥墩中心位置 P_i 点。

3. 桥梁墩台纵横轴线测设

为了进行墩台施工的细部放样，需要测设其纵、横轴线。所谓纵轴线是指过墩、台中心平行于线路方向的轴线，而横轴线是指过墩、台中心垂直于线路方向的轴线；桥台的横轴线是指桥台的胸墙线。

如图 4.11 所示，直线桥各个墩台的纵轴线与桥轴线重合，可根据桥轴线控制桩测设；直线桥的横轴线不一定与纵轴线垂直，两者夹角根据设计文件确定，可将全站仪安置于墩台中心，后视桥轴线控制桩定向，测设规定的角度得到墩台横轴线方向。

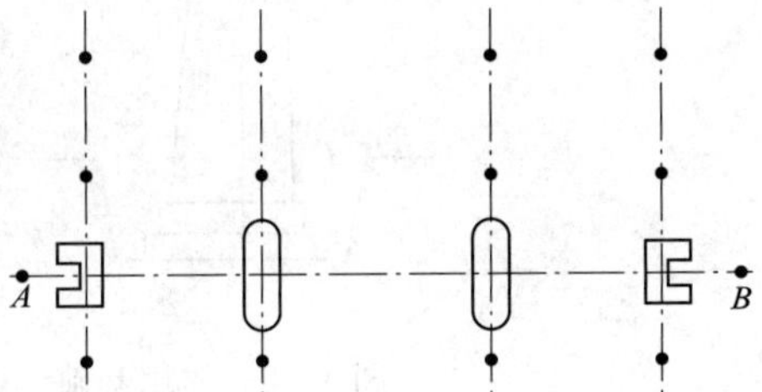

图 4.11　直线桥纵横轴线

如图 4.12 所示，曲线桥的墩台纵轴线位于桥梁偏角的平分线上，在墩台中心安置仪器，照准相邻的墩台中心，测设偏角的一半，即为纵轴线的方向。自纵轴线方向测设 90°角，即为横轴线的方向。

在施工过程中，墩台中心的定位桩要被挖掉，但随着工程的进展，又要经常需要恢复墩台中心的位置，因而要在施工范围外设护桩，用以恢复墩台中心的位置。所谓护桩就是在墩台的纵横轴线上，于两侧各钉设至少两个木桩，因为有两个桩点才可以恢复轴线的方向。为了防止破坏，可以多设几个。在曲线桥上的护桩纵横交错，在使用时及容易弄错，所以在桩上一定要注明墩台编号。

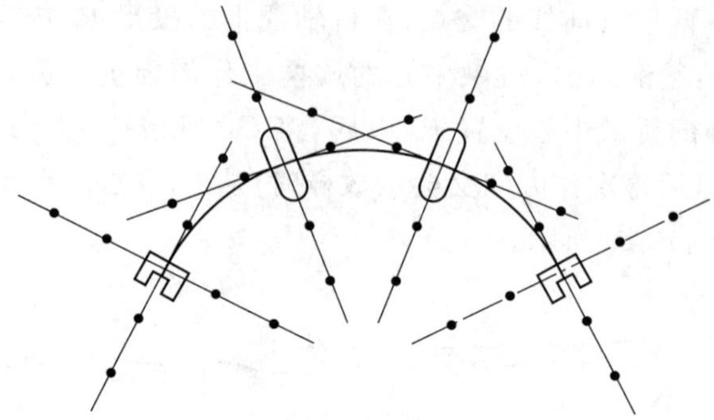

图 4.12　曲线桥纵横轴线

4. 基础施工测量

在桥梁基础形式中，明挖基础和桩基础是最常见的基础形式，而桩基础又是高速铁路桥梁中应用最多的基础形式，桩基础具有施工简便、承载力高、稳定性强的特点。

(1)明挖基础放样

如图 4.13 所示，明挖基础作为最常见的基础形式之一，最显著的优点就是施工方法简便，容易掌握。明挖基础就是在墩、台位置处挖出一个基坑，将坑底平整后，再灌注混凝土基础及墩身，下部工程完成后，再用土回填。

明挖基础开挖放线就是根据已经测设出的墩中心位置，纵、横轴线及基坑的长度和宽度，测设出基坑的边界线，边界控制点距墩台中心点或纵横轴线的尺寸要大于基础设计的底面尺寸，一般考虑为 0.3～0.5 m。

在开挖基坑时，坑壁时往往需要有一定的坡度，则应根据基坑深度及坑壁坡度设出开挖边界线。边坡桩至墩、台轴线的距离 D，如图 4.14 所示，可按式(4.12)计算。

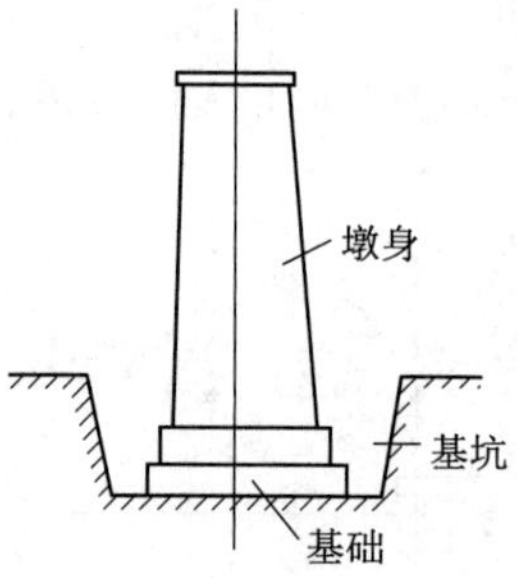

图 4.13　明挖基础

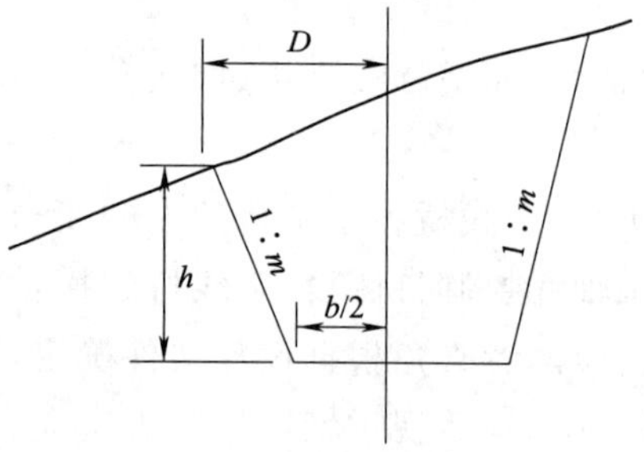

图 4.14　明挖基础放样

$$D=\frac{b}{2}+hm \tag{4.12}$$

式中　b——坑底的长度或宽度；

h——坑底与地面的高差；

m——坑壁坡度系数的分母。

测设边界桩时，根据已测定的墩台中心点和纵横轴线及计算的 D 值，用钢尺按平距丈量，并打临时桩，相邻边桩用白石灰表示出边界线，便于沿线施工开挖。

基坑挖到一定深度后，根据水准点高程在坑壁测设距基坑底设计面有一定高差(如 1 m)的水平桩，作为控制挖深及基础施工中控制高程的依据。基础完工后，应根据上述的桥位控制桩和墩、台控制桩用全站仪在基础面上测设出墩、台中心及其相互垂直的纵、横轴线。根据纵、横轴线即可放样桥台、桥墩砌筑的外轮廓线，并弹出墨线，作为砌筑桥台、桥墩的依据。

(2)桩基础放样

如图 4.15 所示，桩基础是在基础的下部打入桩基，在桩群的上部灌注承台，使桩和承台连成一体，在承台上面修筑墩身。

桩位放样一般采用直角坐标法，如图 4.16 所示，即以墩台纵横轴线为坐标轴，按设计位置，用钢尺直接丈量出每个桩中心的点位。

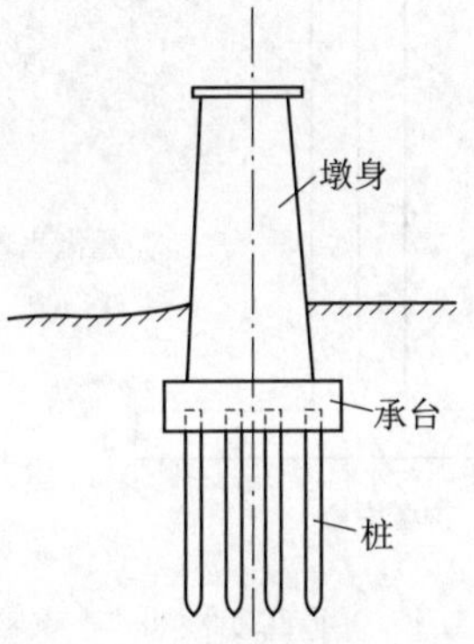

图 4.15　桩基础示意

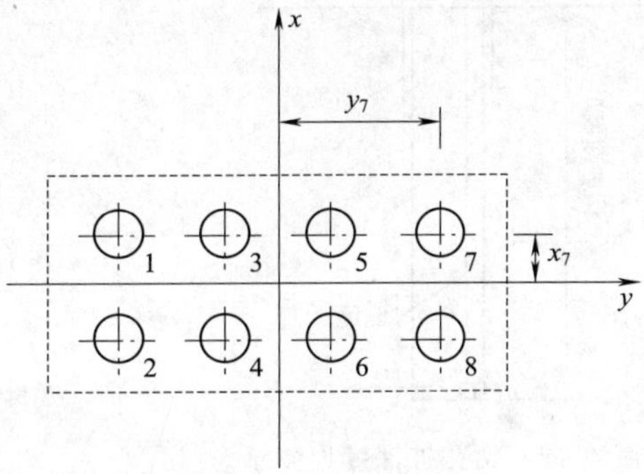

图 4.16　直角坐标法

由于高速铁路桥梁结构复杂，桥梁长度较长，施工精度要求较高，桩位放样推荐使用全站仪坐标法进行放样。桩位坐标一般利用 CAD 制图软件在桥梁施工平面图上，根据如图 4.17 所示的设计数据直接获取。

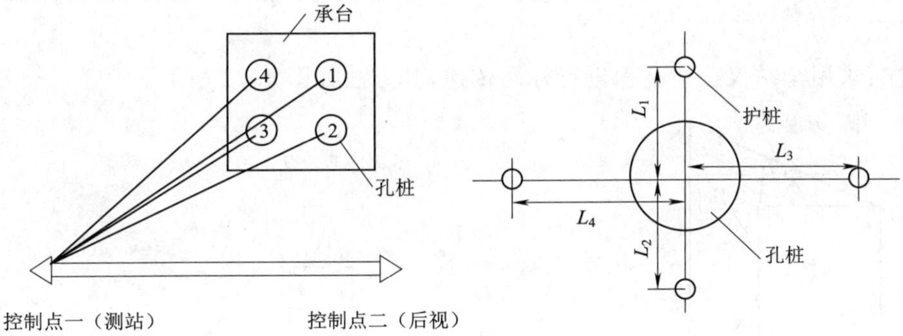

图 4.17　全站仪极坐标法放样桩位

如图 4.17 所示，采用全站仪坐标法放样，就是利用已有的施工控制网或加密施工控制点，放出桩的中心点及护桩，护桩要设于利于保护、施工方便的位置。在放线前要复测后视点的平面位置，保证定向准确。放线结束后，要复测后视点，以检查定向是否准确。

(3)钻孔桩深度测量方法

定出孔桩位置，待护筒埋设到位后，用水准仪将标高抄测至护筒顶，根据此标高反算出孔桩下钻深度。在孔桩钻进过程中，要对护筒顶标高进行复测，并用测绳随时量测下钻深度，以防止超钻和欠钻，钻孔桩深度控制示意图如图 4.18 所示。

由于测绳极易变形，测绳上的计数不能作为控制桩长的依据，只有采用标定合格的钢尺量出来的数据才能采用并作为控制桩长的依据。

5. 桥墩墩身测量

桥墩施工放线，只需在承台上放出桥墩纵、横轴线的十字丝及护桩即可，可直接利用施工导线点就可以进行施测。护桩采用水泥钉，将其打入承台混凝土里。

在桥墩施工中，尤其是在钢筋绑扎及立模中，要随时进行垂直度检查，如图 4.19 所示，可用不少于 5 kg 的重型垂球吊线量测，以保证桥墩的垂直度。

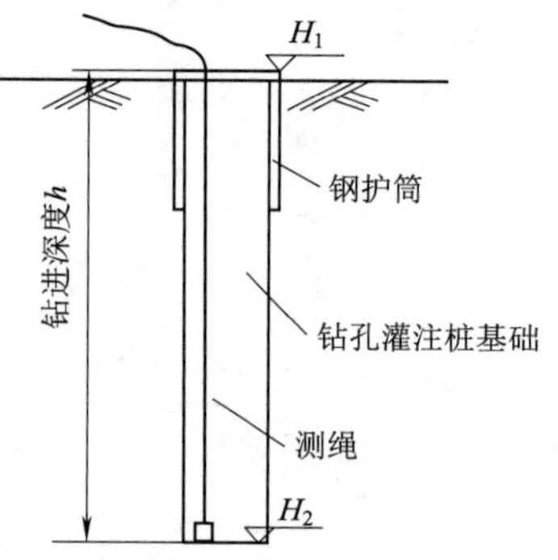

图 4.18　钻孔桩深度控制示意

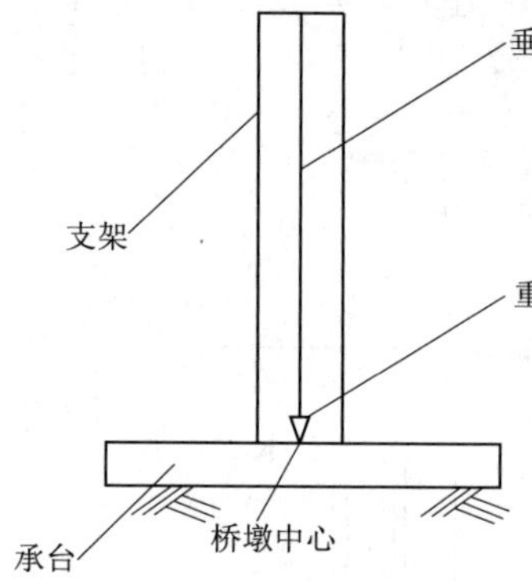

图 4.19　垂直度检查

桥墩模板完成后(要对墩顶)尤其是对垫石重新进行定位，点位要放样到模板上，以保证垫石钢筋绑扎正确和墩身定位准确。

因为桥墩本身比较高，直接利用水准仪测量比较困难，要采用其他方法进行标高传递，将标高引测至墩顶，可以采用如下两套方案进行标高控制。

方案一：采用钢尺配合水准仪进行量测，钢尺要经检验合格后方可使用，具体操作方法如图 4.20 所示。

方案二：采用全站仪三角高程进行标高传递，其方法如图 4.21 所示。

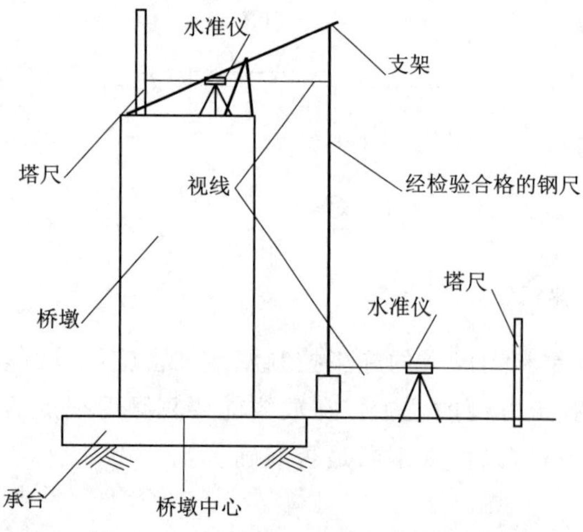

图 4.20　垂吊钢尺法进行高程放样

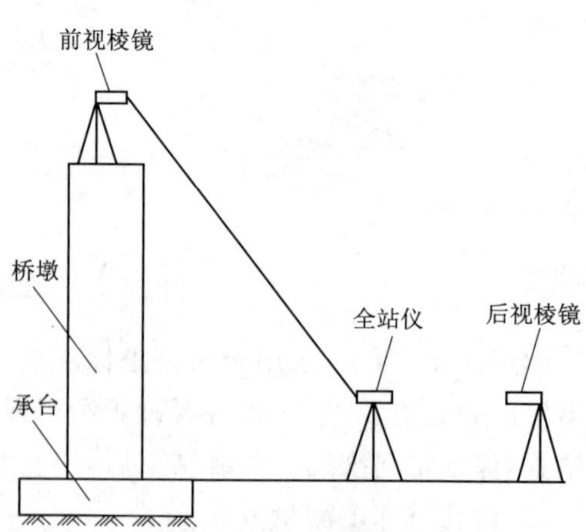

图 4.21　全站仪三角高程测量法高程放样

任务 4.3　隧道施工测量

4.3.1　任务目标

掌握高速铁路工程洞外控制网点的选择和布设方法，掌握洞外控制网的观测方法，掌握隧道施工进洞测量方法，掌握洞内控制测量的方法，掌握洞内施工放样的方法。

4.3.2　工作任务

作为施工方的测量技术人员，结合具体项目，在工程建设的施工阶段，采用 GNSS 卫星定位测量技术、全站仪导线测量进行隧道控制网的复测和加密，并在此基础上进行洞内施工测量等工作。

4.3.3　相关配套知识

高速铁路工程隧道段施工测量的主要目的是保证隧道相向开挖的工作面按照规定的精度在预定位置贯通，并使各项建筑物以规定的精度按照设计位置和尺寸修建。隧道施工测量的主要工作内容包括：洞外施工控制测量、进洞测量、洞内控制测量、洞内施工放样、竣工测量等。

1. 洞外施工控制测量

(1)洞外平面控制测量

当线路平面控制网（CPⅠ、CPⅡ）的精度满足隧道平面控制测量要求时，应在线路控制网的基础上扩展加密，建立隧道平面控制网。当线路控制网精度不能满足隧道控制测量要求时，应建立隧道独立平面控制网，并与两端线路控制网联测，处理好与隧道两端线路平面控制网的衔接。隧道平面控制网坐标系宜采用以隧道平均高程面为基准，取隧道工程中心经线为坐标投影的中央子午线，以隧道长直线或曲线隧道切线为坐标轴的施工独立坐标。当隧道长度大于 1 500 m 时，应根据横向贯通误差进行平面控制网设计，估算洞外控制测量产生的横向贯通误差影响值，并进行洞内测量设计。洞外平面控制测量设计要素见表 4.8。

表 4.8　洞外平面控制测量设计要素

测量方法	测量等级	适用长度/km	洞口联系边方向中误差/(″)	测角中误差/(″)	边长相对中误差
GNSS 测量	一等	8～20	1.0	—	1/250 000
	二等	4～8	1.3	—	1/180 000
	三等	<4	1.7	—	1/100 000
导线测量	二等	8～20	—	1.0	1/200 000
		4～8	—		1/100 000
	三等	2～4	—	1.8	1/80 000
	四等	<2	—	2.5	1/50 000
三角形网测量	二等	8～20	—	1.0	1/200 000
		4～8	—		1/150 000
	三等	2～4	—	1.8	1/100 000
	四等	<2	—	2.5	1/50 000

隧道平面控制测量应根据隧道长度、平面形状、辅助坑道位置、线路通过地区的地形情况以及本单位的仪器设备和人员技术水平条件等，可以采用 GNSS 测量、导线测量、三角形网测

量及其综合测量方法。洞外平面控制网应沿两洞口连线方向布设成多边形组合图形，GNSS控制网进洞联系边最大俯仰角不宜大于5°，导线网、三角形网不宜大于15°。每个洞口控制点布设不少于3个，用于向洞内传递方向的洞外联系边不宜小于500 m，洞口GNSS控制点应方便常规测量方法检查、加密以及向洞内引测。控制点应布设在视野开阔、土质坚硬、通视良好的地方，同时要求视线应离开旁遮障碍物1 m以上，当通过沙滩、水田时应适当增加视线高度，隧道进出口的中线控制桩或CPⅠ、CPⅡ控制点应纳入隧道控制网。

近年来，随着GNSS测量技术的快速发展，GNSS在工程测量领域的应用越来越广泛。由于GNSS测量技术大大减轻了测量人员的劳动强度，提高了隧道洞外控制网的测量精度，因此，隧道长度在4 km以上时，洞外控制测量优先采用GNSS测量方法。

如图4.22所示，GNSS控制网由隧道各开挖口的控制点点群组成，每个开挖口至少要布测四个控制点构成一个子网，子网可以是三角网或大地四边形网。整个控制网由各开挖口的子网通过导线或三角网构成一个整体。每个独立观测环的边数最多不要超过12个，应尽可能减少。网的边长最长不宜超过30 km，最短不宜短于300 m。每个控制点应有三个或三个以上的边与其连接，个别的点才允许由两个边连接。GNSS定位点之间一般不要求通视，但布设在洞口的控制点，考虑到用常规测量方法检测、加密或恢复的需要，应当通视。点位空中视野要开阔，保证至少能接收到4颗卫星信号。测站附近不应该有对电磁波有强烈吸收和反射影响的金属和其他物体。

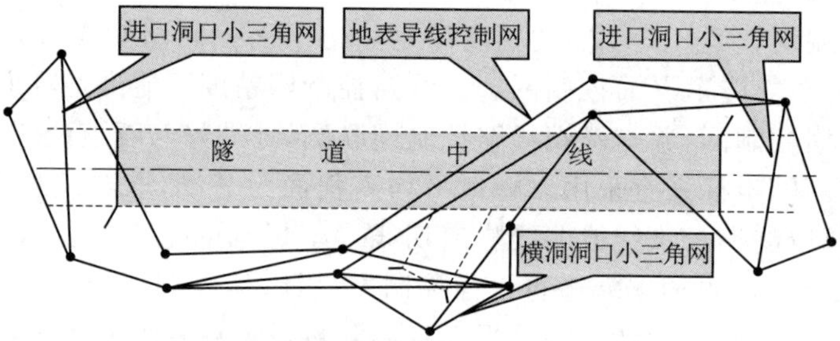

图4.22　洞外平面控制网

(2)洞外高程控制测量

洞外高程控制测量的任务是按照设计精度施测两相向开挖洞口附近水准点之间的高差，以便将整个隧道的统一高程系统引入洞内，保证按规定精度在高程方向正确贯通。

当线路高程控制网的精度满足隧道控制测量要求时，应在线路控制网的基础上扩展加密，建立隧道高程控制网。当线路高程控制网精度不能满足隧道控制测量要求时，应建立隧道独立高程控制网，并处理好与隧道两端线路高程的衔接，隧道高程控制网所采用的高程系统与线路高程系统应相同，当水准路线长度大于5 000 m时，应根据高程贯通中误差进行高程控制网设计，洞外高程控制测量设计元素见表4.9。

表4.9　洞外高程控制测量设计元素

测量等级	两开挖洞口间高程线路长度/km	每千米高程测量偶然中误差/mm
二等	＞36	≤1.0
三等	13～36	≤3.0
四等	5～13	≤5.0
五等	＜5	≤7.5

洞外高程控制测量应根据设计精度、结合地形情况、水准路线长度以及仪器设备情况采用水准测量、光电测距三角高程测量。洞外高程控制测量应从一端的线路水准基点联测到另一端的线路水准基点。当采用水准测量时，可利用线路定测的水准点的高程作为起始高程，沿水准线路在每个洞口至少埋设两个水准点，水准线路应形成闭合环，或敷设两条相互独立的水准线路，由已知水准点从一端洞口测至另一端洞口。洞外高程控制测量精度等级应按照设计精度确定的等级进行，在山区进行水准测量时，平均每千米单程测站大于 25 站时，测段往返测高差不符值见表 4.10。

表 4.10　测段往返测高差不符值限差表

水准测量等级	测段往返测高差不符值限差/mm
二等	$0.8\sqrt{n}$
三等	$2.4\sqrt{n}$
四等	$4.0\sqrt{n}$
五等	$6.0\sqrt{n}$

注：n 为两水准点间单程测站数。

2. 线路进洞关系计算

利用线路中线点和控制点的坐标，反算两点的距离和方位角，从而确定进洞测量的数据。把中线引入洞内，可按下列方法进行。

(1)直线隧道

如图 4.23 所示为一直线隧道，A、D 为洞口点，B、C 为方向控制点，它们都纳入在洞外控制网内，平差后求得这些点的精确坐标，由这些坐标反算出 α_{AD}、S_{AD}、β_1、β_2。进洞时分别在 A、D 置镜，后视 B、C 然后拨角进洞。

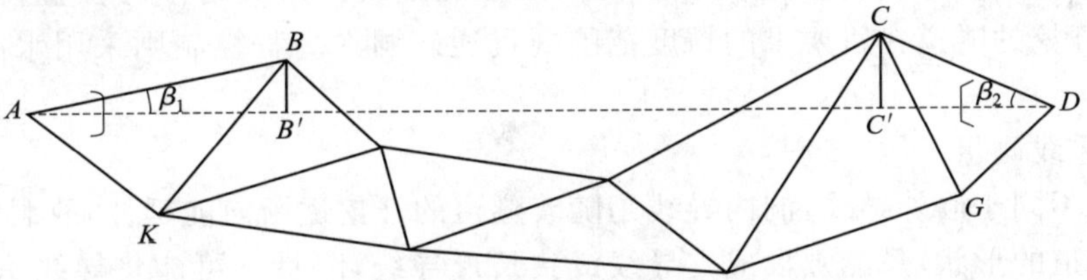

图 4.23　直线进洞关系计算

(2)曲线隧道

曲线隧道两端洞口的每条切线上已有两个投点的坐标在控制网中得到，如图 4.24 中的 A、G 和 D、E。以 A 点为坐标系原点，AG 的切线方向为 y 轴，过 A 点垂直于 y 轴方向为 x 轴建立新切线直角坐标系，其进洞关系的计算步骤如下：

①计算 A、G、D、E 点新坐标。根据这些新坐标反算得到 AG、DE 的方位角；两方位角相减得到曲线精测的转向角 α，其精度较之定测角值精确，并与各点的坐标相一致。

$$\alpha = \alpha_{AG} - \alpha_{ED} \tag{4.13}$$

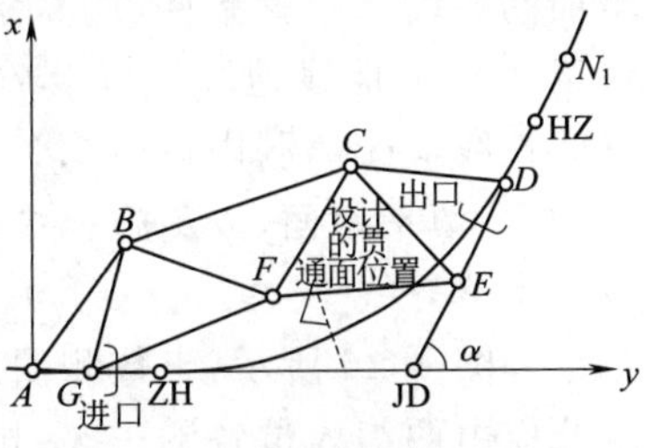

图 4.24　曲线进洞关系计算

②计算交点的坐标。因为 AG 切线与 y 轴重合或平行，故 JD 的 x 坐标为零或选定值，它是已知的；只需计算出 JD 的 y 坐标值即可。

$$y_{JD} = \frac{x_{JD} - x_E}{x_E - x_D}(y_E - y_D) + y_E \tag{4.14}$$

③根据精测算得的 α、选定的曲线半径 R 和缓和曲线长 l_0，计算出曲线要素 T、L、β_0、p、m、x_0、y_0。

④选定洞口外面一个中线控制桩的里程，使其和定测里程一致，例如选定 A 点。由此从 A 推算隧道范围内其他中线控制点的里程，到隧道另一端洞口外的中线控制点上出现断链，这是由于精测长度和定测长度不一致所致，这种里程称为隧道施工里程。

⑤计算任一中线点的坐标。要想在洞中测设出任一中线点的位置，必须先知道该点的施工里程，使它与曲线控制桩的施工里程相比较，才能确定该点是在直线上，还是在曲线上，并且知道该点距中线控制桩有多远。

按上述方法计算出测设中线点的坐标后，再根据控制网点的坐标，反算出两点间的距离和方位角，利用极坐标法即可确定洞门的位置和进洞方向。

如图 4.25 所示，H 为出口洞门的设计位置，D、E 为切线方向的控制点，根据 D、H 点坐标可以算出距离 S_{DH} 及方位角 α_{DH}；根据 D、E 坐标可以算出方位角 α_{DE}，根据两方位角之差可以求得水平角 β。将全站仪按在 D 点，后视 E 点，转一角度 β，沿此方向丈量距离 S_{DH}，即可定出洞门出口位置 H 点。

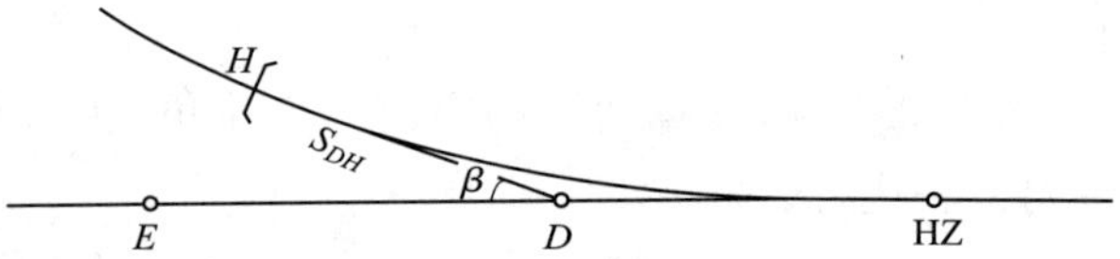

图 4.25 曲线进洞示意

3. 隧道洞内控制测量

洞内平面控制测量主要采用导线测量，按照与洞外控制测量统一的坐标系统，来建立洞内的控制系统，根据洞内导线的坐标就可以放样出隧道中线以及其衬砌的位置，指示开挖的方向，保证相向开挖的隧道在所要求的精度范围内贯通。洞内高程控制则采用水准测量方法来实施。

(1)洞内导线测量

洞内导线不同于洞外导线，洞内导线是随着隧道的开挖逐渐向前延伸，故洞内导线的形状完全取决于坑道的形状，只能敷设成支导线或狭长形导线环，且不可能将导线一次布设完毕，而应随施工进度分期布设，建立新一期导线前，应对原控制点进行检测，检测精度不低于原测精度，当检测与原测成果较差满足限差要求时，采用原测成果，不满足要求时分析原因。洞内导线布设成多边形闭合环时，每个环应由 4～6 条边组成，长隧道宜布设成交叉双导线形式，以增加网的内部检核条件，提高网的可靠性。导线边应尽量布设为长边或等边，一般直线地段不短于 200 m，曲线地段不短于 70 m。导线点应布设在施工干扰小、便于设站、稳定可靠的地方，点间视线应旁离洞内设施 0.2 m 以上。导线点的埋石顶面应比洞内地面低 20～30 cm，上面加设护盖、填平地面，以免施工中遭受破坏。洞内导线布设的形式包括单导线、导线环等形式。

①单导线

如图 4.26 所示，半数测回测左角、半数测回测右角，由于单导线在测量过程中缺乏校核，因此应由两组人员各测一次，相互校核。

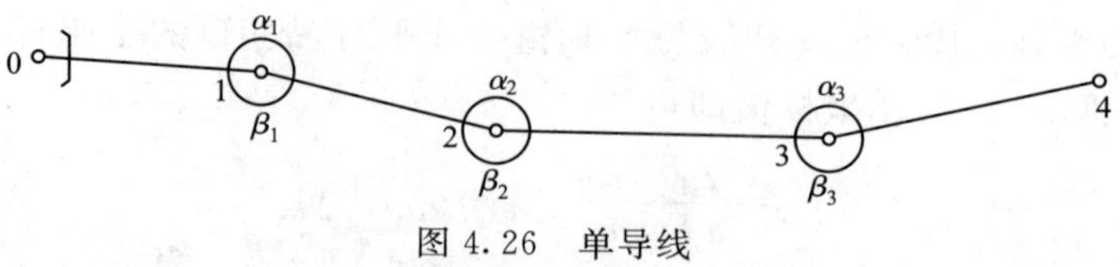

图 4.26 单导线

②导线环

如图 4.27 所示，每测一对新点，可按两坐标反算其之间的距离，然后与实地测距的结果比较，这样每前进一步均有检核。这种导线每个环如同一个闭合导线，测每个环的所有内角和边长，进行内角和与坐标闭合差的检核。全站仪特别适合布设这种导线。

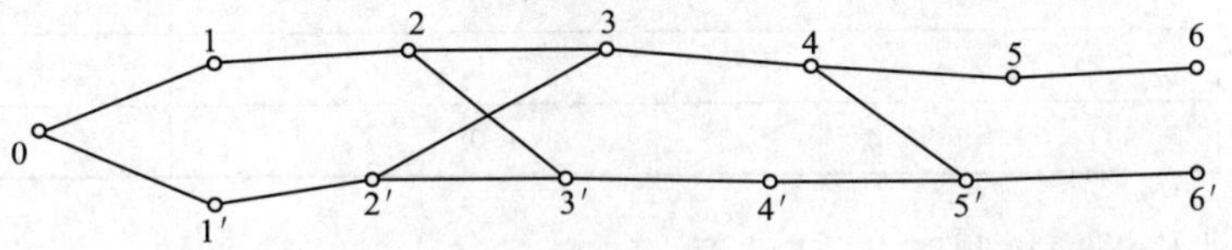

图 4.27　导线环

③主副导线环

如图 4.28 所示，双线为主导线，单线为副导线，副导线只测角不测量距离，主导线既测角又量距离。按虚线形成第二闭合环时，主导线在 3 点处能以平差角传算 3～4 边的方位角；以后均仿此法形成闭合环。闭合环角度平差后，对提高导线端点的横向点位精度很有利；并可对角度测量加以检查，同时根据角度闭合差还可以评定测角精度；另一方面又节省了副导线大量的测边工作。主副导线环在洞内控制中应推广使用。

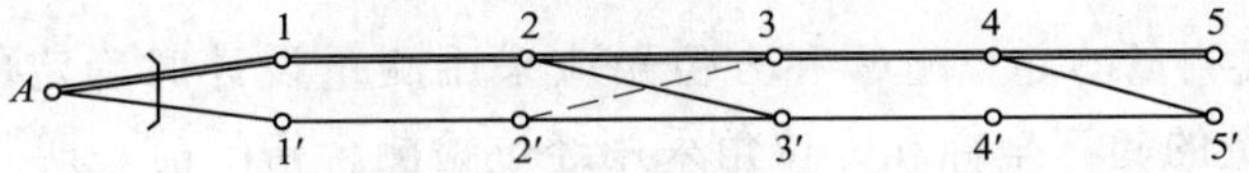

图 4.28　主副导线环

④交叉导线

如图 4.29 所示，并行导线每前进一段交叉一次，每一个新点由两条路线传算坐标（如 5 点坐标由 4 和 4′两点传算），最后取平均值；亦可以实量 5～5′的距离，来检核 5 和 5′的坐标值。交叉导线不作角度平差。

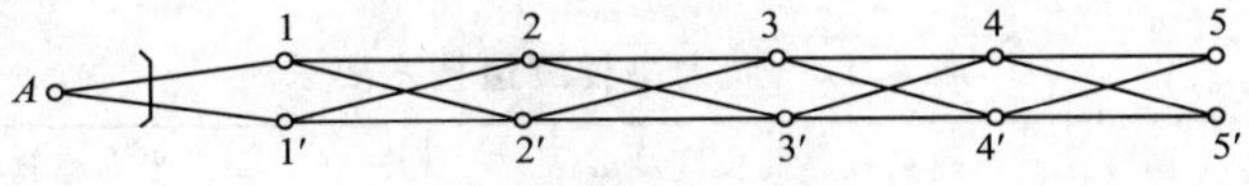

图 4.29　交叉导线

⑤旁点闭合环

如图 4.30 所示，A、B 为旁点。旁点闭合环一般测内角，作角度平差；旁点两侧的边长，可测可不测。当有平行导坑时，还可利用巷道将正洞和导坑联系起来，形成闭合环。

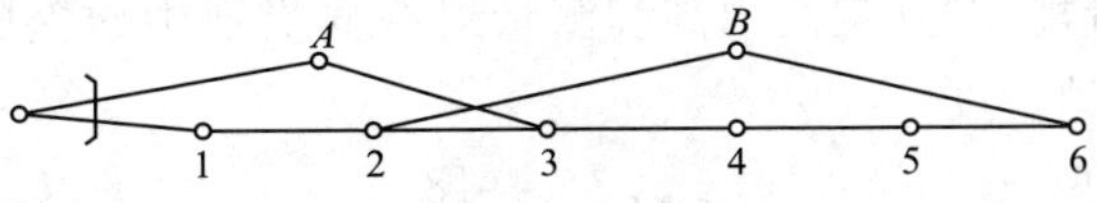

图 4.30　旁点闭合环

洞内导线测量应从测量设计确定的洞外联系边引入，宜以边连接。洞内导线测量的等级主要取决于隧道的长度和形状，但应不低于测量设计确定的精度，洞内导线测量精度要求见表 4.11。

表 4.11　洞内导线测量精度要求

测量等级	适用长度/km	测角中误差/(″)	边长相对中误差
二等	8～20	1.0	1/100 000
隧道二等	5～8	1.3	1/100 000
三等	2～5	1.8	1/50 000
四等	1.5～2	2.5	1/50 000
一级	＜1.5	4.0	1/20 000

采用导线形式作洞内控制时，还应注意：

a. 测量前应将仪器开箱放置 20 min，让仪器温度与洞内温度基本一致，同时应充分通风，避免尘雾。

b. 仪器和反射镜应无水雾，反射镜应有适度照明。

c. 洞口站测角时，应在夜晚或阴天进行。所有角度测量应在完成规定测回数一半后，仪器和反射棱镜均转动 180°重新对中整平，观测剩余测回数。观测目标应有足够亮度，而且目标清晰，避免光线从旁侧照射目标。

d. 单口掘进 5 km 和 10 km 左右时，可加测方位精度不低于 5″的陀螺定向边，以检核洞内导线。

e. 初次洞内导线测量的起算坐标和方位角应采用测量设计时确定的进洞联系边测量成果，洞内导线引伸测量的起算坐标和方位角采用经过检测合格的前一期洞内导线测量成果，洞内四等以上导线平差应采用严密平差，一级导线可采用近似平差。

(2)洞内水准测量

洞内高程控制测量是从洞口、洞外水准点起，或通过辅助坑道如水平坑道、竖井、斜井等，把洞外高程传递到洞内，建立一个洞内、洞外统一的高程系统，进而建立洞内高程控制，用以放样隧道中线点的高程，保证相向开挖的隧道在竖向以必要的精度贯通。洞内高程测量技术要满足表 4.12 的规定。

表 4.12　洞内高程测量技术要求

测量等级	两开挖洞口间高程路线长度/km	每千米高程测量偶然中误差/mm
二等	＞32	≤1.0
三等	11～32	≤3.0
四等	5～11	≤5.0
五等	＜5	≤7.5

《高速铁路工程测量规范》规定洞内高程测量对横向贯通中误差的影响值是 18 mm，据此可以确定洞内水准测量的精度。

$$M_{\Delta}=\pm\frac{18}{\sqrt{L}} \tag{4.15}$$

式中　M_{Δ}——每千米水准测量偶然中误差，mm；

L——洞内高程线路长度，km。

洞内水准测量的各种限差、规定及操作方法与洞外水准测量相同。但由于隧道施工及工作面限制，与洞外水准施测比较，又有以下几个特点：

①洞内水准点一般利用平面控制点，每隔 200～500 m 设置一对，主要导线点设置为永久水准点，而施工导线点则设置为临时水准点。除此之外，还需设立一些不易破坏的水准点，这些水准点一般设置在顶板和侧墙上。洞内水准点和平面控制点共享可节省场地和埋设标石的工作，此外还可通过对水准点的定期复测，和平面控制测量的资料相互印证，以发现点位是否存在位移。

②洞内水准路线在未贯通之前，只能布设支水准路线，故为增加检核条件须多次观测和往返观测。一般是每新建几个水准点必须从洞外控制点一直到新点为止进行往返测复测。取各次复测结果的高程平均值作为水准点最后的高程。

③随着隧道的掘进和水准路线的不断延长，为满足施工放样和贯通精度的要求，一般先设置较低精度的水难点在施工水准点上，然后设置精度较高的永久水准点在主要导线点上。

④由于洞内通视条件差，有时由于隧道内施测不便，转点可设置在顶板上，这时可用倒尺法传递高程，倒尺的读数应作负值参加计算。

4. 洞内中线测设

当隧道的进洞关系数据确定后，即可依洞口控制点，按计算好的进洞数据指导洞口开挖。在隧道开挖初期，应以洞口控制点为依据，放样临时隧道中线，其目的在于指导隧道的开挖方向。当隧道掘进到一定距离后，洞内控制逐步建立起来了，这时再按洞内控制点，建立正式中线点，并据以指导隧道的衬砌工程。

如图 4.31 所示，a、b、c 为正式中线点，1、2、3 为临时中线点，A、B、C 为导线点。当掘进的长度不足一个正式中线点的间距时，先测设临时中线点 1、2、3……，当延伸长度大于 1 个或 2 个正式中线点的间距时，就设立一个正式中线点。当掘进的延伸长度距最后一个导线点 B 大于 1 个或 2 个导线点的间距时，就可以延伸一个施工导线点，例如 C 点。以上过程反复进行，直至贯通点。上面所述供导坑延伸使用的临时中线点，一般在直线上每 10 m 一点，在曲线上每 5 m 一点，而正式中线点在直线上一般约每 200 m 一点，曲线地段约每 70 m 一点。洞内临时中线和正式中线的建立，实质是一个中线放样的问题，利用全站仪，采用极坐标法放样中线是很方便的。

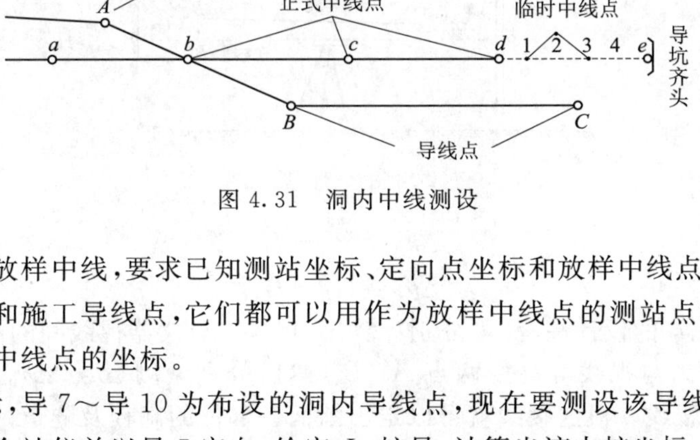

图 4.31　洞内中线测设

采用极坐标法放样中线，要求已知测站坐标、定向点坐标和放样中线点的坐标。由于洞内设立了主要导线点和施工导线点，它们都可以用作为放样中线点的测站点和定向点，因此，关键是计算出待放样中线点的坐标。

如图 4.32 所示，导 7～导 10 为布设的洞内导线点，现在要测设该导线附近的一段中线。为此在导 8 上设置全站仪并以导 7 定向，给定 J_1 桩号，计算出该中桩坐标。由于测站点、定向点和中桩坐标均已知，故可求出测站到定向点与中桩点两方向的夹角及测站到中桩的距离，根据夹角和距离就可以用极坐标法测设中线点的点位。为了防止错误和提高测设精度，应以盘左、盘右两个位置测设，取两次测设点的中点作为中桩桩位，并在点位周围打上四个骑马桩，以便挖坑埋石(若该点为临时中线点,可不打骑马桩而埋入混凝土包木桩或埋设木桩),其他各中桩点可按同法处理。

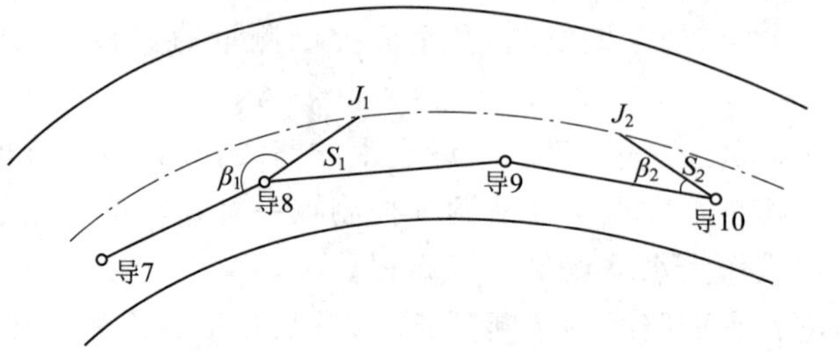

图 4.32　极坐标法放样中线

注:J_1、J_2 表示隧道的中线桩;S_1 表示导 8 到 J_1 的边长;S_2 表示导 10 到 J_2 的边长。

5. 隧道施工测量

隧道施工是边开挖、边衬砌,为保证开挖方向正确,开挖轮廓尺寸符合设计要求,施工测量工作必须要紧跟上,同时要保证测量成果的正确性。隧道施工测量包括:断面测量、立拱架测量、边墙及避车洞和仰拱的衬砌放样等一系列的测量工作。

在隧道施工中,为使开挖断面能较好地符合设计断面,在每次掘进前,应在开挖断面上,根据中线和轨顶高程,标出设计断面尺寸线。分部开挖的隧道在拱部和马口开挖后,全断面开挖的隧道在开挖成形后,应采用断面自动测绘仪、全站仪或断面支距法测绘断面,开挖断面的测量间距不宜大于 20 m,检查断面是否符合要求;并用来确定超挖和欠挖工程数量。测量时按中线和外拱顶高程,从上至下每 0.5 m(拱部和曲墙)和 1.0 m(直墙)向左右量测支距。量支距时,应考虑到曲线隧道中心与线路中心的偏移值和施工预留宽度。仰拱断面测量,应由设计轨顶高程线每隔 0.5 m(自中线向左右)向下量出开挖深度。

开挖断面必须确定断面各部位的高程,通常采用的方法叫腰线法。如图 4.33 所示,将水准仪置于开挖面附近,后视已知水准点 P 读数 a,即得仪器视线高程:$H=H_P+a$。

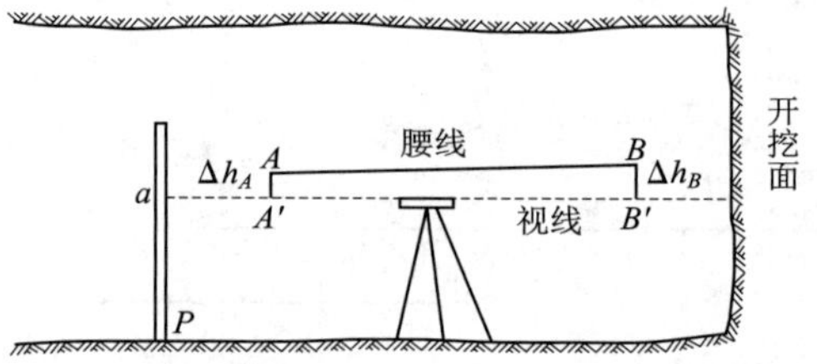

图 4.33　腰线法

$$\begin{aligned}\Delta h_A&=H_A-H_i\\ \Delta h_B&=H_B-H_i\end{aligned} \tag{4.16}$$

根据腰线点 A、B 的设计高程,可分别计算出 A、B 点与仪器视线间的高差 Δh_A、Δh_B:先在边墙上用水准仪放出与视线等高的两点 A'、B',然后分别量测 Δh_A、Δh_B,即可定出点 A、B。两点间的连线即是腰线。根据腰线就可以定出断面各部位的高程及隧道的坡度。

在隧道的直线地段,隧道中线与路线中线重合一致,开挖断面的轮廓左、右支距(指与断面中线的垂直距离)亦相等。在曲线地段,隧道中线由路线中线向圆心方向内移 d 值,如图 4.34 所示。由于标定在开挖面上的中线是依路线中线标定的,因此在标绘轮廓线时,内侧支距应比外侧支距大 $2d$。

拱部断面的轮廓线可采用五寸台法测出。如图 4.34 所示，自拱顶外线高程起，沿路线中线向下每隔半米向左、右两侧量其设计支距，然后将各支距端点连接起来，即为拱部断面的轮廓线。

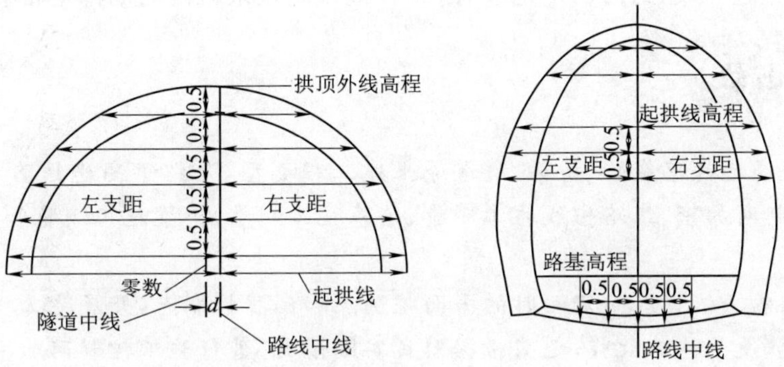

图 4.34　五寸台法(单位:m)

6. 隧道贯通误差的测量与调整

隧道相向开挖至贯通面时，由于受测角与量距、水准测量等误差的联合影响，线路中线在平面与高程两方面均产生贯通误差。当隧道贯通后，应立即进行贯通误差的测定，一方面可以正确评价测量精度，另一方面，也为线路中线与纵坡调整、隧道断面扩大、衬砌与铺设提供必要资料。

(1)实际贯通误差的测定

由相向开挖的两条洞内导线放样出来的两个贯通点之间的长度就是实际贯通误差，这一误差在线路方向的投影就是实际纵向误差，在垂直于线路中线方向的投影就是横向误差，用水准仪测定这两个实际贯通点的高程差就是实际高程贯通误差。以上也是测定实际贯通误差的一种方法，但测定实际贯通误差更常用的是如下方法。

如图 4.35 所示，在贯通面附近任选一临时点 E，分别由相向的两条导线附近的控制点测定该点的坐标，得到两组坐标值(X_{E1}、Y_{E1})、(X_{E2}、Y_{E2})，由两边水准路线测定 E 点的高程为 H_{E1}、H_{E2}，式(4.17)即为实际平面贯通误差。

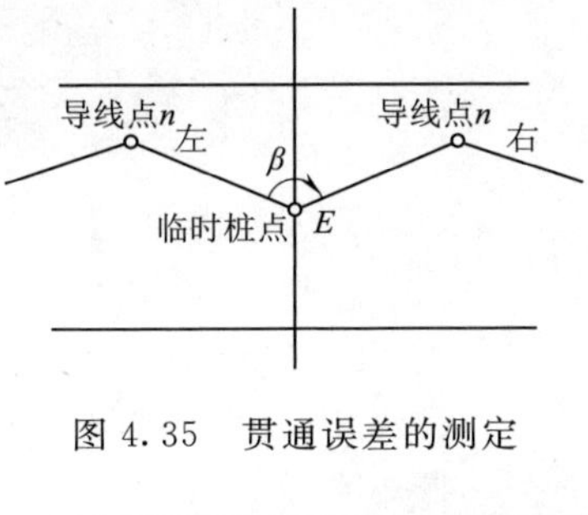

图 4.35　贯通误差的测定

$$\Delta s=\sqrt{(X_{E2}-X_{E1})^2+(Y_{E2}-Y_{E1})^2} \tag{4.17}$$

(2)贯通误差的调整

实际贯通误差达到一定的数值，在贯通面附近如按原来测设的中线连接起来，线路的平面形状和坡度都改变了设计位置而达不到规定的线路标准，在这种情况下必须将洞内线路中线全部或局部加以调整。

隧道贯通后最彻底的调整方法是，对于相向的两条导线按上述方法连接在一起后，将两端洞口的控制点作为固定点，将全隧道洞内导线作为附合导线进行平差，取得平差后各点的坐标，再根据这些导线点的新坐标重新测设中线位置，然后按新中线点的位置，施测整体道路，铺设道床。这种方法会影响到已衬砌地段，因此调整只能在未衬砌的局部地带进行。

项目小结

本项目围绕高速铁路线路、桥梁、隧道等土建工程类型，介绍了高速铁路工程建设中控制网复测、施工控制网加密、线路中线施工测量、路基施工测量、桥梁施工测量和隧道施工测量等内容。

线路施工测量。依据线路定测时的平面控制点和高程控制点，开展施工控制网复测，为保证施工测量精度，便于施工放样，还需根据项目实际情况，进行施工控制网加密测量。

桥梁施工测量。依据设计文件，按照规定精度进行施测，主要包括桥梁施工控制测量、桥梁墩台定位测量、墩台纵横轴线测设、基础施工测量、桥墩墩身测量等内容。

隧道施工测量。以规定的精度，按照设计位置和尺寸，进行洞外施工控制测量、进洞测量、洞内控制测量、洞内施工放样、贯通误差测量及调整、竣工测量等工作。

复习思考题

1. 高速铁路线下施工中，需要进行路基段线路中、边桩平面位置放样，桥梁段墩、台中心平面位置放样，隧道段线路中线平面位置放样等施工放样工作。请说明此项工作所使用的仪器、采用的方法、操作流程。

2. 施工放样过程中，仪器安置在哪个位置？如果控制点不够用，应该怎么办？

3. 施工过程中，构筑物的高程放样采用什么仪器来进行？针对路基、桥梁、隧道等不同类型的工程，在具体操作上有何不同？

项目5 线下工程构筑物变形测量

项目描述

变形是自然界普遍存在的现象，它是指变形体在各种荷载作用下，其形状、大小及位置在时间域和空间域中的变化。铁路线路在施工和运营期间，由于受多种主观和客观因素的影响，会产生变形，变形如果超出了规定的限度，就会影响正常使用，严重时还会危及安全，给社会和人民生活带来巨大的损失。高速铁路无砟轨道运行的高平顺性、高舒适性对路基、桥涵、隧道等线下工程的变形要求非常严格，工后沉降不应大于15 mm，各种构筑物过渡段差异沉降不大于5 mm，沉降引起沿线路方向的折角不应大于1‰。为确保无砟轨道结构铺设的质量，应建立线下工程构筑物变形监测网，对线下构筑物进行变形测量。通过变形测量及对测量数据系统综合分析评估，验证或调整设计措施，使路基、桥涵、隧道工程达到规定的变形控制要求。

学习目标

1.知识目标

(1)掌握平面、高程变形监测网的布设方法；

(2)掌握路基、桥涵、隧道变形测量的布设、观测及数据处理方法。

2.能力目标

(1)能够根据工程项目的要求，合理制定变形监测方案；

(2)能进行路基、桥涵、隧道及过渡段平面变形监测网的布设、观测及数据处理；

(3)能进行路基、桥涵、隧道及过渡段高程变形监测网的布设、观测及数据处理。

3.素质目标

(1)培养正确查询、运用行业规范、标准的能力；

(2)培养与人沟通以及写作能力；

(3)培养质量意识、安全意识、环保意识与协作意识；

(4)培养吃苦耐劳精神和严谨认真的工作作风。

任务5.1 变形监测基准网

5.1.1 任务目标

掌握高速铁路变形测量的内容，掌握基准点、工作基点、变形观测点的设置原则和变形监测网建立的技术要求；能够根据工程项目的要求，依据相关规范、建立水平位移变形监测网和垂直位移变形监测网。

5.1.2 工作任务

结合具体的工程项目，完成水平位移监测网、垂直位移监测网的布设、外业观测及数据处理。

5.1.3 相关配套知识

高速铁路变形测量的内容主要包括路基、桥涵、隧道、结构物过渡段、车站及道路两侧高边坡、滑坡地段的水平位移监测和垂直位移监测。变形监测网包括水平位移监测网和垂直位移监测网。变形测量点分为基准点、工作基点和变形观测点。

基准点应选在变形影响区域之外稳固可靠的位置。每个独立的监测网应设置至少 3 个基准点，且基准点的间距不宜大于 1 km。基准点使用全线二等高程控制测量网中布设的基岩点、深埋水准点、二等水准点，若线路中基准点数目不够，应根据需要加埋基准点，并进行联测，基准点标石埋设要求如图 5.1 所示。

工作基点应选在比较稳定且方便使用的位置，测定变形点时作为高程和坐标的传递点。对观测条件较好或观测项目较少的工程，可不设立工作基点，在基准点上直接测量变形观测点。工作基点应深埋于冻土线以下，其距离应满足式(5.1)。

$$\sqrt{L}<M/10 \tag{5.1}$$

式中　L——相邻两基准点间距离，km；

　　M——构造物允许变形值，mm。

由于自然条件的变化、人为破坏等原因，不可避免的有个别监测网点会发生变化。为了验证监测网基准点和工作基点的稳定性，应对其进行定期检测。

变形观测点直接埋设在要测定的变形体上。点位应设立在能反映变形体变形特征的位置，并与构筑物稳固地连接在一起。不但要求牢固、便于观测，还要求形式美观，结构合理，且不破坏变形体的外观和使用。变形点按路基、桥涵、隧道等不同的布点要求进行。

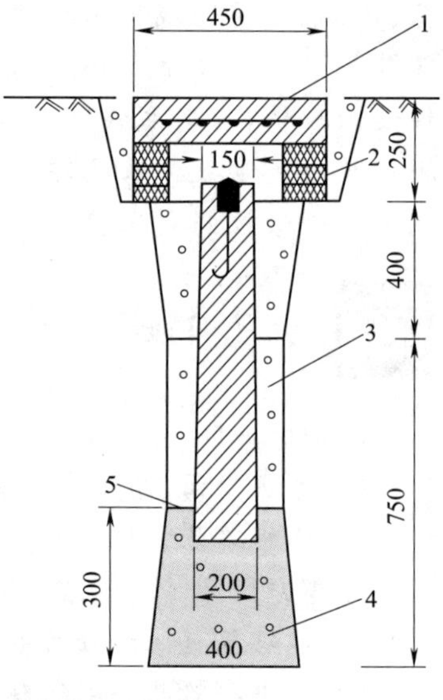

1—盖；2—砖；3—素土；
4—混凝土；5—冻土线。

图 5.1　基准点示意(单位：mm)

1. 变形监测网的布设

水平位移监测网和垂直位移监测网可分别采用独立坐标系统和高程系统，按工程需要的精度等级建立，与施工控制网联测，一次布网完成。

(1)水平位移监测网布设

水平位移监测就是测定构筑物上点的平面位置随时间变化的工作，水平位移监测网可以采用三角网、导线网、GNSS 网等形式。控制点应采用强制归心装置的观测墩，照准标志应采用有强制归心装置的觇牌或红外测距反射片。水平位移监测网可采用独立坐标系统一次布设，根据变形测量等级及精度要求进行施测，引入施工测量坐标系统，实现水平位移监测网坐标与施工平面控制网坐标的相互转换。

(2)垂直位移监测网布设

垂直位移监测即沉降观测，主要是测定构筑物或其基础的高程随时间变化的工作。垂直位移监测网应布设成闭合环状、结点或附合水准路线等形式(图 5.2)。水准基点应埋设在变形区以外的基岩或原状土层上，或是利用稳固的建筑物、构筑物设立墙上水准点。

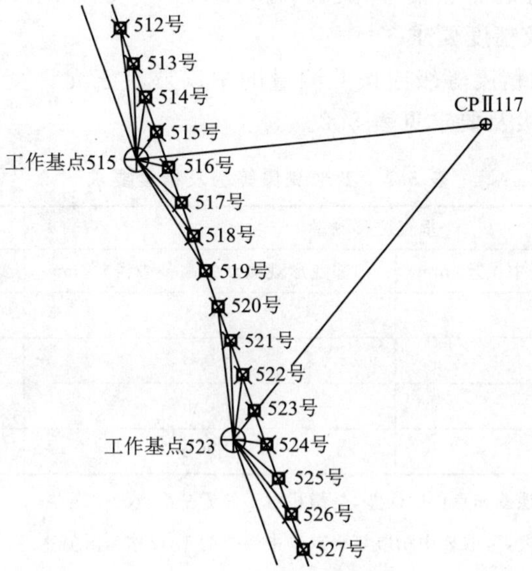

图 5.2　垂直位移监测网示意

2. 变形观测点的编号

观测点的编号是观测点的标识，简洁明了的反映该观测点所在里程、观测点的类型、观测点位置。为保证每个观测点的编号均为全线唯一的，同时便于在电子水准仪中输入，测点编号一般采用以下格式：

里程	测点类型编码	测点位置编号

里程采用 7 位阿拉伯数字，前 4 位为公里标，后 3 位为百米标（取整）；测点类型编码采用 1 位英文字母；测点位置编号采用 1 位阿拉伯数字；测点编号共计九位。各种测点的测点类型编码及测点位置编号见表 5.1。

表 5.1　测点类型英文字母编码及测点位置编号

测点类型	测点类型编码	测点位置及其对应的测点位置编号
沉降板	L	基底(1)、路基面(2)
观测桩	G	左(1)、右(2)、中(3)
分层沉降观测点	F	中(1)
位移边桩	W	左(1)、右(2)
剖面管	P	基底(1)、基床底层顶面(2)
承台观测标	C	观测标 1(1)、观测标 2(2)
墩身观测标	D	左(1)、右(2)
桥台观测标	T	观测标 1(1)、观测标 2(2)、观测标 3(3)、观测标 4(4)
梁体徐变观测标	X	左 1(1)、右 2(2)、左 3(3)、右 4(4)、左 5(5)、右 6(6)
涵洞观测标	H	左 1(1)、左 2(2)、中 3(3)、中 4(4)、右 5(5)、右 6(6)
隧道观测标	S	左(1)、右(2)

例如，DK40＋100.25 断面的路基面左侧观测桩的测点编号为：0040100G1；DK500＋315.23 的桥墩右侧观测标的测点编号为：0500315D2。

3. 变形监测的等级及精度要求

高速铁路变形监测的精度等级应按照测量的中误差小于允许变形值的 1/20～1/10 的原则进行设计，变形测量等级及要求见表 5.2。

表 5.2　变形测量等级及精度要求

变形测量等级	垂直位移测量		水平位移测量
	变形观测点的高程中误差/mm	相邻变形观测点的高差中误差/mm	变形观测点的点位中误差/mm
一等	±0.3	±0.1	±1.5
二等	±0.5	±0.3	±3.0
三等	±1.0	±0.5	±6.0
四等	±2.0	±1.0	±12.0

注：(1)变形观测点的高程中误差和点位中误差，是指相对于邻近基准点的中误差；

(2)特定方向的位移中误差，可取表中相应等级点位中误差的 $1/\sqrt{2}$ 作为限值；

(3)垂直位移监测，可根据需要按变形观测点的高程中误差或相邻变形观测点的高差中误差，确定监测等级精度。

4. 主要技术要求

水平位移监测网主要技术要求见表 5.3。

表 5.3　水平位移监测网的主要技术要求

等级	相邻基准点的点位中误差/mm	平均边长/m	测角中误差/(″)	测边中误差/mm	水平角观测测回数		
					0.5″级仪器	1″级仪器	2″级仪器
一等	±1.5	≤300	±0.7	1.0	9	12	—
		≤200	±1.0	1.0	6	9	—
二等	±3.0	≤400	±1.0	2.0	6	9	—
		≤200	±1.8	2.0	4	6	9
三等	±6.0	≤450	±1.8	4.0	4	6	9
		≤350	±2.5	4.0	3	4	6
四等	±12.0	≤600	±2.5	7.0	3	4	6

垂直位移监测网的主要技术要求见表 5.4。

表 5.4　垂直位移监测网的主要技术要求

等级	相邻基准点高差中误差/mm	每站高差中误差/mm	往返较差、附合或环线闭合差/mm	检测已测高差较差/mm	使用仪器、观测方法及要求
一等	±0.3	±0.07	$0.15\sqrt{n}$	$0.2\sqrt{n}$	DS_{05} 型仪器，视线长度≤15 m，前后视距差≤0.3 m，视距累积差≤1.5 m。宜按国家一等水准测量的技术要求施测
二等	±0.5	±0.15	$0.3\sqrt{n}$	$0.4\sqrt{n}$	DS_{05} 型仪器，宜按国家一等水准测量的技术要求施测

续上表

等级	相邻基准点高差中误差/mm	每站高差中误差/mm	往返较差、附合或环线闭合差/mm	检测已测高差较差/mm	使用仪器、观测方法及要求
三等	±1.0	±0.3	$0.6\sqrt{n}$	$0.8\sqrt{n}$	DS_{05}或DS_1型仪器，宜按《高速铁路工程测量规范》二等水准测量的技术要求施测
四等	±2.0	±0.7	$1.40\sqrt{n}$	$2.0\sqrt{n}$	DS_1或DS_3型仪器，宜按《高速铁路工程测量规范》三等水准测量的技术要求施测

注：n为测站数。

5. 变形监测频率

变形监测频率以不遗漏变形的时刻、能系统地反映变形过程为原则，主要根据监测目的、变形量的大小和变形速率等因素进行设计。

6. 仪器设备的选择

水平位移测量采用标称精度：测角不低于±2″、测距不低于$(\pm 2+2\times 10^{-6}D)$ mm 的全站仪；垂直位移测量采用精度不低于 1 mm/km 的水准仪，仪器设备在使用前必须出具仪器鉴定部门提供的鉴定证书，且在使用过程中应对仪器设备定期检验。

7. 外业观测

高速铁路水平位移监测一般采用的精度等级为三级，垂直位移监测也是三级，即按二等水准测量精度要求进行观测。每周期观测时应采用相同的网形或观测路线和观测方法，仪器设备应固定，观测人员不要变换，基准点和工作基点应固定，工作环境和观测条件基本相同。

8. 内业数据处理

所有观测数据通过外业精度指标检验合格后，应采用专业的变形监测数据处理软件进行平差计算，分析成果，提交变形测量技术报告等资料。

9. 应提交的资料

变形监测工作结束后，应提交相关资料，包括施测方案与技术设计书、点位布设图、观测记录手簿、平差计算资料、测量成果表、变形分布图表、变形分析成果资料、变形测量技术报告等内容。

任务 5.2　路基变形测量

5.2.1　任务目标

掌握路基变形观测元器件种类、特点及其埋设方法，掌握路基观测断面的设置原则，掌握路基变形观测方法、精度、频次与要求；能根据工程项目路基段的要求，进行路基面、地基等的变形测量及资料整理。

5.2.2　工作任务

结合具体的工程项目，完成路基沉降观测点的布设、观测及数据处理。

5.2.3 相关配套知识

路基变形监测主要包括路基面的沉降观测、地基沉降观测、路基坡脚位移观测和过渡段沉降观测。路基工程沉降变形观测主要以路基面沉降观测和地基沉降观测为主。

1. 路基工后沉降控制标准

(1)路基在无砟轨道铺设完成后的工后沉降应满足扣件调整和线路竖曲线圆顺的要求，工后沉降一般不应超过 15 mm。

(2)沉降比较均匀且调整轨面高程后竖曲线半径应能够满足式(5.2)要求时，允许的最大工后沉降量为 30 mm。

$$R_{sk} \geqslant 0.4 v_{sj}^2 \tag{5.2}$$

式中 R_{sk}——轨面圆顺的竖曲线半径，m；

v_{sj}——设计最高速度，km/h。

(3)路桥、路隧或横向结构物交界处的差异沉降不应大于 5 mm，过渡段沉降造成的路基与桥梁或隧道的折角不应大于 1‰。

2. 路基变形观测断面的设置

路基变形测量要根据不同的路基高度，不同的地基条件，不同的结构部位等具体情况设置变形观测断面，且监测范围应涵盖所有沉降发生的路基地段，同时应根据施工过程中掌握的地形、地质变化情况调整或增设观测断面。

(1)设置原则

①沉降观测断面沿线路方向的间距一般不大于 50 m；对于地势平坦、地基条件均匀良好的路堑，高度小于 5 m 的路堤可放宽到 100 m；对于地形、地质条件变化较大地段应适当加密。

②路桥过渡段、路隧过渡段、路涵过渡段，于不同结构物起点处、距起点 10 m、30 m 处各设一断面。路涵过渡段宜在涵洞顶斜向设置横剖面管，并于涵洞两侧 2 m 设一观测断面。

(2)观测点的布置

①观测点应设在同一横断面上，有利于测点看护，便于集中观测，统一观测频率，更重要的是便于各观测项目数据的综合分析。

②一般路堤地段观测断面包括沉降观测桩和沉降板，在路堤基地线路中心处埋设沉降板进行地基沉降观测；在路基面两侧路肩设置沉降观测桩进行路基面沉降观测。沉降观测桩每断面设置 3 个，沉降板每断面设置 1 个。这类观测断面主要设置在路堤填筑高度不大、地基可压缩性土层较薄的地段，示意图如图 5.3 所示。

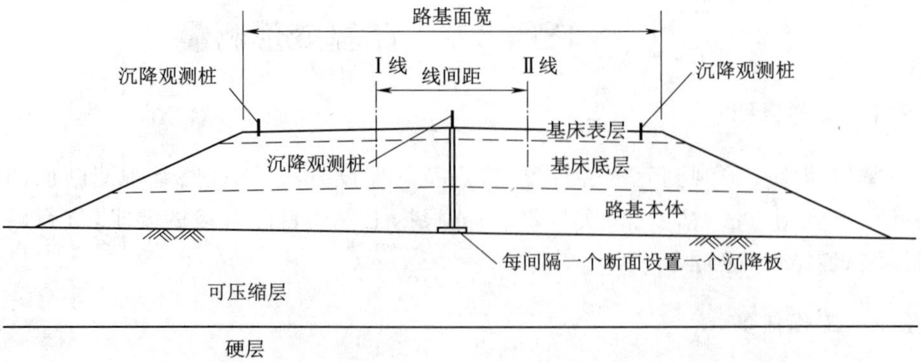

图 5.3 一般路堤地段观测断面布置

③特殊路堤地段观测断面一般包括剖面沉降管、沉降观测桩、沉降板和位移观测桩。路堤基底线路中心处埋设沉降板进行地基沉降观测；贯穿于路堤基底设置剖面沉降管对地基不均匀沉降、差异沉降进行观测；在路基面两侧路肩设置沉降观测桩进行路基面沉降观测；在路基两侧坡脚外约 2 m、10 m 处设置位移观测边桩。这类断面适用于斜坡路基、路基可压缩性土厚度不均、过渡段等地段，示意图如图 5.4 所示。

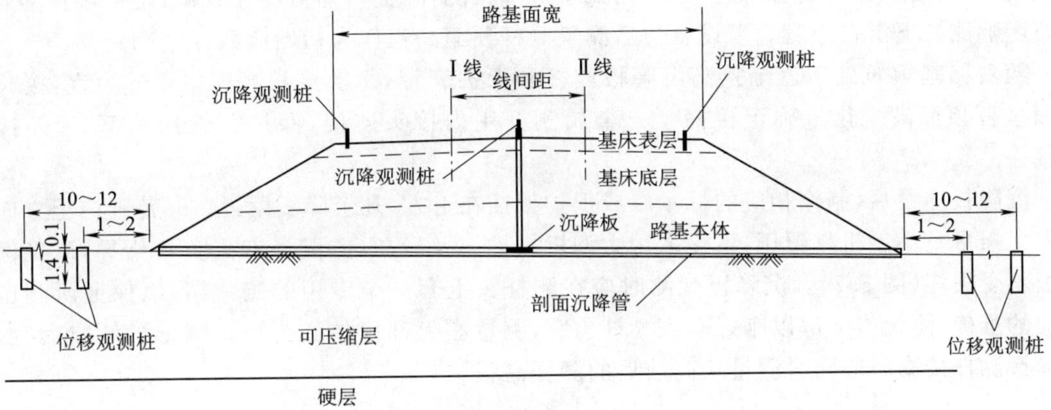

图 5.4　特殊路堤地段观测断面布置(单位：m)

④一般路堑地段观测断面分别于路基中心，左右中心线以外 2 m 的路基面处各设一根沉降观测标，观测路基面的沉降，示意图如图 5.5 所示。

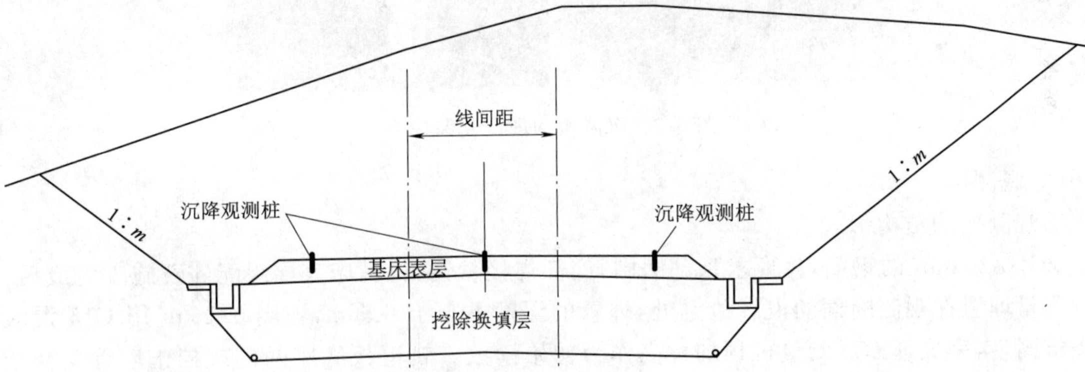

图 5.5　一般路堑地段观测断面布置

⑤路堤与横向结构物过渡段，于横向结构物两侧边缘外 5 m、20 m 设置一个观测断面，包括沉降观测桩、位移观测桩和沉降板。

3. 路基变形观测元器件及其埋设

路基沉降变形观测元器件主要有沉降板、沉降变形观测标和剖面沉降管。

(1)沉降板

①沉降板的结构形式

沉降板由底板、测杆及保护套管组成，如图 5.6 所示。底板采用混凝土预制或钢板，板面尺寸为 50 cm×50 cm，板厚 5 cm；测杆采用 ϕ40 mm 钢管，

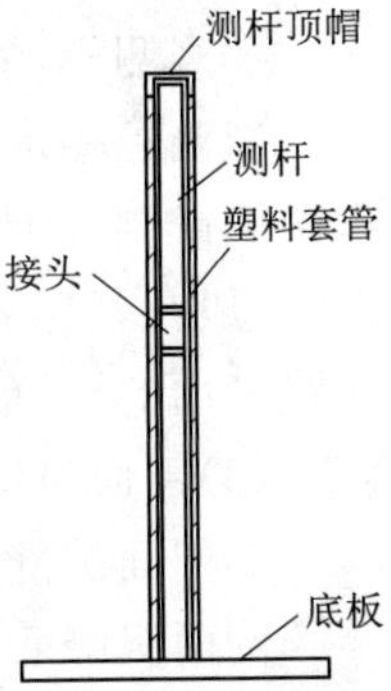

图 5.6　沉降板结构示意

与底板固定在垂直位置上；保护套管采用 ϕ75 mm PVC 管，尺寸以能套住测杆并使标尺能进入为宜。

②沉降板的埋设

沉降板埋设位置采用全站仪定位，一般设置在线路中心或路肩，根据观测内容不同，沉降板埋设于路基基底或路堤基床底层表面，对于桩网复合地基应埋设于垫层上顶面，采用中粗砂回填密实，再套上保护套管，保护套管略低于沉降板测杆，上口加盖封住管口，避免填料落入管内而影响测杆下沉自由度。埋设就位后测量测杆顶面高程作为初始读数。

随着路基填筑施工逐渐接高沉降板测杆和保护套管，每次接长高度以 1 m 为宜，接长前后测量杆顶标高变化量确定接高量。金属测杆用内接头连接，保护套管用 PVC 管外接头连接。

沉降板埋设后，制作相应的标示旗或保护架插在上方，凡沉降板附近 1 m 范围内土方应采用人工摊平及小型机具碾压，不得采用大型机械推土及碾压，并配备专人负责指导，以确保沉降板不受损坏(图 5.7)。沉降板观测时应在测杆头上套一个专用的测量帽，以保证所测位置高程的准确，测量帽下部以刚好套入测杆为宜，测量帽上部以中心为一半球形的测点为宜，在沉降板测杆接高时应同时测量接高前后的测杆高程。

图 5.7　沉降板的埋设及保护

(2)观测标

①观测标的结构形式

选择 ϕ20 mm 的钢筋，且要求顶部磨圆，底部焊接弯钩，待基床表层级配碎石施工完成后，通过测量埋置在观测断面的设计位置处，埋置的深度不小于 0.3 m，桩周 0.15 m 用 C15 混凝土浇筑固定，完成埋设后测量桩顶的标高作为初始读数。轨道板底座两侧或挡土墙等支挡结构物上可以设置不锈钢观测标(图 5.8)。

②观测标的埋设

观测标一般设置在路基面两侧路肩、轨道板底座两侧或挡土墙等支挡结构上，基础必须稳定坚固，一般在基床表层级配碎石施工完成后埋设。用于路基面的沉降观测和路基坡脚位移观测。

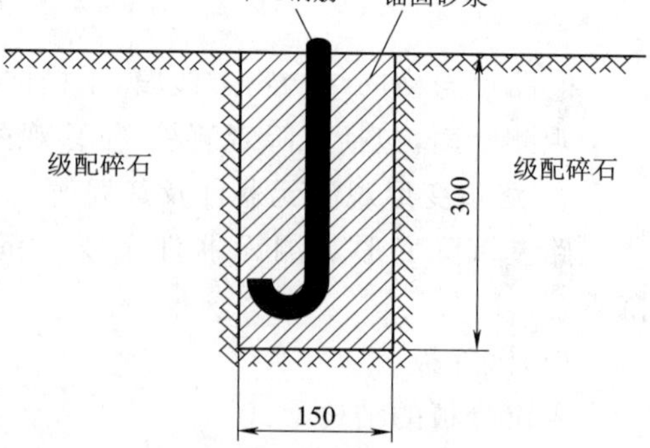

图 5.8　沉降变形观测标(单位：mm)

(3)剖面沉降管

①剖面沉降管的结构形式

剖面沉降管一般由探测器(沉降仪探头)、手提式数字指示器、连接电缆、剖面沉降管、观测桩和保护墩等部分组成(图 5.9)。剖面沉降管采用专用的高强度 PVC 塑料硬管，其抗弯刚度能适应被测土体的竖向位移要求，柔韧性好，不易压碎。沉降管两头设置混凝土保护墩，并于一侧管口处设置观测桩，并在观测桩顶预埋不锈钢观测标。

图 5.9　剖面沉降测试仪

②剖面沉降管的埋设

剖面沉降管一般埋设于路基地基处理面以上，桩网复合地基应埋设于垫层上顶面，如图 5.4所示。具体埋设方法如下(图 5.10)：

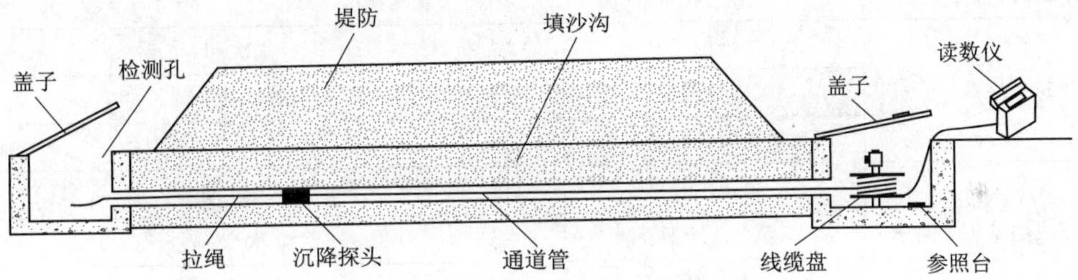

图 5.10　剖面沉降管的埋设示意

a. 在地基加固或路基面施工填土至一定高度、碾压密实后开槽埋设，开槽宽度 20～30 cm，开槽深度至地基加固表层顶面，槽底回填一定厚度的中粗砂，在槽内敷设沉降管(沉降管内穿入用于拉动测头的镀锌钢丝绳)，其上夯填中粗砂至与碾压面平齐。

b. 沉降管埋设位置处于挡土墙或其他结构物处沿所设孔洞穿越(如京津城际铁路设穿越扶壁式挡土墙)。

c. 沉降管敷设完成后，两头砌筑观测坑，并于一侧管口处设置观测桩。

③具体使用方法

a. 采用剖面测试仪和水准仪进行横剖面沉降观测。

b. 每次观测时，首先用水准仪测出横剖面管一侧的观测桩顶高程，再把剖面测试仪放置于观测桩顶测量初值，然后用剖面测试仪测量各测点。

c. 测点间距根据设计要求和工程地质特点确定。

d. 剖面沉降观测的精度应不低于 4 mm/30 m。

(4)单点沉降计

单点沉降计是一种埋入式电感调频类智能型位移传感器，由电测位移传感器、测杆、锚头、锚板及金属软管和塑料波纹管等组成。采用钻孔引孔埋设，孔深应达到硬质稳定层(最好为基岩)，孔口应平整密实。观测路堑换填基底沉降或隆起变形埋设在换填基底面，表面应平整密实；观测路基本体变形按设计断面图埋设。

4. 变形观测技术要求与频次

(1)变形观测技术要求

路基沉降观测应按表 5.5 要求进行，读数取位至 0.1 mm；剖面沉降观测的精度应不低于 4 mm/30 m。位移观测测距误差±3 mm；方向观测水平角误差为±2.5″。

表 5.5　路基沉降观测技术要求

等级	相邻基准点高差中误差/mm	每站高差中误差/mm	往返较差、附合或环线闭合差/mm	检测已测高差较差/mm	使用仪器、观测方法及要求
三等	±1.0	±0.3	$0.6\sqrt{n}$	$0.8\sqrt{n}$	DS_{05} 或 DS_1 型仪器，宜按《高速铁路工程测量规范》二等水准测量的技术要求施测

(2)观测频次

路基沉降观测的频次应按表 5.6 的规定进行。

表 5.6　路基沉降观测频次

观测阶段	观测频次	
填筑或堆载	一般	1 次/d
	沉降量突变	2～3 次/d
	两次填筑间隔时间较长	1 次/3 d
堆载预压或路基施工完毕	第 1 个月	1 次/周
	第 2、3 个月	1 次/2 周
	3 个月以后	1 次/月
架桥机(运梁车)通过	全程	前 2 次通过前后各 1 次；其后每 1 次/d，连续 2 次；其后 1 次/3 d，连续 3 次；以后 1 次/周
无砟轨道铺设后	第 1 个月	1 次/2 周
	第 2、3 个月	1 次/月
	第 3～12 个月	1 次/3 月

在实际工作时，观测时间的间隔还要看地基的沉降值和沉降速率，两次连续观测的沉降差值大于 4 mm 时应加密观测频次。当出现沉降突变、地下水变化及降雨等外部环境变化时应增加观测频次。路基施工各节点时间(包括路基堆载预压土前后、卸载预压土前后、运梁车架桥机通过前后、基床表层施工、轨道板底座施工、铺板、轨道板精调以及铺轨时间)应具有沉降观测数据。观测过程中及时整理绘制“填土—时间—沉降”曲线图，观测应持续到工程验收交由运营管理部门继续观测。

(3)注意事项

①为了观测到各部位的沉降，从路基填土开始，沉降观测也随即进行。预压地段按照相关要求在基床底层顶面设置临时沉降观测桩，非预压地段，此时基床表层的级配碎石也未填筑，在路基中心及两侧各 2 m 范围内设置临时沉降观测桩，临时沉降观测桩的材质，埋置要求及观测标准与正式的沉降观测完全相同，待预压土卸载时，临时沉降观测桩随之拆除或废弃，沉降

板测杆随之降低，待基床表层的级配碎石铺设完成后，按照相关要求埋设正式的沉降观测桩，开始观测路基沉降。

②沉降板随着预压土的填筑而接高，随预压土的卸载而降低，观测连续进行，剖面沉降管和位移观测桩不受预压土的影响。

③沉降设备的埋设是在施工过程中进行的，施工单位的填筑施工要与设备的埋设做好协调，做到互不干扰、影响。观测设施的埋设及沉降观测工作应按要求进行，不能影响路基填筑质量。

④观测过程中发现异常必须及时查明原因，尽快妥善处理。

⑤路基填筑过程中应及时整理路堤边桩位移及中心沉降观测点的沉降量，当边桩水平位移大于 5 mm/d，垂直位移大于 10 mm/d，路堤中心地基处沉降观测点沉降量大于 10 mm/d 时，应及时通知项目部，并要求停止填筑施工，待沉降稳定后再恢复填土，必要时采用卸载措施。

⑥应进行元器件的保护工作，确保元器件不因人为、自然等因素而破坏，元器件埋设后，制作相应的标识旗或保护架插在上方。

5. 仪器设备选择

水准仪使用 DS_{05} 或 DS_1 型电子仪器，仪器及配套水准尺均应在有效合格检定期内。水准仪与水准尺在使用前及使用过程中，经常规检校合格，水准仪视准轴与水准管轴的夹角均不超过 15″。仪器各种设置正确，其中有限差要求的项目按规范要求在仪器中进行设置，并在数据采集时自动控制，不满足要求的在现场进行提示并进行重测。

观测过程中为保证水准尺的稳定性，选用 2.5 kg 以上的尺垫，水准观测路线必须路面硬实，观测过程中尺垫踩实以避免尺垫下沉。图 5.11 为水准仪及水准尺。

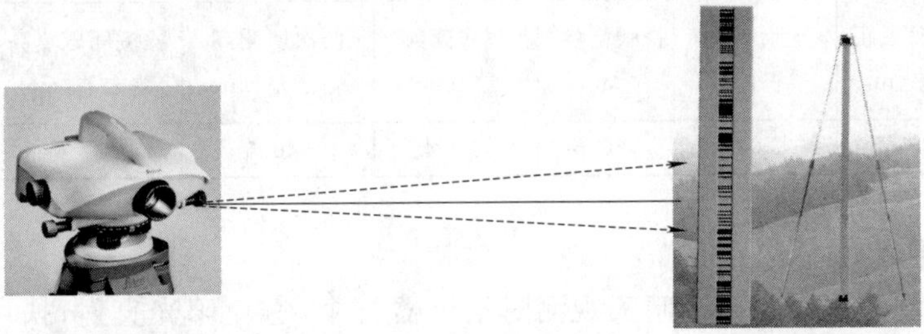

(a) 水准仪　(b) 水准尺

图 5.11　水准仪及水准尺

6. 外业观测

水准网按照国家二等水准施测，采用闭合或附合水准路线往返观测，水准路线经过的工作基点或基准点数量不得少于两个，每次观测均应构成检核条件(图 5.12)。

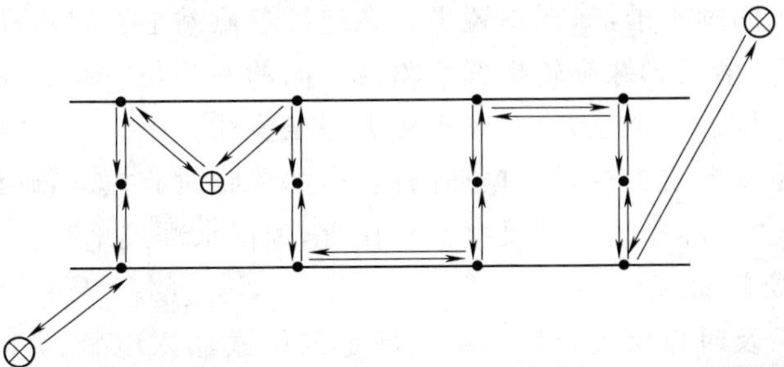

●—路基面观测桩；⊕—沉降板；⊗—工作基点；→—观测方向。

图 5.12　路基工程沉降观测水准路线观测示意

(1)数据采集顺序及精度要求

观测顺序一般按后—前—前—后的顺序进行，对于有变换奇偶站功能的电子水准仪，按以下顺序进行。

往测：奇数站为后—前—前—后；

　　偶数站为前—后—后—前。

返测：奇数站为前—后—后—前；

　　偶数站为后—前—前—后。

以奇数测站为例，一测站的采集操作程序如下：

①置平仪器(望远镜绕垂直轴旋转，圆气泡始终位于指标环中央)。

②将望远镜照准后视水准标尺(此时，标尺应按圆水准器整置于垂直位置)，用垂直丝照准条码中央，精确调焦至条码影像清晰，按测量键。

③显示读数后，旋转望远镜照准前视标尺条码中央，精确调焦至条码影像清晰，按测量键。

④显示读数后，重新照准前视标尺，按测量键。

⑤显示读数后，旋转望远镜照准后视标尺条码中央，精确调焦至条码影像清晰，按测量键；显示测站成果，测站检核合格后迁站。

观测成果的重测和取舍按二等水准测量有关要求执行，具体要求见表5.7。

表5.7　水准测量限差要求

等级	项目							备注
	视线长度/m	前后视距差/m	前后视距累积差/m	视线高度/m	两次读数差/mm	两次所测高差之差/mm	检测间歇点高差之差/mm	使用数字水准仪读记至0.01mm
二等	≤50	≤1.5	≤6.0	≥0.5	≤0.4	≤0.6	≤1.0	

(2)注意事项

①每一测段均为偶数测站。晴天观测时给仪器打伞，避免阳光直射；扶尺时借助尺撑，使标尺上的气泡居中，标尺垂直。

②观测前30 min，将仪器置于露天阴影处，使仪器与外界气温趋于一致；对于电子水准仪，进行不少于20次单次测量，达到仪器预热的目的。测量中避免望远镜直接对着太阳；避免视线被遮挡，遮挡不超过标尺在望远镜中截长的20%。观测时用测伞遮蔽阳光，对于电子水准仪，施测时均装遮光罩。

③自动安平水准仪的圆水准器，严格置平。在连续各测站上安置水准仪时，使其中两脚螺旋与水准路线方向平行，第三脚螺旋轮换置于路线方向的左侧与右侧。除路线拐弯处外，每一测站上仪器与前后视标尺的三个位置，一般为接近一条直线。

④观测过程中避免仪器安置在容易振动的地方，如果临时有振动，确认振动源造成的振动消失后，再激发测量键。水准尺均借助尺撑整平扶直，确保水准尺垂直。

7. 路基沉降观测资料整理

所测数据必须当天及时按照沉降评估单位规定的格式输入电脑，并进行分析，整理，核对无误后在计算机内保存。变形监测工作结束后应立即对观测数据进行平差计算，汇总分析，发现异常变形时必须进行复核确认，确认发生异常变形时应立即向相关部门汇报并采取相应的施工措施。

路基变形监测需要及时整理以下图表资料：

(1)沉降观测断面、点布置表。

(2)沉降板观测资料汇总表。

(3)路基面沉降资料汇总表。

(4)剖面沉降管观测资料汇总表。

(5)路堤施工过程和完成后填土高 h—时间 t—沉降 s 曲线图。

(6)路基面沉降时间 t—沉降 s 曲线图。

(7)边坡及边桩位移观测资料汇总表。

8. 提交变形测量评估报告

评估报告是竣工验收资料的组成部分，评估报告包括以下主要内容：

(1)技术设计书或沉降和变形施测方案。

(2)观测点的平面、纵断面和横断面布置图。

(3)标石、标志规格及埋设图。

(4)仪器检验与校正资料。

(5)原始观测数据。

(6)平差计算、成果质量评定资料及测量成果表。

(7)各观测断面沉降过程的分布图表。

(8)成区段或全线的基础沉降沿线路纵向的分布图表。

(9)沉降变形评估分析的成果资料。

9. 过渡段沉降观测

(1)一般规定

①桥涵两端的过渡段、路隧过渡段及堑堤过渡段均需进行沉降观测。

②过渡段工后沉降的分析评估应沿线路方向考虑各观测断面和各种结构物之间的关系综合进行。

③对线路不同下部基础结构物之间以及不同地基条件或不同地基处理方法之间形成的各种过渡段，应重点分析评估其差异沉降。

(2)观测技术要求

①过渡段应考虑线路纵向平顺性和不同结构物差异沉降的观测和评估，不同结构物起点处、距起点 5～10 m、20～30 m 处分别设置观测断面；每个横向结构物每侧各设置一个观测断面。

②过渡段观测点设置参照路堤，同时在横向结构物顶面埋设一根剖面沉降管。

③沉降观测装置的具体埋设位置应符合设计要求，且埋设稳定；观测期间应对观测装置采取有效的保护措施。

知识拓展

1. 地基在荷载作用下，沉降将随时间发展，其发展规律可以通过土体固结原理进行数值分析来估算。但是由于固结理论的假定条件和确定计算指标的试验技术上的问题，使得实测地基沉降过程数据在某种意义上较理论计算更为重要。通过大量沉降观测资料的积累，可以找出地基沉降过程的具有一定实际应用价值的沉降变形规律进行曲线回归，以预测其沉降发展规律，因此曲线回归法是路基沉降评估最常用的方法。路基沉降预测常采用曲线回归法有：双曲线法、固结度对数配合法（三点法）、抛物线法、指数曲线法、修正指数曲线法、修正双曲线法、沉降速率法、星野法等。前期采用修正双曲线法，后期采用双曲线法、指数曲线法。

2. 现场观测组件保护要求：

（1）各工程项目部应成立专门小组，进行元器件的埋设、测量和保护工作，小组人员分工明确，责任到人。

（2）组件埋设时应根据现场情况进行编号，有导线的组件应将导线引出至路基坡脚观测箱内。

（3）凡沉降板附近一米范围内土方应采用人工摊平及小型机具碾压，不得采用大型机械推土及碾压，并配备专人负责指导，以确保元器件不受损坏。

（4）各施工队应制定稳妥的保护措施并认真执行，确保元器件不因人为、自然等因素而破坏，元器件埋设后，制作相应的标识旗或保护架插在上方；路堤填筑过程中，派专人负责监督观测断面的填筑。

任务 5.3　桥涵变形测量

5.3.1　任务目标

掌握桥梁、涵洞变形观测的内容，掌握桥梁、涵洞变形观测点的设置要求，掌握桥梁、涵洞变形观测方法、精度、频次与要求。根据工程项目桥梁的监测要求，能进行承台、墩身的变形测量及梁体徐变测量。

5.3.2　工作任务

结合具体的工程项目，完成桥梁沉降观测点的布设、观测及数据处理。

5.3.3　相关配套知识

为了确保桥涵工程施工质量，保证工程按预期目标顺利进行，必须对桥涵进行沉降观测，以便充分了解桥涵的沉降值，沉降变化趋势和稳定情况，从而根据沉降量资料分析确定规定日期后沉降是否满足要求，根据沉降变化情况指导施工，确保高速铁路桥涵段无砟轨道结构铺设质量。桥梁变形观测包括桥梁承台、墩身和梁体徐变变形观测；涵洞变形观测包括涵洞自身及涵顶填土沉降观测。

1. 桥涵工后沉降控制标准

（1）梁体徐变

对于无砟轨道桥梁，常用跨度简支梁在轨道系统铺设完成后，跨度小于50 m的简支梁，徐变上拱度不应大于 10 mm，当跨度大于 50 m 时，其徐变上拱度不应大于 $L/5\,000$，且不得大于 20 mm。

（2）桥梁墩台沉降

无砟轨道对于静定结构须满足均匀沉降量不大于 20 mm，相邻墩台沉降差不大于 20 mm 的要求。有砟轨道时速 200～250 km 的高速铁路，对于静定结构须满足均匀沉降量不大于 50 mm，相邻墩台沉降差不大于 20 mm 的要求；时速 300～350 km的高速铁路，对于静定结构需满足均匀沉降量不大于 30 mm，相邻墩台沉降差不大于15 mm的要求。

(3)框构、旅客地道及涵洞

对于无砟轨道工后沉降值一般不应大于 15 mm,并与相邻路基地段协调。

对于有砟轨道时速 200～250 km 的高速铁路铁路,工后沉降值一般不应大于 100 mm,并与相邻路基地段协调;时速 300～350 km 的高速铁路铁路,工后沉降值一般不应大于50 mm,并与相邻路段协调。

2. 桥涵变形观测点的布置

(1)桥墩观测点布置

当墩全高大于 14 m 时,需要埋设两个墩身观测标;当墩全高不大于 14 m 时,埋设一个墩身观测标。墩身观测标一般设在墩底部高出地面或常水位 0.5 m 左右的位置,当墩身较矮,梁底距离地面净空较低不便于立尺观测时,墩身观测标可设置在对应墩身埋标位置的顶帽上。特殊情况可按照确保观测精度、观测方便、利于测点保护的原则,确定相应的位置。

承台观测标分为观测标-1、观测标-2,观测标-1 设置于底层承台左侧小里程角上,观测标-2设置于底层承台右侧大里程角上。承台观测标为临时观测标,当墩身观测标正常使用后,承台观测标随基坑回填将不再使用,承台与墩身观测标按图 5.13 要求布置。

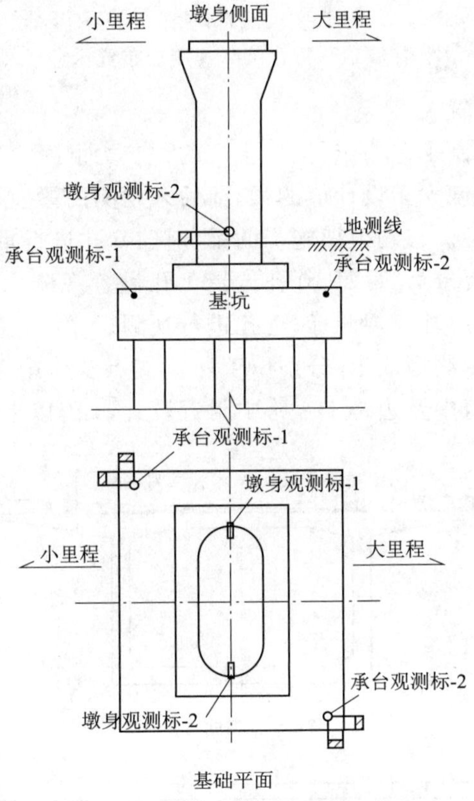

图 5.13　承台与墩身观测标设置

(2)桥台沉降观测点布置

原则上应设置在台顶(台帽及背墙顶),测点数量不少于 4 处,分别设在台帽两侧及背墙两侧(横桥向),具体位置如图 5.14 所示。

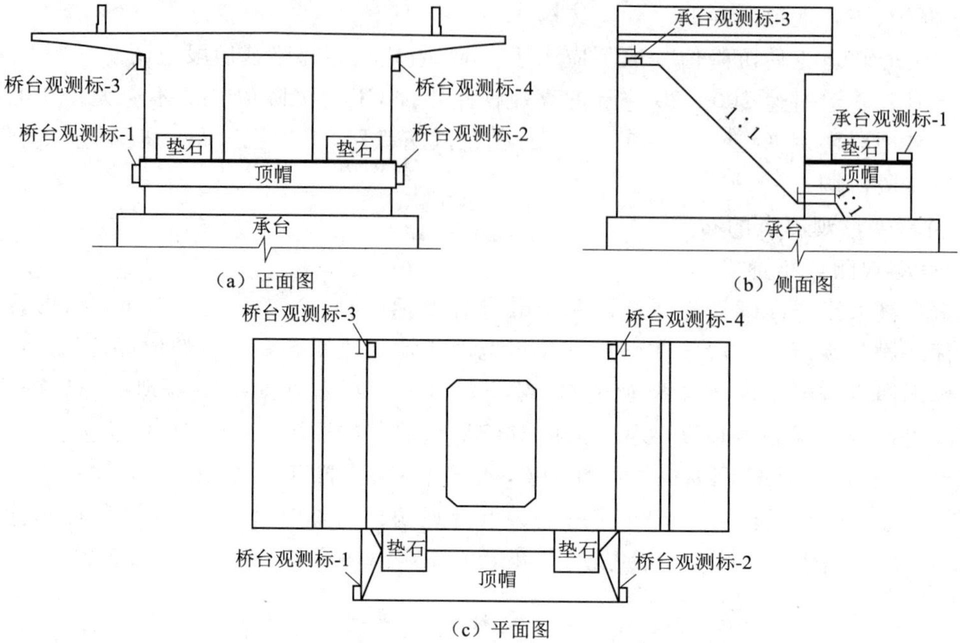

图 5.14　桥台沉降观测点布置示意

(3)梁体变形观测点布置

对原材料变化不大、预制工艺稳定、批量生产的预应力混凝土预制梁，每 30 孔选择 1 孔设置观测标，当实测弹性上拱度大于设计值的梁，前后未观测的梁应补充观测标，逐孔进行观测；其余现浇梁逐孔设置观测标。移动模架施工的梁，对前 6 孔进行重点观测，以验证支架预设拱度的精度。验证达到设计要求后，可每 10 孔选择 1 孔设置观测标，当实测弹性上拱度大于设计值的梁，前后未观测的梁应补充观测标，逐孔进行观测。

简支梁的一孔梁设置观测标 6 个，分别位于两侧支点及跨中；连续梁上的观测标，根据不同跨度，分别在支点、中跨跨中及边跨 1/4 跨中附近设置，3 跨以上连续梁中跨布置点相同，如图 5.15 所示。

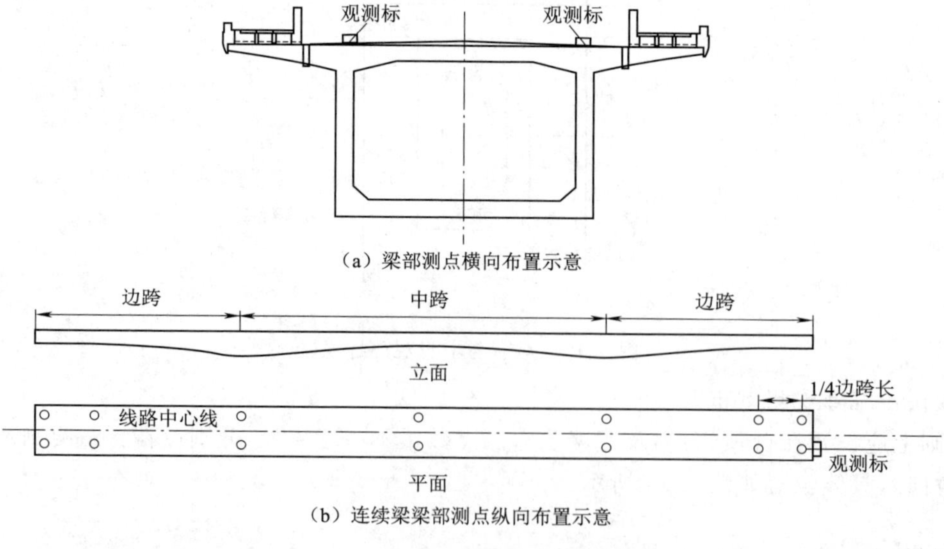

图 5.15　梁体变形观测点布置示意

钢结构桥梁梁部不存在徐变，为了观测变形，每孔设置 6 个观测标，分别在支点及跨中设置。对大跨度桥梁等特殊结构应由设计单位单独制定变形观测方案，施工单位按照设计方案进行观测。

(4)涵洞沉降观测点布置

每座涵洞均要进行沉降观测，观测标原则上应设在涵洞两侧的边墙上，在涵洞进出口及涵洞中心分别设置，每座涵洞测点数量为 6 个。涵洞填土后观测点可从边墙位置移动到帽石上，涵洞进出口的帽石上各设置两个测点，位于帽石两侧位置，涵洞观测点布置如图 5.16 所示。

3. 观测组件及埋设技术要求

承台观测标按图 5.17 埋设，选择 ϕ20 mm 钢筋，顶部磨圆并刻画十字线，埋置深度不小于 0.1 m，高出埋设表面 3 mm，表面做好防锈处理。墩身观测标采用 ϕ14 mm 不锈钢螺栓，按图 5.18埋设。

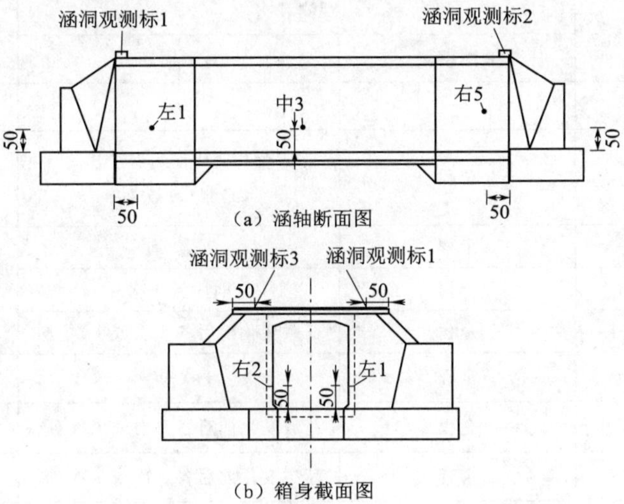

(a) 涵轴断面图

(b) 箱身截面图

图 5.16　涵洞变形观测点布置示意(单位：mm)

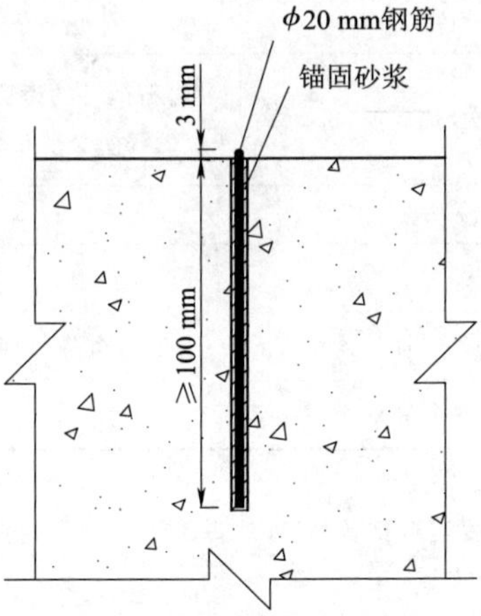

图 5.17　桥涵变形观测点示意

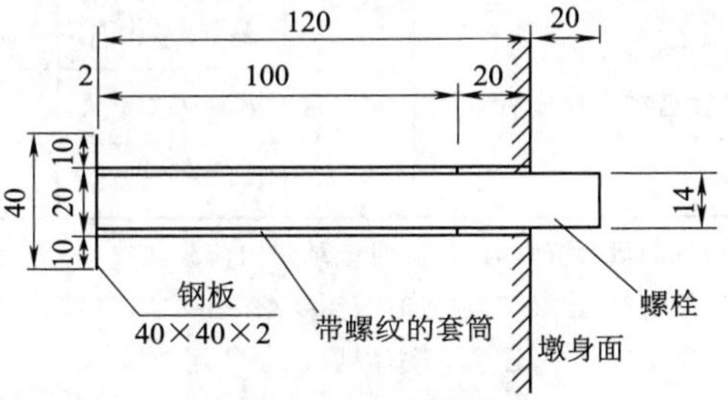

图 5.18　墩身观测标设置示意(单位：mm)

4. 变形观测技术要求及频次

(1)变形观测技术要求

桥涵变形测量应按三等垂直位移的技术要求进行，读数取位至 0.1 mm，见表 5.8。

表 5.8　桥涵变形测量技术要求

等级	相邻基准点高差中误差/mm	每站高差中误差/mm	往返较差、附合或环线闭合差/mm	检测已测高差较差/mm	使用仪器、观测方法及要求
三等	±1.0	±0.3	$0.6\sqrt{n}$	$0.8\sqrt{n}$	DS_{05} 或 DS_1 型仪器，宜按《高速铁路工程测量规范》二等水准测量的技术要求施测

(2)墩台观测频次

墩台观测频次见表 5.9。

表 5.9　墩台观测频次

观测阶段		观测频次			备　注
		观测期限		观测周期	
墩台基础施工完成		—		—	设置观测点
墩台混凝土施工		全程		荷载变化前后各 1 次（必测）、1 次/周	承台回填时，测点应移至墩身
预制梁桥	架梁前	全程		1 次/周	—
	预制梁架设	全程		前后各 1 次	
	附属设施施工	全程		荷载变化前后各 1 次或 1 次/周	
桥位施工桥梁	制梁前	全程		1 次/周	—
	上部结构施工中	全程		荷载变化前后各 1 次或 1 次/周	—
	附属设施施工	全程		荷载变化前后各 1 次或 1 次/周	—
架桥机（运梁车）通过		全程		前后各 1 次	至少进行 2 次通过前后的观测
桥梁主体工程完工～无砟轨道铺设前		≥6 个月		1 次/周	岩石地基的桥梁，一般不宜少于 2 个月
无砟轨道铺设期间		全程		1 次/d	—
无砟轨道铺设完成后		24 个月	第 0～3 个月	1 次/月	工后沉降长期观测
			第 4～12 个月	1 次/3 个月	
			第 13～24 个月	1 次/6 个月	

注：(1)观测墩台沉降时，应同时记录结构荷载状态、环境温度及天气日照情况；

(2)架桥机（运梁车）通过时观测要求：第一次通过和第二次通过前后均需要观测，其后每 1 次/1 d，连续 2 次；其后每 1 次/3 d，连续 3 次，以后 1 次/1 周。

(3)梁体徐变变形观测频次

梁体徐变变形观测频次见表 5.10。

(4)涵洞观测频次

涵洞观测频次见表 5.11。

表5.10 梁体徐变变形观测频次

观测阶段	观测周期
预应力张拉期间	张拉前、后各1次
桥梁附属设施安装	安装前、后有1次
预应力张拉完成～无砟轨道铺设前	张拉完成后第1d
	张拉完成后第3d
	张拉完成后第5d
	张拉完成后1～3月，每7d为一测量周期
无砟轨道铺设期间	每天1次
无砟轨道铺设完成后	第0～3个月，每1个月为一测量周期
	第4～24个月，每3个月为一测量周期

表5.11 涵洞沉降观测频次

观测阶段	观测频次		备注
	观测期限	观测周期	
涵洞基础施工完成	—	—	设置观测点
涵洞主体施工完成	全程	荷载变化前后或1次/周	观测点移至边墙两侧
洞顶填土施工	全程	荷载变化前后或1次/周	—
架桥机(运梁车)通过	全程	前后	至少进行2次通过前后的观测
涵洞完工～无砟轨道铺设前	≥6个月	1次/周	岩石地基的涵洞，一般不宜少于2个月
无砟轨道铺设期间	全程	1次/d	—
无砟轨道铺设完成后	第0～3个月	1次/月	工后沉降长期观测
	第4～12个月	1次/3个月	—
	第13～24个月	1次/6个月	—

注：测试涵洞沉降时，应同时记录结构荷载状态、环境温度及天气日照情况。

5. 外业观测

桥涵变形观测要求首次观测在观测点稳固后及时进行，首期观测应连续观测两次，取其平均值。且在控制点与变形观测点之间建立固定观测路线，保证每次观测均沿同一路线进行。观测时要一次完成，不能中断；在雨季前后要联测，确保水准基点高程没有变化。

(1)桥梁墩台沉降变形观测

桥梁墩台在承台施工完成后进行首次沉降观测，后按观测频次进行观测。桥梁墩台水准路线观测按二等水准测量精度要求形成闭合水准路线，沉降观测点位布设于墩台两侧，水准路线观测如图5.19所示。

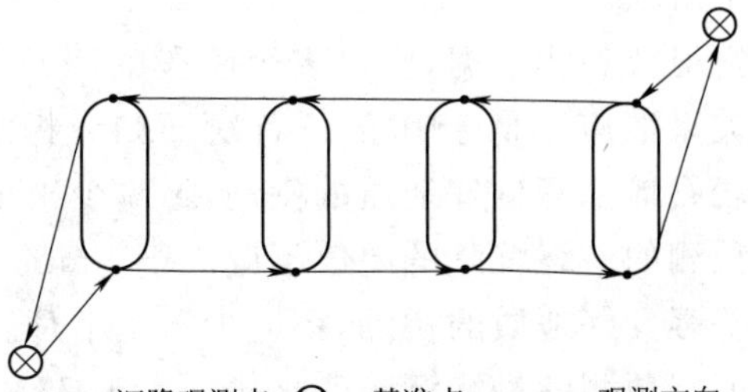

●—沉降观测点；⊗—基准点；——►—观测方向。

图5.19 桥梁墩台沉降观测水准路线示意

(2)梁体徐变变形观测方法

梁体徐变变形观测在梁体施工完成后、张拉预应力前进行首次观测,后按观测频次进行观测。水准路线观测按二等水准测量精度要求形成闭合水准路线,沉降观测点位布设及水准路线观测示意如图 5.20 所示,其中测点 1、2、3、4 构成第一个闭合环,测点 3、4、5、6 构成第二个闭合环。

(3)观测精度要求

桥涵基础沉降和梁体徐变沉降变形的观测精度为±1 mm,读数取位至 0.01 mm。

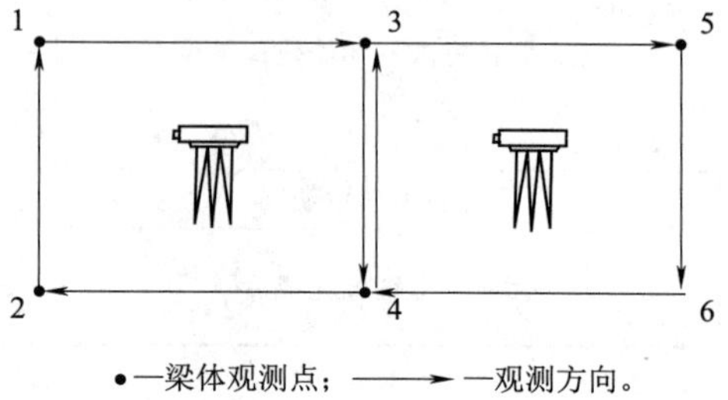

图 5.20 桥梁梁部沉降观测点位布设及水准路线观测示意

6. 桥涵变形监测数据整理

变形监测工作结束后应立即对观测数据进行平差计算,汇总分析,发现异常变形时必须进行复核确认,确认发生异常变形时应立即向相关部门汇报并采取相应的施工措施。

桥涵变形监测需要及时整理以下图表资料:

(1)桥梁墩台沉降观测汇总表。

(2)涵洞沉降观测汇总表。

(3)桥梁梁体徐变观测汇总表。

7. 提交变形测量评估报告

评估报告是竣工验收资料的组成部分,评估报告包括以下主要内容:

(1)技术设计书或沉降和变形施测方案。

(2)观测点的平面、纵断面和横断面布置图。

(3)标石、标志规格及埋设图。

(4)仪器检验与校正资料。

(5)原始观测数据。

(6)平差计算、成果质量评定资料及测量成果表。

(7)各观测断面沉降过程的分布图表。

(8)沉降变形评估分析的成果资料。

知识拓展

桥涵基础沉降分析评估应采用曲线回归法。对于预制梁桥,基础沉降应按墩台混凝土施工后、架梁前及架梁后三阶段进行;对于原位施工的桥梁及涵洞,基础沉降应根据实际施工状态及荷载变化情况,划分多个阶段。

(1)根据桥涵实际荷载情况及观测数据,应作多个阶段的回归分析及预测,综合确定沉降变形的趋势,曲线回归的相关系数应不低于 0.92。首次回归分析时,观测期不应少于桥涵主体工程完工后 3 个月;对于岩石地基等良好地质的桥涵,不应少于 1 个月。

(2)利用两次回归结果预测的最终沉降的差值不应大于 8 mm。两次预测的时间间隔一般不少于 3 个月;对于岩石地基等良好地质的桥涵,不应少于 1 个月。

(3)预测时的沉降观测值与预测的最终沉降值之比应大于 75%。

(4)设计预测的总沉降量与通过实测资料预测的总沉降量之差不宜大于 10 mm。

(5)处于岩石地基等良好地质的桥涵，当墩台沉降值趋于稳定且设计及实测沉降总量不大于5 mm时，可判定沉降满足无砟轨道铺设条件。

预应力混凝土桥梁上部结构的变形应符合以下规定：

①终张拉完成时，梁体跨中弹性变形不宜大于设计值的1.05倍。

②扣除各项弹性变形、终张拉60 d后，$L\leqslant 50$ m梁体跨中徐变上拱度实测值不应大于7 mm，$L>50$ m梁体跨中徐变变形实测值不应大于$L/7\,000$或14 mm。

③不能满足上述要求时，应根据梁体变形的实测结果，确定梁体的实际弹性变形及徐变系数，并按式(5.3)估算无砟轨道的最早铺设时间t。

$$[\Phi(\infty)-\Phi(t)]\cdot\Delta_{弹性}\leqslant\Delta_{允许} \tag{5.3}$$

式中 $\Phi(\infty)$——根据实测结果确定的混凝土徐变系数终极值；

$\Phi(t)$——根据实测结果确定的铺设无砟轨道时混凝土徐变系数；

$\Delta_{弹性}$——实测梁体终张拉后的弹性变形；

$\Delta_{允许}$——$L\leqslant 50$ m时为10 mm；$L>50$ m时为$L/5\,000$或20 mm。

预测的涵洞基础工后沉降不应大于15 mm。

任务5.4 隧道变形测量

5.4.1 任务目标

掌握隧道变形观测的内容，掌握隧道变形观测点的设置要求，掌握隧道变形观测方法、精度、频次与要求；根据工程项目隧道的监测要求，能进行隧道基础的变形测量。

5.4.2 工作任务

结合具体的工程项目，完成桥梁沉降观测点的布设、观测及数据处理。

5.4.3 相关配套知识

1. 隧道工后沉降控制标准

(1)当地质条件较好、沉降趋于稳定且设计及实测沉降总量不大于5 mm时，可判定沉降满足无砟轨道铺设条件。

(2)预测的隧道基础工后沉降值不应大于15 mm。

2. 观测断面及点的设置原则

(1)观测断面的设置原则

①隧道的进出口进行地基处理的地段，从洞口起每25 m布设一个断面。

②隧道内围岩变化处布设一个观测断面。

③隧道内一般地段观测断面的布设根据地质围岩级别确定，Ⅲ级围岩每400 m、Ⅳ级围岩每300 m、Ⅴ级围岩每200 m布设一个观测断面，地应力较大、断层破碎带等不良和复杂地质区段应适当加密布设。

④地应力较大、断层或隧底溶蚀破碎带、膨胀土等不良和复杂地质区段，特殊基础类型的隧道段落、隧底由于承载力不足进行过换填、注浆或其他措施处理的复合地基段落适当加密布设。

⑤隧道洞口、明暗分界处、衬砌类型变化段和变形缝处均应进行沉降观测。

⑥每个观测断面在隧道两侧埋设一对沉降观测点。

⑦路隧分界点处，路、隧两侧分别设置至少一个观测断面。

⑧施工降水范围应至少布设一个观测断面。

⑨变形观测点及观测元器件的埋设位置应标设准确、埋设稳定。观测期间应对观测点采取有效的保护措施，防止施工机械的碰撞、人为因素的破坏。

(2)变形观测点的设置

沉降观测工作开展前，根据设计图纸，对施工范围内所有观测断面进行统计，沉降变形观测断面统计表的内容包括断面序号、断面里程、观测组件的埋设数量，并填写“沉降观测断面、点布置统计表”。

隧道二次衬砌完成后，每个观测断面在相应于两侧边墙处设一对沉降观测点，原则上设于高于水沟盖板 0.3 m 处。

3. 变形观测技术要求及频次

(1)变形观测技术要求

隧道变形测量应按三等垂直位移的技术要求，读数取位至 0.1 mm，见表 5.12。

表 5.12 隧道变形测量技术要求

等级	相邻基准点高差中误差/mm	每站高差中误差/mm	往返较差、附合或环线闭合差/mm	检测已测高差较差/mm	使用仪器、观测方法及要求
三等	±1.0	±0.3	$0.6\sqrt{n}$	$0.8\sqrt{n}$	DS_{05} 或 DS_1 型仪器，宜按《高速铁路工程测量规范》二等水准测量的技术要求施测

(2)隧道变形观测周期及频次

隧道变形测量应在隧道主体工程完工后进行，即隧道仰拱已经填充，隧道二次衬砌已经完成，变形观测期一般不应少于 3 个月。观测数据不足或工后沉降评估不能满足设计要求时，适当延长观测期。隧道基础沉降观测的频次应按不低于表 5.13 的规定进行，沉降稳定后不再进行观测。

表 5.13 隧道基础沉降观测频次

观测阶段	观测频次		
	观测期限		观测周期
仰拱施工完成至无砟轨道铺设前	3 个月		1 次/周
无砟轨道铺设期间	全程		1 次/d
无砟轨道铺设完成后	3 个月	第 0～1 个月	1 次/周
		第 1～3 个月	1 次/2 周

4. 隧道变形观测数据采集与整理

(1)隧道变形观测数据采集

沉降水准测量的测量精度为±1 mm，高程取位至 0.1 mm，采用二等水准测量的技术要求进行观测。图 5.21、图 5.22 分别为隧道未贯通、贯通后变形观测点的设置及水准路线。

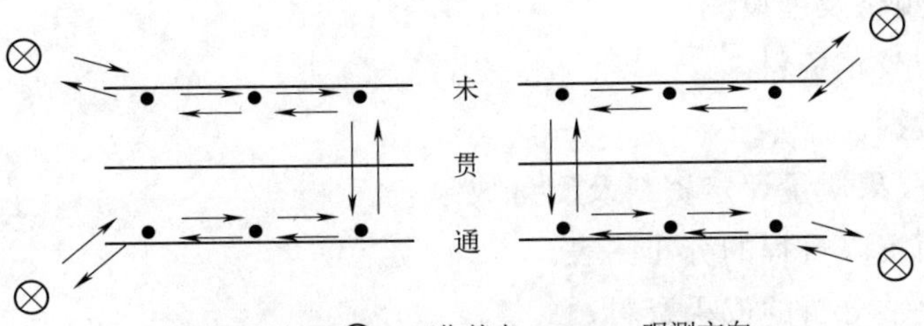

图 5.21　隧道内变形观测点的设置及水准路线(未贯通)

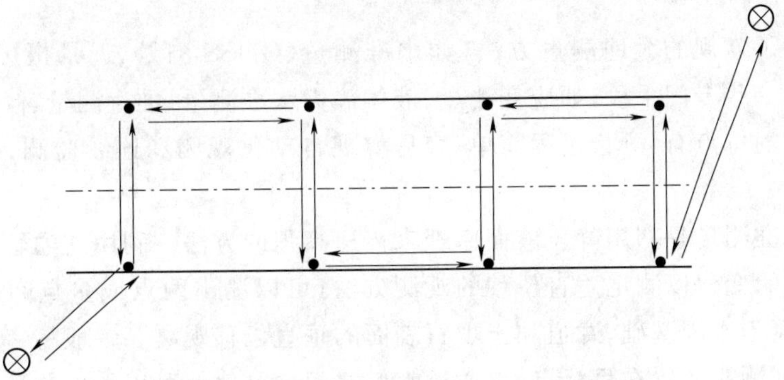

图 5.22　隧道变形观测点的设置及水准路线(贯通后)

隧底工程结束前埋好观测点,隧底工程结束后立即观测初始值,短隧道隧底工程结束时隧道已经贯通,沉降观测时可通过隧道进出口两端的二等水准点形成附合水准路线进行观测;长大隧道洞内的水准路线长,且在隧道贯通前不能构成附合水准线路,隧底工程分区段结束,因此长大隧道沉降观测也应分区段进行观测,随开挖面的不断掘进,沉降观测工作也随之展开,鉴于长大隧道沉降观测的殊性,洞口建立沉降观测网后,洞口先行结束隧底工程的段落以洞口沉降观测网为基准采用闭合水准路线进行观测,当观测 3 个月后,对观测数据进行分析,若该区段隧道沉降已经收敛稳定,则后续区段以稳定区段的水准点作基准点进行观测,随掘进和二次衬砌的逐渐推进,依次类推。

(2)隧道变形监测数据整理

变形监测工作结束后应立即对观测数据进行平差计算,汇总分析,发现异常变形时必须进行复核确认,确认发生异常变形时应立即向相关部门汇报并采取相应的施工措施。

隧道变形观测资料的整理包括以下内容：

①采用统一的隧道沉降观测记录表格,做好观测数据的记录与整理,观测资料应齐全、规范。

②及时绘制每个观测标志的荷载—时间—沉降曲线。

③及时整理隧道沉降观测汇总表。

5. 提交变形测量评估报告

评估报告是竣工验收资料的组成部分,评估报告包括以下主要内容：

(1)技术设计书或沉降和变形施测方案。

(2)观测点的平面、纵断面和横断面布置图。

(3)标石、标志规格及埋设图。

(4)仪器检验与校正资料。

(5)原始观测数据。

(6)平差计算、成果质量评定资料及测量成果表。

(7)各观测断面沉降过程的分布图表。

(8)沉降变形评估分析的成果资料。

知识拓展

变形测量除了常规的大地测量方法(如水准测量、GNSS测量、近景摄影测量、激光扫描等)以外,还包括一些专门手段,如应变测量、液体静力水准测量、准直测量、倾斜测量等。这些专门的测量手段的特点有:测量过程简单;容易实现自动化观测和连续监测;提供的是局部的变形信息。

液体静力水准测量是利用静止液面原理来传递高程的方法。利用连通管原理测量各点处容器内液面高差的变化以测定垂直位移的观测方法,可以测出两点或多点间的高差。适用于建筑物基础、混凝土土坝基础、廊道和土坝石表面的垂直位移观测。一般将一个观测头安置在基准点,其他各观测头放置在目标点上,通过它们之间的差值就可以得出监测点相对基准点的高差。该方法无须点与点的通视,容易克服障碍物之间的阻挡,另外还可以将液面的高程变化转化成电感输出,有利于实现监测自动化。

项目小结

本项目围绕高速铁路工程建设中路基、桥涵、隧道等典型构筑物变形测量,介绍了变形监测网布设、监测频率及仪器要求、外业观测方法、数据处理及提交资料等内容。

路基变形测量。主要包括路基面的沉降观测、地基沉降观测、路基坡脚位移观测和过渡段沉降观测等。路基工程沉降变形观测主要以路基面沉降观测和地基沉降观测为主。观测中,应根据施工过程中掌握的地形、地质变化情况,及时调整或增设观测断面。

桥涵变形测量。主要包括桥梁承台、墩身和梁体徐变变形观测、涵洞自身及涵顶填土沉降观测等。桥涵变形测量应按三等垂直位移观测的技术要求进行施测。

隧道变形测量。根据设计图纸,编制“沉降观测断面、观测点布置统计表”,以三等垂直位移观测的技术要求进行施测,变形观测期一般不应少于3个月。

复习思考题

1. 路基、桥涵、隧道变形观测的主要内容包括哪些?

2. 变形监测网点一般分为哪几种?

3. 绘制沉降板的结构图，并说明沉降板的埋设技术要求。

4. 绘图说明一般路堤、一般路堑沉降观测断面，说明埋设的观测组件类型及监测对象。

5. 沉降观测按照二等水准测量进行时，有哪些限差要求？

6. 绘制桥梁梁体徐变观测水准路线图。

7. 隧道基础沉降变形测量的频次有哪些具体要求？

8. 变形测量评估报告包括哪些具体项目？

项目6 轨道施工测量

项目描述

轨道施工测量是高速铁路(无砟轨道)施工的关键环节,是在混凝土基础之上,进入轨道板、道岔的安装及铺轨阶段。由于无砟轨道不同于普通有砟轨道,其建成后整体性强的结构特点,决定了施工过程各环节的测量工作均应严格按照规范标准执行。轨道施工测量按照施工程序,可分为基标测量、轨道安装测量、道岔安装测量及轨道精调测量等内容。

学习目标

1. 知识目标

(1)了解无砟轨道的结构和基本的施工流程;

(2)了解线路中线、道岔等有关概念;

(3)掌握基标测量、轨道安装测量、道岔安装测量及轨道精调测量的方法。

2. 能力目标

(1)能进行基标测量;

(2)能进行轨道安装测量;

(3)能进行道岔安装测量;

(4)能进行轨道精调测量。

3. 素质目标

(1)培养正确查询、运用行业规范、标准的能力;

(2)培养与人沟通以及写作能力;

(3)培养质量意识、安全意识、环保意识与协作意识;

(4)培养吃苦耐劳精神和严谨认真的工作作风。

任务6.1 加密基标测量

6.1.1 任务目标

熟悉无砟轨道(各种板型)结构和基本的施工流程,掌握CPⅢ控制点的作用和加密测量常用的方法;能读懂设计图纸,熟悉线路中线等相关概念,能正确使用全站仪及随机软件进行数据采集、处理,能根据当前轨道施工的进程,依据标段施工控制网现状来设计基标测量的实施方案,能按照设计方案进行施工组织和设备选配,能熟练运用技术规范实施测量作业和成果的检查与分析。

6.1.2　工作任务

结合具体工程项目，完成基标的布设、观测及数据处理。

6.1.3　相关配套知识

时速在 200 km 的高速铁路，基本上采用无砟轨道。无砟轨道铺设一般是先控制好混凝土基础的整体浇筑，再铺设轨道板。轨道板与混凝土基础之间用 CA 砂浆浇筑并凝结为一个整体(图 6.1)。轨道板必须严格按照线路中线铺设，其精度偏差以扣件的允许范围为标准(图 6.2)。基于轨道铺设的精度要求，轨道施工以轨道控制网CPⅢ点为基准，而CPⅢ点的分布密度不能完全满足施工需要，因此须在轨道控制网CPⅢ点基础上进行加密。加密基标作为测设线路中线所需要的加密控制点(亦称轨道铺设所建立的基准点)，一般是沿线路中线来布设的，主要作用是为轨道板或道床板定位而测设。加密基标主要根据轨道类型和施工工艺要求设置，在曲线地段应考虑超高影响。加密基标平面测量采用全站仪自由设站极坐标法或光学准直法，高程测量采用几何水准方法。

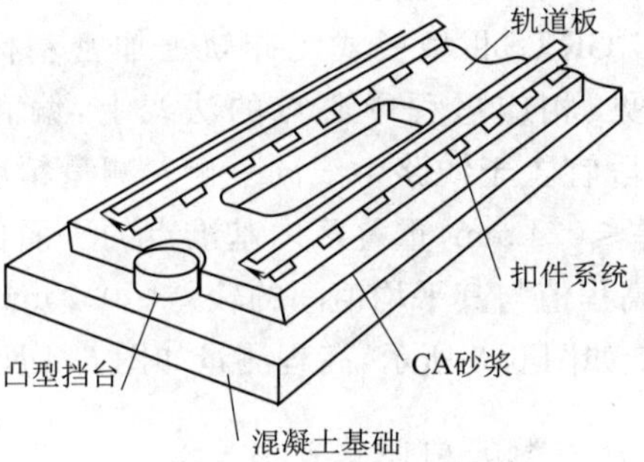

图 6.1　框架型板式轨道结构

图 6.2　线路中线示意

1. 仪器设备选择

加密基标测量使用的仪器设备要求为全站仪精度不低于[1″、$(1+2\times10^{-6}D)$mm]，水准仪精度不低于 0.5 mm/km。仪器在使用前必须出具仪器鉴定部门提供的鉴定证书，在使用过程中对仪器应定期检验。

2. 技术要求

全站仪自由设站观测的CPⅢ控制点应不少于 4 对，仪器应设在线路中线附近，同时位于所观测的CPⅢ控制点的中间。若更换测站后，相邻测站重叠观测的CPⅢ控制点不应少于 2 对，以保证基标测量的连续性和精度的可靠性。自由设站点精度见表 6.1，完成自由设站后，CPⅢ控制点的坐标不符值应满足表 6.2 的要求。当CPⅢ点坐标 x、y、H 不符值大于表 6.2 的规定时，该CPⅢ点不参与平差计算。每一测站参与平差计算的CPⅢ控制点不应少于 6 个。

表 6.1　自由设站点精度要求

项　目	x/mm	y/mm	H/mm	方　向
中误差	≤0.7	≤0.7	≤0.7	≤2″

注：连续桥、特殊孔跨桥自由设站点精度可放宽至 1.0 mm。

表 6.2　CPⅢ控制点坐标不符值限差要求

项　　目	x/mm	y/mm	H/mm
控制点余差	≤2	≤2	≤2

3. CRTSⅠ型板式无砟轨道加密基标(基准器)测量

CRTSⅠ型板式无砟轨道通过轨道板铺设精度和扣件调整来保证钢轨的最终状态,以实现线路的高精度要求。轨道板定位可以采用加密基标(基准器)定位,也可以直接采用CPⅢ控制网利用全站仪自由设站直接定位。

CRTSⅠ型板式无砟轨道加密基标(基准器)粗测采用全站仪自由设站按极坐标法进行,放样点位应标注于凸形挡台顶面上,自由设站建站时应后视 4 对CPⅢ点,放样限差为平面 3 mm,换站时相邻测站后视 2 对重叠的CPⅢ点,放样完成后,依据粗测点埋设基准器固定装置定位螺栓,按自由设站精确测定基准器位置,精度应满足:点位横向偏差≤1.0 mm,相邻点距离偏差≤2.0 mm,相邻点竖向偏差≤1.0 mm。

4. CRTSⅡ型板式无砟轨道加密基标(轨道基准点)测量

CRTSⅡ型板式无砟轨道将轨道精度的保证体现在轨道板的预制及铺设上,对轨道板的铺设要求高,测量精度要求高。CRTSⅡ型板式无砟轨道加密基标是 CRTSⅡ型轨道板精调的基础控制点,轨道板主要通过基准点进行定位。CRTSⅡ型板式无砟轨道加密基标应设于混凝土底座或支承层上,位于轨道板横接缝的中央、相应里程中心点的法线上,偏离轨道中线 0.10 m。曲线地段应置于轨道中线内侧,直线地段宜置于线路中线同一侧。测量精度应满足基准点各半测回测量的坐标值与其平均值间的较差≤0.4 mm,重叠区内基准点的平面位置允许偏差横向≤0.3 mm、纵向≤0.4 mm,基准点往返测高程值与其平均值间的较差≤0.3 mm,重叠区内基准点高程较差≤0.3 mm。轨道基准点平面测量如图 6.3 所示,高程测量如图 6.4 所示。

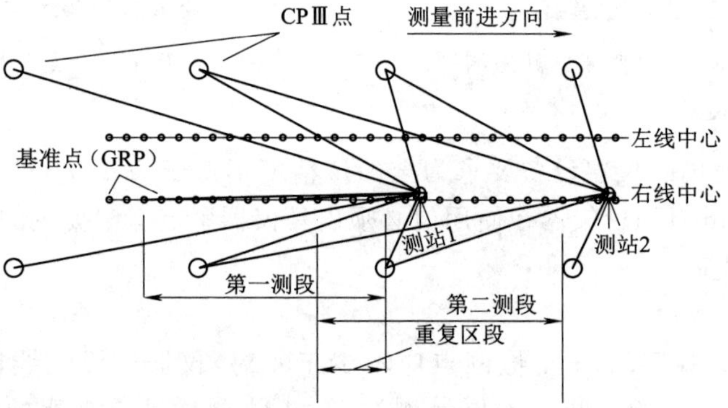

图 6.3　轨道基准点平面测量

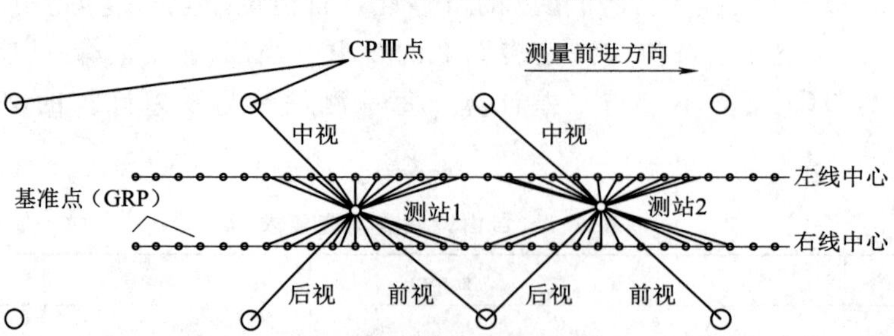

图 6.4　轨道基准网高程测量

5. CRTSⅢ型板式无砟轨道加密基标测量

CRTSⅢ型板式无砟轨道综合了 CRTSⅠ、CRTSⅡ型板式轨道的特点，取消了凸形挡台，轨道板铺设时无法在其上埋设加密基标，需计算线路中心线每块轨道板接缝处的辅助点坐标，通过测设辅助点来完成轨道板的铺设。

6. CRTSⅠ型双块式无砟轨道加密基标测量

CRTSⅠ型双块式无砟轨道采用双块式轨枕作为钢轨的支撑部件，施工中通过工具轨将轨枕组装成轨排，将轨排现浇入道床板混凝土内，由于采用工具轨，且钢轨自身具备一定的柔性，能很好地保证线路的圆顺，相对点位精度要求较低。CRTSⅠ型双块式无砟轨道直接利用 CPⅢ控制点采用全站仪自由设站对轨排粗调和精调，然后将轨排浇筑在混凝土底座及支承层上，不需要测设加密基标。

7. CRTSⅡ型双块式无砟轨道加密基标(支脚点)测量

CRTSⅡ型双块式无砟轨道采用双块式轨枕作为钢轨的支撑部件，施工中通过钢支架将轨枕组装成轨排，将轨排压入已经浇筑完成的混凝土道床板内，由于钢支架刚度大，其精度的保证主要靠支架的整体加工精度及其支座的配合精度，定位精度要求高。CRTSⅡ型双块式无砟轨道的轨排通过加密基标定位后将轨枕嵌入道床板混凝土中。CRTSⅡ型双块式无砟轨道加密基标应设于混凝土底座或支承层上，位于轨道两侧，纵向间距为 3.27 m，横向间距为 3.2 m，特殊地段可适当调整纵向间距，但调整量最大不超过 15 mm。支脚精调后，顶部棱镜中心三维坐标(x、y、H)实测值与设计值较差≤0.5 mm。

若更换测站后，应检测上一测站精调后的支脚点，检测允许偏差为平面≤2 mm，高程≤2 mm。

任务 6.2　轨道安装测量

6.2.1　任务目标

熟悉无砟轨道的结构和基本的施工流程，掌握利用CPⅢ控制点和基标控制点进行轨道安装定位的方法；能读懂设计图纸，能正确使用全站仪及随机软件进行数据分析、处理，能根据当前轨道施工的进程，设计轨道安装测量的实施方案，能熟练运用技术规范实施测量作业和成果的检查与分析。

6.2.2　工作任务

结合具体工程项目，完成轨道安装测量。

6.2.3　相关配套知识

轨道安装测量是在混凝土基础(或支承层)上，进行轨道板或轨排定位(精调)的一系列测量工作。它是借助于轨道控制网(CPⅢ)点和加密的轨道控制点(基标)进行轨道板或轨排的测设工作。鉴于目前无砟轨道类型不同，安装测量的方法亦有区别。

1. 轨道安装的一般流程

(1)铺设轨枕

在铺设轨枕前，测量人员用划线器将轨枕两端位置直接画在土工织物上；随之加工制作木块，木块高度与凸台齐平或略高于凸台，木块宽度与轨枕底宽一致。在底层钢筋间的土工织物上放置木块，其方向与轨道中线平行，位于轨枕两端。木块边缘与画在土工织物上轨枕端线位置对齐。人工将轨枕从存放地抬到木垫块上。

(2)调整轨枕间距

将两股钢轨端头放正，并使其对正无砟轨道铺设起点处，根据设计图纸，在钢轨上画线标识出轨枕的中心位置，人工使用套橡胶的撬棍或橡胶锤将轨枕中心调整到标识线位置。

(3)轨排精调施工

以双块式无砟轨道施工工艺为例，在精调检测中的测量小车有两种测量模式：定点三维测量模式(定点测量模式)和连续相对不平顺测量模式(连续相对测量模式)。

精调施工内容如下：

①确定全站仪坐标。全站仪采用自由设站法定位，通过观测附近 8 个固定在接触网杆上的控制点棱镜，自动平差，计算确定其坐标位置。迁站后，必须至少交叉观测此前利用过的 4 个控制点。

②测量轨道数据。用全站仪测量轨道精测小车顶端的棱镜，小车自动测量轨距、超高。

③反馈信息。接收的观测数据通过配套软件，计算轨道平面位置、水平、超高及轨距等数据，将误差值迅速反馈到精测小车的电脑显示屏上，指导轨道调整。

④调整标高。用普通六角螺帽扳手，旋转竖向螺杆，调整轨道水平、超高。高度只能向上调整，不能下调。

⑤调整中线。采用双头调节扳手，调整轨道中线。精调好轨道后，应尽早浇筑混凝土。浇筑混凝土前，如轨道放置时间过长或环境温度变化超过 15 ℃，或受到外部条件影响时，必须重新检查并调整。

2. 不同类型无砟轨道安装测量

(1)CRTSⅠ型轨道板安装定位(精调)

①仪器设备：CRTSⅠ型轨道板(图 6.5)安装定位的主要设备包括全站仪、棱镜、速调标架、测控计算机、气象传感器、无线信息显示器、超级蓝牙、轨道板调整机具等。全站仪标称精度不低于[1″、$(1+2\times10^{-6}D)$mm]且带有自动照准、自动跟踪功能。

②定位方法：CRTSⅠ型轨道板安装定位的方法可采用速调标架法或基准器法(图 6.6)。速调标架法根据测量标架不同，可分为 T 形测量标架测量法、螺栓孔速测标架测量法。目前工程中常采用螺栓孔速测标架测量法进行轨道板精调测量。螺栓孔测量标架以轨道板螺栓孔为定位基准，上部放置反射棱镜，并装配倾斜传感器的标架。

图 6.5　CRTSⅠ型无砟轨道

图 6.6　CRTSⅠ型轨道板速调标架

③螺栓孔速测标架测量法作业步骤如下：

a. 输入相关数据

轨道板精调前，将线路的理论三维线性参数导入软件中。

b. 采用CPⅢ控制点设站

在线路中心线附近架设全站仪，使用 4 对CPⅢ控制点进行自由设站，精度要求见表 6.3、表 6.4。

表 6.3　自由设站点精度要求

项　目	x/mm	y/mm	H/mm	方　向/(″)
中误差	≤0.7	≤0.7	≤0.7	≤2

表 6.4　CPⅢ控制点坐标不符值限差要求

项　目	x/mm	y/mm	H/mm
控制点余差	≤2	≤2	≤2

c. 速测标架检核

使用标准速调标架对测量标架进行校核，待检核标架结果与标准速调标架棱镜在平面和高程上有相同的改正值后将检核结果保存。

d. 获取调整值

用已经设定过程控制的全站仪测量放置在标架上的棱镜，获取 4 个工位的调整值。

e. 轨道板调整

按照 4 个显示器上的调整值用轨道板调整机具对轨道进行调整。轨道板铺设允许偏差见表 6.5。

表 6.5　轨道板铺设允许偏差

项　目	横向/mm	纵向/mm	高程/mm
轨道板定位限差	2	5	1
相邻轨道板搭接限差	2	—	1

注意事项：

①每一测站精调的轨道板不应多于 5 块，换站后应对上一测站的最后一块轨道板进行检测。

②更换测站后，相邻测站重叠观测的CPⅢ控制点不应少于 2 对。

③每天开始作业前应对速调标架进行检核。

(2)CRTSⅡ型轨道板安装定位(精调)

①仪器设备：CRTSⅡ型轨道板(图 6.7)安装定位的主要设备包括全站仪、棱镜及支架、测量标架、工控机、气象量测仪、倾斜传感器、无线信息显示器、强制对中三脚架、轨道板调整机具等。全站仪标称精度不低于[1″、$(1+2\times10^{-6}D)$mm]且带有自动照准、自动跟踪功能。

图 6.7　CRTSⅡ型轨道板

②CRTSⅡ型轨道板精调操作步骤如下：

a. 相关数据输入

轨道板精调前，输入相关的测量参数及轨道板板文件。

b. 安置全站仪定向

安置全站仪于待调轨道板基准点，通过已调好的轨道板上的精调标架及基准点进行定向。

c. 获取调整值

测量待调轨道板上 6 个棱镜的三维坐标，根据实测值与设计值较差，获取调整值。

d. 轨道板调整

按照调整值用轨道板调整机具对轨道进行调整。轨道板铺设允许偏差见表 6.6。

表 6.6　轨道板精调后的允许偏差

项　目	允许偏差/mm
板内各支点实测与设计值的横向偏差	0.3
板内各支点实测与设计值的竖向偏差	0.3
轨道板竖向弯曲	0.5
相邻轨道板间横向偏差	0.4
相邻轨道板间竖向偏差	0.4

注意事项：

①全站仪距待调轨道板的距离应在 6.5～19.5 m。

②更换测站后，应依据待调轨道板末端的基准点，检测已调整的最后一块轨道板板首端承轨槽上的精调标架，检测的横向和竖向偏差均不应大于 2 mm，纵向偏差不应大于 10 mm。

(3)CRTSⅠ型双块式无砟轨道安装测量

①仪器设备：CRTSⅠ型双块式无砟轨道安装测量需要的设备是全站仪、轨道精调小车等。

②作业步骤如下：

a. 放设道床模板及线路中线控制点

依据CPⅢ控制点，采用全站仪自由设站方法测设道床模板及线路中线控制点或外移控制点，每一设站放样距离应≤90 m，放样允许偏差见表 6.7。

表 6.7　放样允许偏差

中线放样允许偏差/mm	模板放样允许偏差/mm	
	平面	高程
5	2	5

b. 轨排组装

CRTSⅠ型双块式轨排组装分现场组装和预组装两种，轨排组装允许偏差为轨距≤2.0 mm、轨枕间距≤5.0 mm。

c. 轨排粗调

为方便钢筋的绑扎以及钢筋绑扎时对轨排扰动，轨排粗调只需轨排大致就位。轨排粗调可以采用全站仪自由设站配合粗调机或轨道几何状态测量仪进行，也可采用全站仪自由设站配合水准仪进行。要求每一设站测量的距离应≤70 m，轨排粗调后的允许偏差为中线 2 mm、高程 −5～0 mm。图 6.8 为德国雷达 2000 双块式无砟轨道，图 6.9 为测量仪器配合轨排粗调机进行粗调作业。

图 6.8　德国雷达 2000 双块式无砟轨道

图 6.9　测量仪器配合轨排粗调机进行粗调作业

d. 轨排精调

轨排精调应在各类工序完成后进行，采用全站仪自由设站配合轨检小车进行。精调时依据CPⅢ控制点完成全站仪自由设站，精调小车由远及近靠近全站仪，将精调小车停在当前设站区间的最后一对螺杆调节器位置，全站仪测量轨检小车棱镜，采集轨道几何状态参数数据，通过配套软件，获取调整量，指导轨道调整。轨排精调测量点应设在轨排支撑架位置，步长为每个支撑螺杆的间距。下一循环施工时，测量应伸入上一循环不少于 20 m，轨道静态平顺度标准见表 6.8。

表 6.8　高速铁路轨道静态平顺度允许偏差

序号	项　目	无砟轨道		有砟轨道	
		允许偏差	检测方法	允许偏差	检测方法
1	轨距	±1 mm	相对于 1435 mm	±1 mm	相对于 1435 mm
		1/1500	变化率	1/1500	变化率
2	轨向	2 mm	弦长 10 m	2 mm	弦长 10 m
		2 mm/8a(m)	基线长 48a(m)	2 mm/5 m	基线长 30 m
		10/240a(m)	基线长 480a(m)	10 mm/150 m	基线长 300 m
3	高低	2 mm	弦长 10 m	2 mm	弦长 10 m
		2 mm/8a(m)	基线长 48a(m)	2 mm/5 m	基线长 30 m
		10/240a(m)	基线长 480a(m)	10 mm/150 m	基线长 300 m
4	水平	2 mm	—	2 mm	—
5	扭曲(基长 3 m)	2 mm	—	2 mm	—
6	与设计高程偏差	10 mm	—	10 mm	—
7	与设计中线偏差	10 mm	—	10 mm	—

注：(1)表中 a 为轨枕/扣件间距；

(2)站台处的轨面高程不应低于设计值。

(4)CRTSⅡ型双块式无砟轨道安装测量

①仪器设备：CRTSⅡ型双块式无砟轨道安装测量设备是全站仪等。

②作业步骤如下：

a. 放设道床模板轴线

依据CPⅢ控制点，采用全站仪自由设站方法放设道床模板轴线，每一设站放样距离应≤90 m。道床模板定位允许偏差为平面 2 mm、高程 5 mm。

b. CRTSⅡ型轨排安装定位

CRTSⅡ型轨排安装采用精调完成后的支脚(加密基标)进行定位。道床板混凝土浇筑前应检测支脚点三维坐标。支脚实测值与设计值较差均应不大于 1 mm。轨排安装允许偏差为相邻轨枕框架首根承轨槽(台)横向偏差≤3 mm、轨枕框架内相邻承轨槽(台)横向偏差≤1 mm、相邻承轨槽(台)高差偏差≤0.5 mm。

任务 6.3　道岔安装测量

6.3.1　任务目标

熟悉道岔的结构和基本的施工流程，掌握利用CPⅢ控制点和基标控制点进行道岔安装定位的方法；能读懂设计图纸，能正确使用全站仪及随机软件进行数据分析、处理，能正确认识道岔结构和不同型号道岔的几何尺寸，能依据施工进程，设计道岔安装测量的实施方案，能够按照设计方案进行施工组织和设备选配，熟练运用技术规范实施测量作业和成果的检查与分析。

6.3.2　工作任务

结合具体工程项目，完成道岔安装测量。

6.3.3　相关配套知识

道岔安装测量是以CPⅢ控制网为基准，测设道岔控制桩(岔尖、岔心、岔尾)，沿直股、曲股中心线的法线测设道岔各分段控制点；测设过渡段起讫点以及道岔前后 100～200 m 范围内直股、曲股的中线控制点及轨道加密基桩；用电子水准仪测设道岔控制基桩高程。

1. 枕式无砟道岔安装测量

枕式无砟道岔一般是在道岔底座(或支承层)混凝土成型后，采用预组装法或原位组装法现场铺设、浇筑道岔。其测量工作包含轨道控制网CPⅢ复测、底座(或支承层)混凝土边模精确定位、道岔控制基标和加密基标测量、道岔粗调、道岔精调、道岔区道床混凝土浇筑监控测量及道岔几何形态检测等。作业流程如图 6.10 所示。

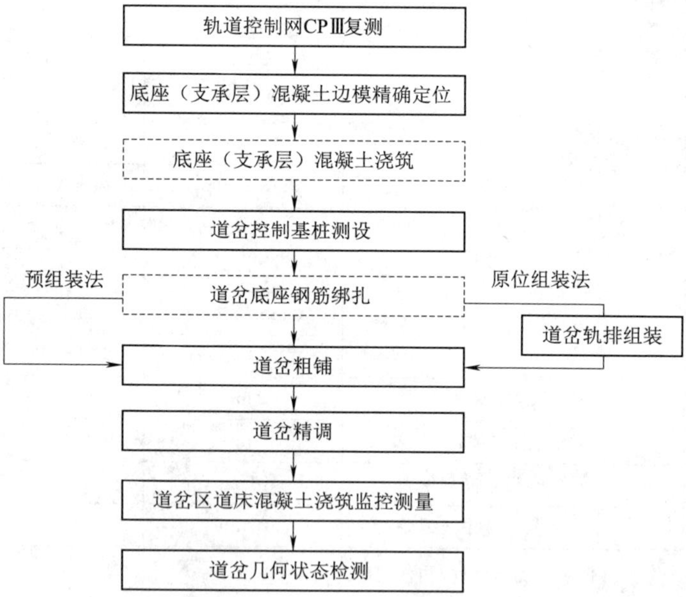

图 6.10　作业流程

(1)CPⅢ控制点复测

CPⅢ控制点复测流程如图 6.11 所示，复测主要设备见表 6.9。

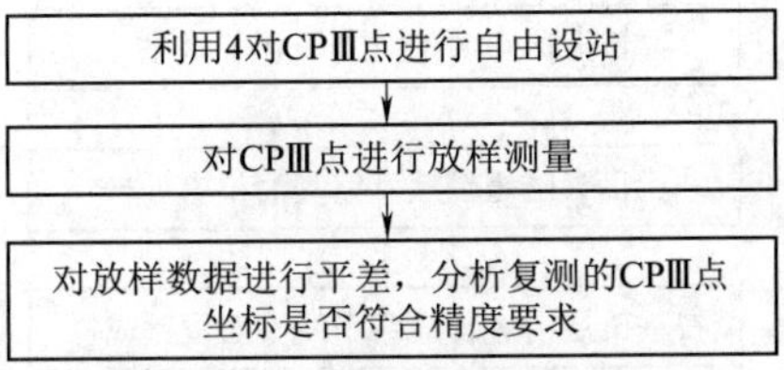

图 6.11　CP Ⅲ控制点复测流程

表 6.9　CP Ⅲ点复测主要设备

序　号	设　　备	数　量	用　　途
1	全站仪[测角精度±1″、测距精度$(1+2\times10^{-6}D)$mm]	1 台	进行坐标测量
2	CP Ⅲ目标棱镜	8 个	全站仪自由设站边角交会的目标
3	气象量测仪器	1 套	用于测距温度、气压改正
4	电子水准仪(精度 0.3 mm)	1 台	进行高程测量
5	铟瓦条码水准尺	1 对	读数
6	尺垫(2.5 kg)	2 个	传递高程

CP Ⅲ点复测步骤如下：

①用 4 对CP Ⅲ点进行自由设站。

②用获得的测站坐标对 8 个CP Ⅲ点进行比对测量，每一测站的观测应不少于 3 个测回。

③下一测站应重复观测上一测站的 3 对CP Ⅲ点，观测 1 对新的CP Ⅲ点。

④对同一CP Ⅲ点的多组重复数据进行平差，获得平差后的CP Ⅲ点复测坐标。

CP Ⅲ点复测要求：

①测站宜设在两对CP Ⅲ点中间，观测距离不应大于 150 m。

②每个测站观测的CP Ⅲ点不应少于 3 对。

③自由设站三维坐标分量偏差不应大于 0.5 mm。

CP Ⅲ点复测精度：平面较差不大于 1 mm，高程较差不大于 0.5 mm。

(2)底座(支承层)混凝土边模精确定位

底座(支承层)混凝土边模精确定位作业流程如图 6.12 所示。

(3)道岔控制基标及加密基标测设

道岔控制基标测设流程如图 6.13 所示，道岔控制基标测设主要设备见表 6.10。

道岔控制基标测设应遵循以下步骤：

①以轨道控制网CP Ⅲ为基准，测设道岔控制基桩(岔尖、岔心、岔尾)，沿直股、曲股中心线的法线测设道岔各分段控制点。

②测设过渡段起讫点以及道岔前后 100～200 m 范围内直股、曲股中线控制点及轨道加密基桩。

③用电子水准仪测设道岔控制基标及加密基标高程。

④在底座(支承层)上标记道岔控制基桩位置。

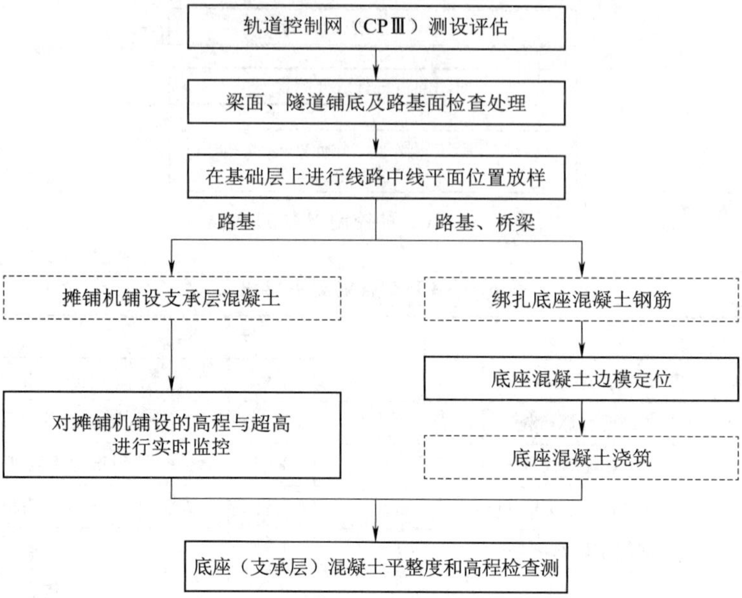

图 6.12　底座(支承层)混凝土边模精确定位作业流程

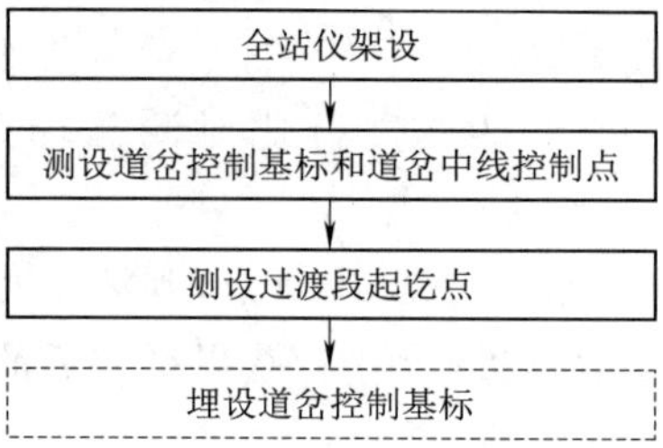

图 6.13　道岔控制基标测设流程

表 6.10　道岔控制基标测设主要设备

序　号	设备名称	数　量	用　　途
1	全站仪	1 台	道岔放样、加密基桩测设
2	电子水准仪和铟瓦条码水准尺	1 套	施工水准复测、CPⅢ点高程测量
3	轨道几何状态测量仪	1 台	道岔、长钢轨精调测量
4	CPⅢ目标棱镜	8 个	全站仪自由设站边角交会的目标
5	微型棱镜	1～2 个	岔位放样定位

道岔控制基标与加密基标测设注意事项如下：

①道岔控制基标与加密基标可采用全站仪自由设站测设，也可采用光学准直法。

②道岔控制基标应在混凝土底座或支承层于岔心、岔前、岔后、岔前 100 m、岔后 100 m 处测设，道岔控制基标横向偏差不大于 1 mm，相邻道岔控制基标偏差间距 2 mm、高差 1 mm。

③道岔加密基标设在线路中线两侧，间距 5～10 m，在转辙器、导曲线和辙叉起始点应增设加密基标。加密基标横向偏差不大于 2 mm，相邻加密基标偏差平面不大于 2 mm、高程 1 mm。

(4)道岔粗调

道岔粗调测量以加密基标为准，也可采用全站仪自由设站配合轨道几何状态测量仪。道岔平面位置及高程粗调偏差不大于 5 mm。

(5)道岔精调

道岔精调作业流程如图 6.14 所示。道岔精调作业主要设备见表 6.11。

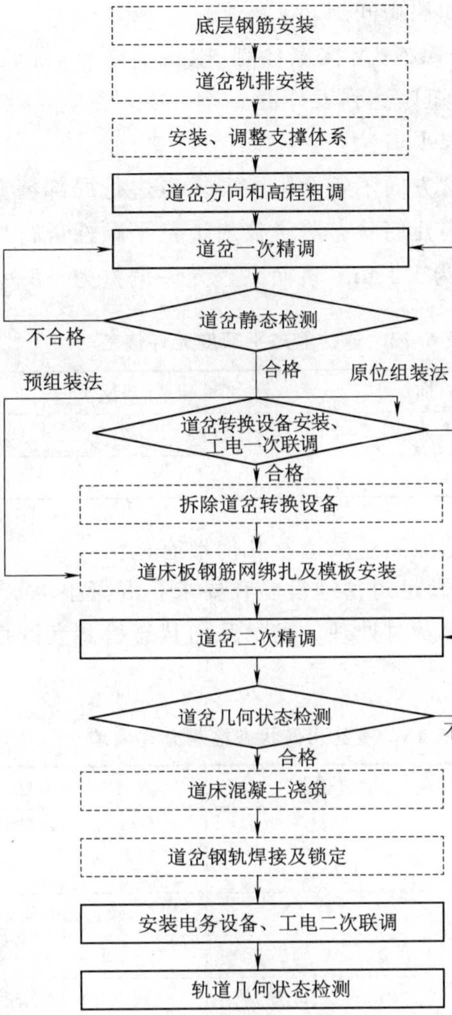

图 6.14　道岔精调作业流程

表 6.11　道岔精调作业主要设备

序　号	设备名称	数　量	用　途
1	全站仪	1 台	道岔精调作业
2	电子水准仪和铟瓦条码水准尺	1 套	CPⅢ高程测量
3	轨道几何状态测量仪	1 台	道岔精调,轨距、水平检测调整
4	CPⅢ目标棱镜	8～12 个	全站仪自由设站边角交会的目标
5	轨道尺	2 把	检测轨距及水平辅助工具
6	支距尺	2 把	检查道岔内部尺寸
7	轨道方尺	2 把	方正轨枕
8	塞尺	2 把	道岔内部密贴检查
9	测力扳手	若干	紧固扣件

道岔精调作业步骤如下：

①调整轨距、支距。

②调整尖轨、可动心轨密贴和顶贴间隙。

③整组道岔精调完毕对弹条螺栓、岔枕螺栓副、限位器螺栓、翼轨间隔铁螺栓副、长短心轨、间隔螺栓副进行复拧，复拧扭矩应达到设计值。

④调整支撑螺杆高度、精调起平道岔。

⑤调整侧向支撑螺杆，对道岔方向不符合限差要求点进行局部精调。

道岔精调完成后，应采用轨道几何状态测量仪对道岔平顺性进行检测，道岔平顺度应符合表6.12，道岔定位中线允许偏差为±2 mm，轨面高程允许偏差为－5～0 mm。

表6.12　道岔静态平顺度允许偏差

项　目	高　低	轨　向	水　平	扭曲(基长3 m)	轨　距	变化率
幅值/mm	2	2	2	2	±1	1/1 500
弦长/m	10		—			

(6)道岔区道床混凝土浇筑监控测量及道岔几何形态检测

道岔区道床混凝土浇筑前应满足道岔铺设验收要求。混凝土浇筑过程中应随时对道岔平面位置及高程进行检测，若有异常及时处理。道岔几何状态检测允许偏差值应符合表6.13的规定。

表6.13　道岔几何状态检测允许偏差

序　号	指　标		允许偏差	检测方法	备　注
1	轨距		±1 mm	道尺，轨道几何状态测量仪	—
2	轨距变化率		1.5‰	—	—
3	水平		±1 mm	道尺，轨道几何状态测量仪	—
4	水平变化率		2 mm/2.5 m	—	三角坑
5	轨向(短波)		2 mm/30 m 弦	轨道几何状态测量仪	—
			2 mm/10 m 弦	弦线	
6	轨向(长波)		10 mm/300 m 弦	轨道几何状态测量仪	—
7	高低(短波)		2 mm/30 m 弦	轨道几何状态测量仪	—
			2 mm/10 m 弦	弦线	
8	高低(长波)		10 mm/300 m 弦	轨道几何状态测量仪	—
9	轨底外侧与轨距块缝隙		0.5 mm	塞尺	—
10	轨枕挡肩与轨距块缝隙		0.3 mm	塞尺	—
11	扣件扭力矩		180～250 N·m	测力扳手	满足要求
12	弹条中部与挡座间缝隙		0.5 mm	塞尺	—
13	焊缝	顶面	0～＋0.2 mm	1 m平直度尺及塞尺	—
		工作边	－0.2～0 mm	1 m平直度尺及塞尺	
		圆弧面	－0.2～0 mm	1 m平直度尺及塞尺	
		轨底焊筋	0～＋0.5 mm	—	

2. 板式无砟道岔安装测量

板式无砟道岔与枕式无砟道岔施工作业区别：前者是在混凝土底座上安装道岔板，经初平、精调后，用自流混凝土实现两者间的粘接。后者是在底座（支承层）上采取预组装法（或）原位组装法进行道岔粗铺、精调，再进行道岔区道床混凝土浇筑，其测量程序基本相同，作业流程如图 6.15 所示。

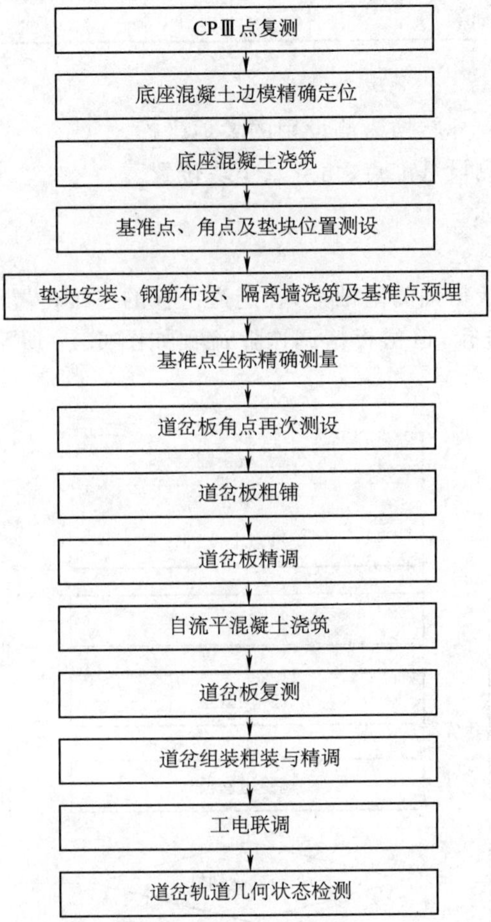

图 6.15　板式无砟道岔安装测量作业流程

（1）CPⅢ控制点复测。

（2）底座（支承层）混凝土边模精确定位。

（3）基准点、角点及垫块位置测设。

基准点、角点及垫块位置测设是为后续铺设道岔做好相应的控制工作，其作业流程如图 6.16所示。测设的主要设备见表 6.14。

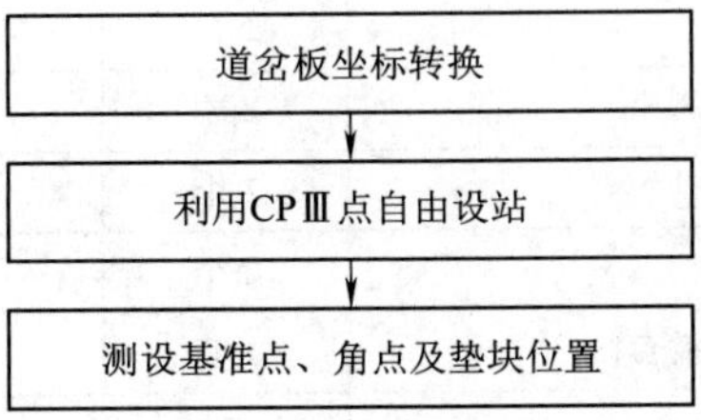

图 6.16　测设流程

表 6.14　基准点等测设的主要设备

序号	设　备	数　量	用　途
1	全站仪	1 台	坐标测设
2	测钉	若干	基准点标志
3	棱镜三脚座	1 副	坐标测设
4	棱镜	1 个	反射目标

测设应遵循以下步骤：

①将各放样点的设计坐标转换为测设用的大地坐标。

②在底座(支承层)上测设基准点、角点及垫块位置。

③精确测量基准点坐标。

(4)道岔板精调

道岔板精调是在道岔板粗铺的基础上，确定道岔板的三维位置的测量、调整工作。为达到规范要求，往往需要重复进行，道岔板精调作业流程如图 6.17 所示，道岔板精调主要设备见表 6.15。

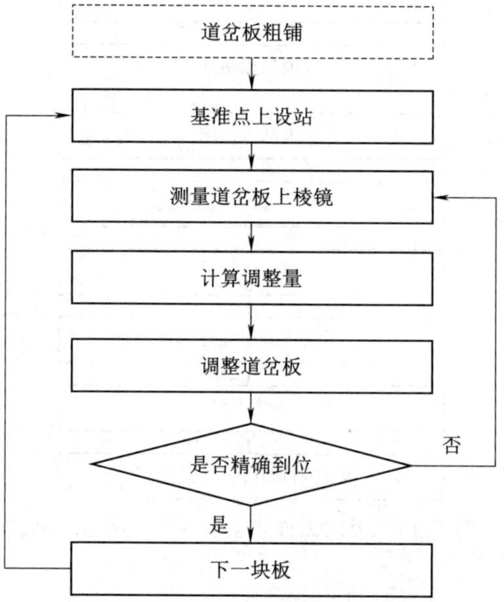

图 6.17　道岔板精调测量作业流程

表 6.15　道岔板精调作业主要设备

序号	设　备	数　量	用　途
1	全站仪	1 台	坐标放样测量
2	强制对中三脚座	2 副	架设全站仪和后视点棱镜
3	球棱镜	7 个	反射目标
4	棱镜套筒	6 个	安置棱镜
5	棱镜支架及转换套筒	1 套	后视定向用
6	气象测量仪器	1 套	用于测距温度、气压改正

道岔板精调作业步骤如下：

①将道岔板上的设计坐标转换为精调用的大地坐标。

②用强制对中三脚座在基准点上架设全站仪和后视点棱镜。

③用后视点棱镜和已调道岔板上的定位棱镜联合定向。

④测量道岔板上 4 个(或 6 个)棱镜。

⑤计算待调道岔板的调整量,用三维调整机具调整道岔板。

⑥重复精调作业步骤④、⑤直至符合道岔板铺设允许偏差的规定。

道岔板精调作业注意事项如下：

①全站仪设站应使用强制对中三脚座;测站点坐标应为强制对中的基准点坐标;调整第一块道岔板时,应采用相邻道岔板的基准点定向。以后每块道岔板的调整,应以调整到位道岔板直股侧的定位棱镜和基准点进行联合定向。

②道岔板精调作业允许偏差见表 6.16。

表 6.16　道岔板精调精度指标

序号	项　目	允许偏差/mm
1	横向	±0.3
2	纵向	±0.3
3	高程	±0.3
4	道岔板中部高程	±0.5

③道岔板精调完成后,在混凝土灌注前,应对道岔板进行线性检查。要求每块道岔板允许偏差横向 1 mm、竖向 1.5 mm、纵向 3 mm。道岔板与道岔板搭接允许偏差为横向 1 mm、纵向1 mm。

④为防止砂浆灌注时道岔板上浮或侧移,应安装和使用地锚及扣压装置。

(5)道岔板复测

道岔板复测是在精调、灌浆、稳定后,对道岔板三维位置的复测,主要目的是评估道岔板铺设的精度,为后续道岔组装计划的制定、调整扣件准备等提供依据。道岔板复测流程如图 6.18所示,道岔板复测主要设备见表 6.17。

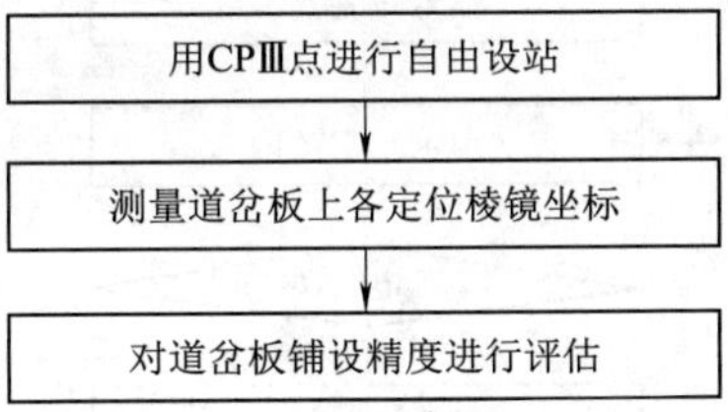

图 6.18　道岔板复测作业流程

表 6.17　道岔板复测主要设备

序号	设　备	数　量	用　途
1	全站仪	1 台	对各个棱镜的坐标测量
2	三脚架	1 副	架设全站仪
3	球棱镜	6 个	反射目标

续上表

序号	设　备	数 量	用　途
4	球棱镜套筒	6个	安置棱镜
5	CPⅢ目标棱镜	8个	全站仪自由设站边角交会的目标
6	气象量测仪器	1套	用于测距温度、气压改正

道岔板复测步骤如下：

①利用CPⅢ点自由设站。

②测量道岔板上各定位棱镜坐标。

③根据测量值评估道岔板铺设精度，制定道岔组装计划，准备精调所需的调整扣件。

道岔板复测注意事项如下：

①全站仪自由设站宜设在线路中线附近、两对CPⅢ控制点之间。

②每一测站观测的CPⅢ点数为3～4对。

③设站点的三维坐标分量偏差不应大于0.5 mm。

④每次设站放样距离不应大于80 m。

⑤测站间应有足够的重复测量点，据此判定搭接误差和测量精度。

(6)道岔精调

道岔精调是指在道岔板精调的基础上，在道岔钢轨件组装完成后，对道岔安装状态进行的系统测量。包括检测道岔内部尺寸、轨距、水平、轨向、高低等。道岔精调作业流程如图6.19所示，道岔精调作业主要设备见表6.18。

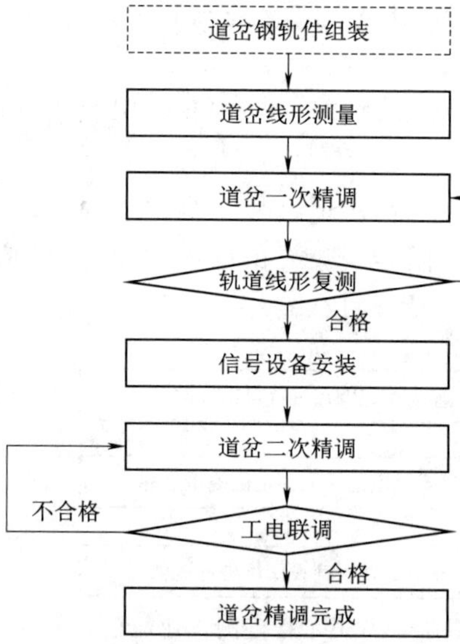

图6.19　道岔精调作业流程

表6.18　道岔精调作业主要设备

序号	设备名称	数 量	用　途
1	全站仪	1台	CPⅢ点复测、坐标放样、道岔板精调等
2	电子水准仪和铟瓦条码水准尺	1套	CPⅢ点、GRP点高程测量
3	轨道几何状态检测仪	1台	道岔、长钢轨精调测量

续上表

序号	设备名称	数　量	用　　途
4	CPⅢ目标棱镜	8～12个	全站仪自由设站边角交会的目标
5	轨道尺	2把	检测轨距及水平辅助工具
6	支距尺	2把	检查道岔内部尺寸
7	塞尺	2把	道岔内部密贴检查
8	1 m平直尺	2把	检查钢轨焊缝表面平顺度
9	弦线	2把	短波轨向、高度检查
10	钢板尺	2把	与弦线配合进行测量
11	测力扳手	若干	检查扣件螺栓扭矩值

道岔精调后，应采用轨道几何状态测量仪对道岔几何状态进行检测，道岔平顺度应符合表6.19。道岔定位中线允许偏差为2 mm，轨面高程允许偏差为−5～0 mm。

表6.19　道岔静态平顺度允许偏差

项　目	高　低	轨　向	水　平	扭曲(基长3 m)	轨　距	变化率
幅值	2 mm	2 mm	2 mm	2 mm	±1	1/1 500
弦长	10 m		—			

任务6.4　轨道精调测量

6.4.1　任务目标

熟悉轨道精调测量的基本施工流程，了解轨道几何状态测量仪的工作原理，掌握线路中线位置、轨面高程、测点里程、轨距、水平、高低、扭曲等状态参数的意义；能正确使用全站仪及随机软件进行数据分析、处理，能依据施工进程，设计轨道精调测量的实施方案，能够按照设计方案进行施工组织和设备选配，能运用技术规范实施测量作业和成果的检查与分析。

6.4.2　工作任务

结合具体的工程项目，完成轨道精调测量。

6.4.3　相关配套知识

轨道精调测量是在长钢轨应力放散并锁定后，在CPⅢ控制点基础上，采用全站仪自由设站方式配合轨道几何状态测量仪等，对线路中线位置、轨面高程、测点里程、轨距、水平、高低、扭曲等状态参数进行系统测量和调整。最终使轨道静态平顺性达到规范要求。轨道精调可分为静态调整和动态调整两个阶段，测量工作复杂且任务繁重。

一般意义上轨道调整测量，是指轨道静态调整测量，即在联调联试之前根据轨道小车静态测量数据对轨道进行全面、系统的调整，以便将轨道几何尺寸调整到允许范围内，对轨道线形(轨向和轨面高程)进行优化调整，合理控制轨距变化率和水平变化率，使轨道静态精度满足350 km/h及以上高速行车条件。轨道静态调整流程包括准备工作、轨道测量、调整量计算、现场标示、轨道调整、轨道复检等环节。

1. 准备工作

对CPⅢ控制点进行全面复测，复测结果须经监理确认。对精调人员进行精调工艺、程序、标准的专业培训，使参与轨道精调人员全面掌握相关要求。根据精调工作量和工期要求合理配备轨道小车，以满足现场测量和调整的需要。根据轨道结构类型和设备数量，提前配备相应数量调整件。按照连续贯通里程，两个连续CPⅢ控制点之间轨枕按行别连续编号。检查钢轨、扣件、垫板、焊缝等是否存在缺陷或不足。

2. 轨道测量

采用轨道几何状态测量仪进行轨道精调测量前，应对仪器进行校核，且将线路平面、纵断面设计参数和曲线超高值等数据录入轨道几何状态测量仪，并复核无误。全站仪自由设站精度应满足规范要求。测量时应对轨道进行逐根轨枕连续测量，其中区间轨道分次测量时，两次测量搭接长度应不少于 20 m。车站道岔应单独测量，与两端线路搭接长度不少于 35 m。

3. 调整量计算

分析数据，确定调整区段。根据测量数据，对轨道精度和线形分区段进行综合分析评价，确定需要调整的区段。

计算调整量。采用轨道小车配套软件进行调整量计算，将轨道各项几何尺寸全部调整到允许范围之内，并对轨道线形进行优化，见表 6.20 轨道静态调整(模拟适算量)。

表 6.20 轨道静态调整(模拟适算量)

	A	B	C	D	E	F	G	H	I	K	M	N	O
1	测量点	轨枕ID	里程	导向轨	左轨高程	右轨高程	左轨平面	右轨平面	高程	平面位置	水平	轨距	备注
188	186	14	1432422	-1					-2.6	2.3	-0.2	-0.7	
189	187	15	1432423	-1					-2.3	2	-0.3	-0.7	
190	188	16	1432424	-1					-2.7	1.9	-0.3	-0.5	
191	189	17	1432424	-1					-2.7	1.2	-0.1	-0.4	
192	190	18	1432425	-1					-2.5	1.1	-0.2	-0.4	
193	191	19	1432426	-1					-2.3	1.3	-0.5	-0.8	1427307-020
194	192	20	1432426	-1					-2.6	1.2	-0.5	-0.9	
195	193	21	1432427	-1					-2.4	0.8	-0.6	-0.8	
196	194	22	1432428	-1					-2.8	1	-0.6	-0.8	
197	195	23	1432428	-1					-2.9	1	-0.2	-0.8	
198	196	24	1432429	-1		-1	-1	-1	-2.8	0.6	-0.6	-0.8	
199	197	25	1432430	-1		-1	-1	-1	-2.9	0.1	0.1	-1.1	
200	198	26	1432430	-1		-1	-1	-1	-3	0.5	0.2	-1.6	
201	199	27	1432431	-1		-1			-3	0.1	0.1	-1.6	
202	200	28	1432432	-1		-1			-3.4	0.8	-0.1	-1.6	
203	201	29	1432432	-1			1	1	-3.9	0.6	0.5	-1.5	1427307-030
204	202	30	1432433	-1			1	1	-3.9	0.7	0.1	-1.5	
205	203	31	1432434	-1			1	1	-3.5	1	-0.2	-1.7	
206	204	32	1432434	-1			1	1	-3.2	1.3	-0.3	-1.7	
207	205	33	1432435	-1			1	1	-3.1	0.7		-1.7	
208	206	34	1432435	-1					-3.4	1.2	0.1	-1.4	
209	207	35	1432436	-1					-3.3	0.6	0.2	-0.6	
210	208	36	1432437	-1					-3.3	-0.5	0.5	-0.4	
211	209	37	1432437	-1					-3.4	-0.8	0.5	-0.4	
212	210	38	1432438	-1			-1	-1	-3.7	-0.6	0.7	-0.4	
213	211	39	1432439	-1	-1	-1	-1	-1	-3.5		0.7	-0.7	1427307-040
214	212	40	1432439	-1	-1	-1	-1	-1	-3.4	-0.3	0.5	-0.7	
215	213	41	1432440	-1	-1	-1	-1	-1	-3.5	-0.4	0.4	-0.7	

轨道几何参数 / 调整量统计表 / 轨道几何参数统计表

调整的基本原则:“先整体，后局部”“先轨向，后轨距”“先高低，后水平”。

(1)轨向调整。应先选定一股钢轨作为基准股(曲线地段选择上股，直线地段选择与前方曲线上股同侧钢轨)，对基准股钢轨方向进行精确调整，短波(30 m)2 mm 合格率 100%，1 mm

合格率≥96%;长波(300 m)10 mm 合格率 100%;线形平顺,无突变,无周期性小幅振荡。

(2)轨距调整。固定基准股钢轨,调整另一股钢轨,轨距精度控制:±2 mm 合格率 100%,±1 mm 合格率≥96%,轨距变化率≤1.5‰;该股钢轨方向线形应平顺,无突变,无周期性小幅振荡。

(3)高低调整。应先选定一股钢轨为基准股(曲线地段选择下股,直线地段选择与前方曲线下股同侧钢轨),对基准股钢轨高低进行精确调整,短波(30 m)2 mm 合格率 100%,1 mm 合格率≥96%;长波(300 m)10 mm 合格率 100%;线形平顺,无突变,无周期性小幅振荡。

(4)水平调整。固定基准股钢轨,调整另一股钢轨高低,校核水平精度,1 mm 合格率 100%;水平变化率,相邻两根轨枕≤1 mm,间隔三根轨枕≤2 mm;该股钢轨高低线形应平顺,无突变,无周期性小幅振荡。

(5)形成调整量表。对计算的调整量进行核对优化后形成正式"调整量表"用于现场调整。备足调整件数量。根据调整量表准确统计各类调整件需求数量,据此尽早补充到位,并预留一定余量。

4. 轨道调整

据调整量表,对计划调整地段在现场进行标示,严格按照确定的原则和顺序对轨向、轨距,高低、水平进行调整。轨距、轨向调整(轨道平面调整),区间轨道通过更换轨距块来实现;车站道岔通过更换偏心锥来实现。高低、水平调整(轨面高程调整),区间轨道、车站道岔均通过更换轨底垫板来实现。特别需要注意的是各种调整应充分考虑到扣件系统的有效调整范围。

5. 轨道复测

复测前,对调整区段的扣件、垫板进行全面检查,确认安装正确,扣压力达到设计标准。对调整区段采用轨道小车进行逐根轨枕连续测量,测量数据经监理确认后存档备查。

复测数据不满足精度要求的地段应重新调整。形成最终的"轨道静态调整量表"和"调整件使用情况详表",经监理确认后存档备查。

项目小结

本项目围绕高速铁路轨道静态平顺度要求,以CPⅢ控制网为基础,对施工各阶段、各环节的测量工作进行了技术性的规范和指导。

加密基标平面测量。应依据CPⅢ控制点,采用全站仪自由设站极坐标法或光学准直法测设,高程测量应采用几何水准方法施测。加密基标应根据轨道类型和施工工艺要求进行设置,曲线段应考虑超高影响。

轨道安装测量。应针对轨道板的不同而采用不同的测设方法。同时注意有砟轨道轨排粗调、精调测量应满足规范中相应的规定。

道岔安装测量。站场内各组道岔宜一次测设完成,并复核道岔间相互位置。站线无砟轨道的测量宜与道岔同时进行,误差的调整应在站线测量中消除。

轨道精调测量。轨道精调测量应在长钢轨应力放散并锁定后,采用全站仪自由设站方式配合轨道几何状态测量仪进行。主要测量轨道的中线位置、轨面高程、测点里程、轨距、水平、高低、扭曲等状态参数,依据参数偏差量进行系统的调整。

复习思考题

1. 轨道施工中,为什么要加密基标?其作用何在?
2. 在轨道施工中,为何要事前设计工作流程?
3. 提高轨道精度的主要措施有哪些?
4. 道岔精调后,如何检测其平顺性?标准如何?
5. 轨道几何状态测量仪的工作原理是什么?
6. 在无砟轨道施工过程中,为什么经常要求对CPⅢ点进行复测?

项目 7　竣工测量

项目描述

竣工测量是指工程竣工后，为编制工程竣工文件，对实际完成的各项工程进行的一次全面量测的作业。其结果是对规划和设计总平面图施工后实际情况真实、全面地反映，是一份非常重要的历史性的技术档案资料。竣工测量主要包括的内容为控制网竣工测量、线路轨道竣工测量、线下工程建筑及线路设备竣工测量、竣工地形图及铁路用地界测量。竣工测量采用的坐标系统、高程系统、图式等应与施工测量一致，竣工测量内容及成果资料的编制应满足高速铁路工程竣工验收的要求。

学习目标

1. 知识目标

(1)掌握竣工控制网的布设、观测及数据处理方法；

(2)掌握线路平面和纵断面测量的方法；

(3)掌握竣工地形图的测绘方法；

(4)掌握铁路用地界测量方法。

2. 能力目标

(1)能进行竣工控制网的布设、观测及数据处理；

(2)能进行线路平面和纵断面测量；

(3)能进行竣工地形图的测绘；

(4)能进行铁路用地界测量。

3. 素质目标

(1)培养正确查询、运用行业规范、标准的能力；

(2)培养与人沟通以及写作能力；

(3)培养质量意识、安全意识、环保意识与协作意识；

(4)培养吃苦耐劳精神和严谨认真的工作作风。

任务 7.1　控制网竣工测量

7.1.1　任务目标

熟悉高速铁路施工控制网的基本特征，掌握控制网的分级以及各级控制网的精度等级、作用、性质等；能正确使用 GNSS、全站仪进行数据采集，并进行数据处理，能根据控制网的不同等级，依据当前已有施工控制网现状来设计控制网竣工测量方案、技术设计、精度设计，能运用技术规范实施测量作业和成果的检查与分析。

7.1.2 工作任务

结合具体工程项目，完成CP0、CPⅠ、CPⅡ、CPⅢ控制网和线路水准基点控制网竣工测量工作。

7.1.3 相关配套知识

为了高速铁路建设运营，必须建立一个满足施工、运营维护的精密测量控制网。精密测量控制网的竣工测量为铁路运营维护测量提供基础。控制网竣工测量包括CP0、CPⅠ、CPⅡ、CPⅢ控制网和线路水准基点网竣工测量及轨道维护基标测量。对施工过程中毁坏、丢失的桩点按同精度内插要求补设，同时根据高速铁路运营养护管理的需要对轨道维护基标进行测设，并对其进行竣工测量。

1. CP0、CPⅠ、CPⅡ、CPⅢ及高程控制网竣工测量等级精度要求

根据规范要求，控制网竣工测量按以下精度施测。

(1)基础控制网CPⅠ按GNSS网*B*级精度要求进行，最弱基线边相对中误差小于1/180 000，基线边方向中误差优于1.3″。

(2)线路控制网CPⅡ按GNSS网*C*级精度要求进行，最弱基线边相对中误差小于1/100 000，基线边方向中误差优于1.7″。

(3)高程控制网竣工测量按二等水准测量的方法进行测量，测量相邻水准点间的高差。水准测量作业结束后，二等水准测量以各水准路线测段往返测高差不符值计算每千米高差中数的偶然中误差，合格后方可进行高差比对。否则应重测该段水准路线。每条水准路线应按测段往返测高差不符值计算偶然中误差M_Δ，M_Δ按式(7.1)计算。

$$M_\Delta=\pm\sqrt{\frac{1}{4n}\left[\frac{\Delta\Delta}{L}\right]} \tag{7.1}$$

式中　Δ——测段往返高差不符值，mm；

L——测段长，km；

n——测段数。

2. 控制网竣工测量作业方法

控制网竣工测量前首先应进行现场勘查，检查标石的完好性及点位分布情况。构网原则应与设计控制网的构网方式相同，按照GNSS *B*级网测量精度要求对CPⅠ控制网进行观测，以CPⅠ对点作为联结边，采用边连式构网，CPⅠ观测时应联测CP0时，可将其纳入CPI控制网。每个CP0最好有三个方向与之相连，CP0与CPⅠ的联测组成大地四边形，以大地四边形为基本图形组成带状网。

CPⅡ采用GNSS观测时，按照GNSS *C*级网测量精度要求进行观测，CPⅡ与CPⅠ联测构成附合网。形成由三角形或大地四边形组成的带状网，并重叠到相邻管段的CPⅠ和CPⅡ控制点。GNSS观测作业过程中，天线安置严格整平、对中，卫星高度角设定为15°，同步观测有效卫星总数≥4颗，每时段观测前后分别量取天线高，误差小于2 mm，取两次平均值作为最终结果。CPⅡ采用导线测量时，导线水平角观测应采用方向观测法。导线边长测量应进行仪器加常数、乘常数和气象改正，距离应归算至工程设计的投影高程面上。

CPⅡ导线竣工测量和加密控制导线测量的测角精度、测边精度以及导线全长相对闭合差的限差和方位角闭合差的限差，应符合表7.1的规定。CPⅡ竣工测量和加密控制导线的外业

结束时，应进行上述各项精度和限差的检验。

表 7.1　CPⅡ加密控制网导线测量的主要技术要求

导线等级	附合长度/km	边长/m	测距中误差/mm	测角中误差/(″)	相邻点的相对中误差/mm	导线全长相对闭合差限差	方位角闭合差限差/(″)
三等	≤5	400～800	5	1.8	8	1/55 000	$\pm 3.6\sqrt{n}$

CPⅢ网采用自由设站边角交会法测量进行自由测站测量时，从每个自由测站出发，一般以前后各 3 对 CPⅢ点为测量目标，每个 CPⅢ点至少从 3 个测站上分别联测。一般应尽量选择无风的阴天或夜间进行观测。CPⅢ控制网水平方向应采用全圆方向观测法进行观测。当观测方向较多时，也可以采用分组全圆方向观测法。CPⅢ平面网应附合于线上 CPⅡ控制点上，每 600 m 左右应联测一个 CPⅡ控制点，当 CPⅡ控制点破坏时，应按同精度扩展方式加密 CPⅡ控制点。

轨道维护基标应根据高速铁路运营养护管理的需要进行测设。应充分利用已设置的基标并根据维修检测方式对维护基标布设。维护基标测设时，利用 CPⅢ控制点采用全站仪自由设站方法进行测设，利用已设置的基标作为维护基标时，应对其进行复测。维护基标的测设和复测精度不应低于相应轨道结构加密基标的精度要求，且满足线路维护要求。

3. 高程控制网作业方法

高程控制测量按二等水准测量的技术要求进行施测。通过竣工测量高差与设计高差进行比较，确认设计单位所交的高程控制点精度是否满足精度要求，点位是否稳固可靠。

观测过程中采取的主要技术措施有以下几点。

(1)水准路线采用往返观测，并沿同一条路线进行。观测顺序如下。

往测：奇数站为后—前—前—后；偶数站为前—后—后—前。

返测：奇数站为前—后—后—前；偶数站为后—前—前—后。

每一测段均采用偶数站结束，往返观测在一日内的不同时间段进行，由往测转为返测时，互换前后尺再进行观测。

(2)测量时，保证前后视距相等，减少仪器 i 角对高差观测的影响。

(3)作业前及使用过程中检查与校正 i 角，保证 i 角绝对值在作业过程中均不超过 15″。

(4)采用竹竿辅助安置水准尺，确保水准尺在观测时处于竖直状态。

(5)为了保证水准尺的稳定性，选用 5 kg 尺垫，将尺垫安放在坚实的地方踩实以防止尺垫下沉。

(6)在连续各测站上安置水准仪的脚架时，使其两脚与水准线路的方向平行，而第三脚轮换置于线路方向的左侧与右侧。

4. 精测网竣工测量数据处理和平差方法

(1)基线处理

GNSS 平面控制网采用 GNSS 处理软件进行基线解算和平差处理，基线处理时删除观测条件差的时段和观测条件差的卫星，不让其参与平差。对 GNSS 观测数据同步环和异步环、重复基线进行计算检核，及时进行观测数据的处理和质量分析，检查其是否符合规范和技术设计要求。单基线解算不合格时，要分析原因。

解算出每一时段的基线向量边后，再计算出该观测时段同步环坐标分量闭合差，其闭合差应符合下列公式要求。

$$W_x \leqslant (\sqrt{n}/5) \times \sigma \tag{7.2}$$

$$W_y \leqslant (\sqrt{n}/5) \times \sigma \tag{7.3}$$

$$W_z \leqslant (\sqrt{n}/5) \times \sigma \tag{7.4}$$

$$W = \sqrt{W_x^2 + W_y^2 + W_z^2} \leqslant (\sqrt{3n}/5) \times \sigma \tag{7.5}$$

由独立观测边组成的异步环的坐标分量闭合差应符合下列公式。

$$V_x \leqslant 3\sqrt{n} \times \sigma \tag{7.6}$$

$$V_y \leqslant 3\sqrt{n} \times \sigma \tag{7.7}$$

$$V_z \leqslant 3\sqrt{n} \times \sigma \tag{7.8}$$

$$V \leqslant 3\sqrt{3n} \times \sigma \tag{7.9}$$

式中　n——闭合环边数；

σ——标准差，即基线向量弦长中误差，mm，计算公式为

$$\sigma = \sqrt{a^2 + (b \times d)^2}$$

其中　a——固定误差，

b——比例误差，

d——环平均弦长，km。

当检查发现观测数据不能满足上述要求时，应对成果进行全面分析，必要时应采取补测或重测。此外，基线向量的改正数（$V_{\Delta x}$，$V_{\Delta y}$，$V_{\Delta z}$）绝对值应在规定限差（3σ）之内。

（2）CPⅠ控制网平差

基线解算完成后，固定一个 CP0 控制点，然后在 WGS-84 空间直角坐标系下进行 CPⅠ控制网的无约束平差，检查 GNSS 基线向量网本身的内符合精度，并剔除含有粗差的基线边。三维无约束平差后即可进行二维网联合平差。

（3）CPⅡ控制网平差

CPⅡ控制网附合到 CPⅠ上，以竣工测量后确认精度可靠的 CPⅠ设计坐标为起算数据，对 CPⅡ控制网进行约束平差。

完成 CPⅡ控制导线竣工测量后，应将竣工测量成果与设计单位成果进行比较。实测距离必须进行高程面投影改化、高斯投影改化计算后才能与设计点间距离比较。当竣工测量结果不能满足各项限差要求时，应再次测量确认。

（4）平差结束应输出国家或地方坐标系的坐标、基线向量改正数、边长、方位角、转换参数及其精度信息。

（5）当卫星控制网长度太长、横跨多个投影带，在联测的三角点数量充足时，可采用分区平差。平差时相邻两分网应有一定数量的重合点，重合点在两分网中坐标之差不得大于点位中误差的 2 倍。

（6）隧道、桥梁控制网应采用 WGS-84 无约束平差成果计算施工独立坐标。进行无约束平差时，应选取工程始端轴线上的控制点作为起算点，施工独立坐标可采用工程椭球直接投影法或其他适用的方法计算。

5. 高程控制网竣工测量数据处理和平差

对高程控制网竣工测量数据处理，应以各水准路线测段往返测高差不符值计算每千米高差中数的偶然中误差，合格后方可进行高差比对。否则应重测该段水准路线。

相邻水准点间的高差计算时，取符合规范要求的往返观测值的平均值作为最终成果。采

用平差软件对各标段水准网点进行平差计算，并进行各段高差比较。

由于标段线路较长，存在水准点整体下沉的可能，只对相邻水准点间的高差进行比较，有时无法反映水准点的下沉情况。因此除逐点对相邻水准点之间竣工测量高差与设计高差进行比较外，并以本标段的基岩水准点为依据，采用平差软件，对本标段水准点进行平差计算，进行各水准点高程的比较。

6. 控制网竣工测量评判方法及标准

(1)CPⅠ控制网竣工测量评判方法及标准

根据 CPⅠ竣工测量网的同步环、异步环、重复基线差、坐标点位精度的统计，首先确认 CPⅠ竣工测量网精度满足 B 级 GNSS 网要求的前提下，进行 CPⅠ控制点竣工测量坐标与原测坐标的比较，当 CPⅠ控制点的竣工测量满足 x、y 坐标差值不大于±20 mm 时，认为设计单位所交 CPⅠ控制点精度满足规范要求，采用设计单位勘测成果。

(2)CPⅡ控制网竣工测量评判方法及标准

根据 CPⅡ竣工测量网的同步环、异步环、坐标点位精度的统计，首先确认 CPⅡ竣工测量网精度满足 C 级 GNSS 网要求的前提下，进行 CPⅡ控制点竣工测量坐标与原测坐标的比较。当 CPⅡ控制点的竣工测量满足 x、y 坐标差值不大于±20 mm 时，认为设计单位所交 CPⅡ控制点精度满足规范要求，采用设计单位勘测成果。

(3)二等水准竣工测量评判方法及标准

二等水准的竣工测量就是逐点复核相邻水准点之间的高差，通过竣工测量高差与设计高差进行比较，确认设计单位所交的高程控制点精度是否满足精度要求，点位是否稳固可靠。当竣工测量高差值与设计高差值之差小于±12 mm 时，认为设计单位所交的三等水准点精度满足规范要求，可采用设计单位勘测成果。

知识拓展

全站仪自由设站(也称边角联合后方交会)是指通过观测设站点到两个及以上控制点的水平距离和方位来快速确定设站点的坐标。

1. 全站仪自由设站点坐标求解

如图 7.1 所示，xoy 为施工测量坐标系统，GNSS001、GNSS002 为现场施工控制点，P 为根据现场情况及施工要求所确定的任意设站点，当在 P 点架设全站仪对点 GNSS001 和 GNSS002 进行观测时可得到观测量 λ、D_1 和 D_2，则由正弦定理得

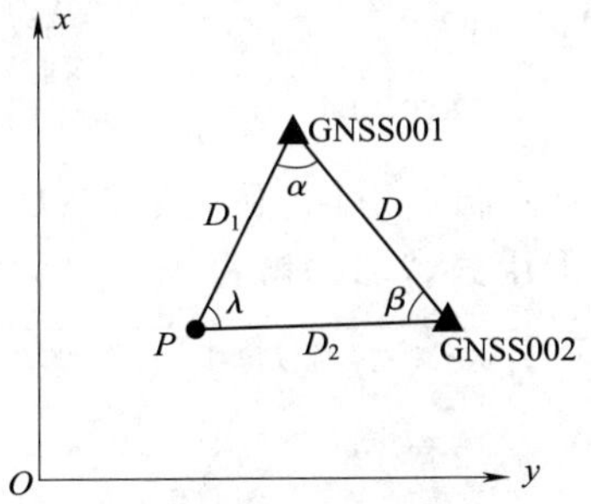

▲—施工控制点；●—自由设站点。

图 7.1　自由设站点坐标计算

$$\left.\begin{aligned}\alpha&=\arcsin\left(\frac{D_2}{D}\sin\lambda\right)\\\beta&=\arcsin\left(\frac{D_1}{D}\sin\lambda\right)\end{aligned}\right\}\tag{7.10}$$

设 GNSS001 的坐标为(x_1,y_1)，GNSS002 的坐标为(x_2,y_2)，待定点 P 的坐标为(x_P,y_P)，则由余弦定理推导得

$$\left.\begin{aligned}x_P&=\frac{x_2\cot\alpha+x_1\cot\beta+y_1-y_2}{\cot\alpha+\cot\beta}\\y_P&=\frac{y_2\cot\alpha+y_1\cot\beta+x_2-x_1}{\cot\alpha+\cot\beta}\end{aligned}\right\}\tag{7.11}$$

式(7.11)即自由设站点 P 的交会坐标。

2. 交会点的严密平差

上述计算方法的优点在于简便易行，但在实际的高速铁路测量中，自由设站测量通常观测两个及以上的控制点，故存在多余观测，所以可按照最小二乘原理进行交会点坐标的平差计算。

如图 7.2 所示，Dx_i 为施工控制点$(i=1,2,3,\cdots)$，P 为自由设站点，观测量为距离 D_i 和水平角 α_i。设 Dx_i 的平面坐标为(x_i,y_i)，P 点的平面坐标为(x,y)，水平度盘零方向的方位角为 α_0，则得

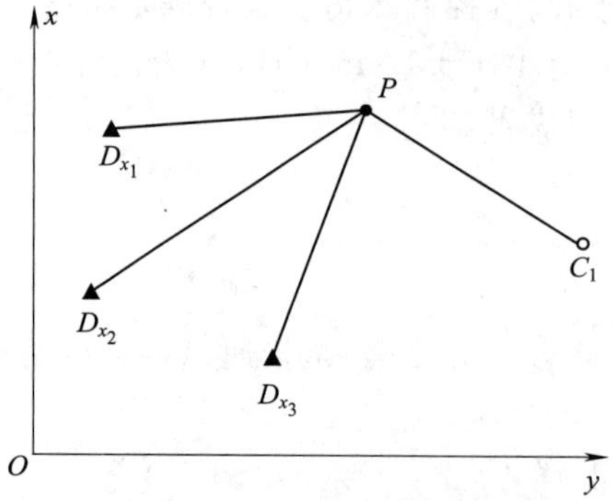

▲—施工控制点；●—自由设站点；○—段坐标测点。

图 7.2　边角后方交会原理

$$\begin{bmatrix}D_i\\\alpha_i\end{bmatrix}=\begin{bmatrix}\sqrt{(x-x_i)^2+(y-y_i)^2}\\\arctan\left(\dfrac{y_i-y}{x_i-x}\right)-\alpha_0\end{bmatrix}\tag{7.12}$$

式中，x、y、α_0 为未知参数；x_i、y_i 为控制点坐标，是已知值；D_i、α_i 为观测值。此时可根据任意两个控制点与设站点组成的三角形由式(7.10)解得未知参数的近似值 x_0、y_0、α_0^0，又设

$$D_i^0=\sqrt{(x_i-x_0)^2+(y_i-y_0)^2}\tag{7.13}$$

对式(7.12)求偏导数得

$$\begin{bmatrix}\mathrm{d}D_i\\\mathrm{d}\alpha_i\end{bmatrix}=\boldsymbol{A}\begin{bmatrix}\mathrm{d}x\\\mathrm{d}y\\\mathrm{d}\alpha_0\end{bmatrix}\tag{7.14}$$

其中系数矩阵有

$$A=\begin{bmatrix}\dfrac{x_0-x_i}{D_i^0} & \dfrac{y_0-y_i}{D_i^0} & 0\\ \dfrac{y_i-y_0}{(D_i^0)^2} & -\dfrac{x_i-x_0}{(D_i^0)^2} & -1\end{bmatrix} \tag{7.15}$$

则观测量改正数有

$$V=[V_{D_i}\quad V_{\alpha_i}]^{\mathrm{T}} \tag{7.16}$$

未知参数改正数为

$$x=[\delta X\quad \delta Y\quad \delta\alpha_0]^{\mathrm{T}} \tag{7.17}$$

常数项为

$$L=\begin{bmatrix}l_{D_i}\\ l_{\alpha_i}\end{bmatrix}=\begin{bmatrix}D_i-D_i^0\\ \alpha_i-\arctan\left(\dfrac{Y_i-Y_0}{X_i-X_0}\right)+\alpha_0^0\end{bmatrix} \tag{7.18}$$

则可得误差方程矩阵为

$$V_i=A_i\cdot x+L_i \tag{7.19}$$

组成法方程并求解可得

$$x=-(A_i^{\mathrm{T}}PA_i)^{-1}A_i^{\mathrm{T}}PL_i \tag{7.20}$$

其中 P 为单位权对角矩阵，由式(7.17)计算得

$$\begin{bmatrix}\hat{x}\\ \hat{y}\\ \hat{\alpha}_0\end{bmatrix}=\begin{bmatrix}x_0\\ y_0\\ \alpha_0^0\end{bmatrix}+x=\begin{bmatrix}x_0+\delta x\\ y_0+\delta y\\ \alpha_0^0+\delta\alpha_0\end{bmatrix} \tag{7.21}$$

即得严密平差计算后的自由设站点坐标值，在现场应用时可直接通过全站仪内置程序模块进行计算。

任务 7.2 线路轨道竣工测量

7.2.1 任务目标

掌握高速铁路几何状态的基本特征及基本要素，熟悉线路里程贯通测量方法；能利用轨道几何状态测量仪进行轨道几何状态测量，分析其数据结果，能进行线路里程测量。

7.2.2 工作任务

结合具体的工程项目，完成轨道几何状态测量、线路里程贯通测量、线路平面和纵断面竣工测量、线路横断面竣工测量。

7.2.3 相关配套知识

线路轨道竣工测量包括轨道几何状态测量、线路里程贯通测量、线路平面和纵断面竣工测量、线路横断面竣工测量等内容。同时根据贯通里程测设公里标和百米标。并测量曲线五大桩、变坡点、竖曲线起终点、立交道中心、涵洞中心、桥梁台前、台尾及桥梁中心、隧道进出口、隧道内断面变化处、车站中心、道岔中心、支挡工程的起终点的里程。

线路平面和纵断面竣工测量应利用轨道几何状态测量仪测量的线路中线位置、轨面高程

等数据进行线路平面曲线要素和纵断面坡度计算。

1. 轨道几何状态测量

轨道的几何形位按照静态和动态两种情况进行管理。静态几何形位是指线路无轮载作用时轨道的状态，采用人工或轻型测量小车测量。动态几何形位是行车条件下的轨道状态，采用轨道检查车测量。一般情况下，同一地段的静态和动态几何形位往往有较大的差异，轨道状态越差，差异就越大。

(1)静态测量

静态测量主要包括轨距、水平(超高)、前后高低、轨向、轨底坡等内容。

①轨距

轨距为两股钢轨头部内侧与轨道中线相垂直的距离。因为轨道上的钢轨并不是竖直铺设，有一定的轨底坡，所以轨距应在钢轨顶面下某一规定距离处量取。我国《铁路技术管理规程(高速铁路部分)》规定，轨距应在钢轨头部内侧面下 16 mm 处量取，如图 7.3 所示。选择这一位置量取轨距，是因为该位置钢轨头部的变形、磨损都对轨距的影响不大，便于轨道维修工作的实施。

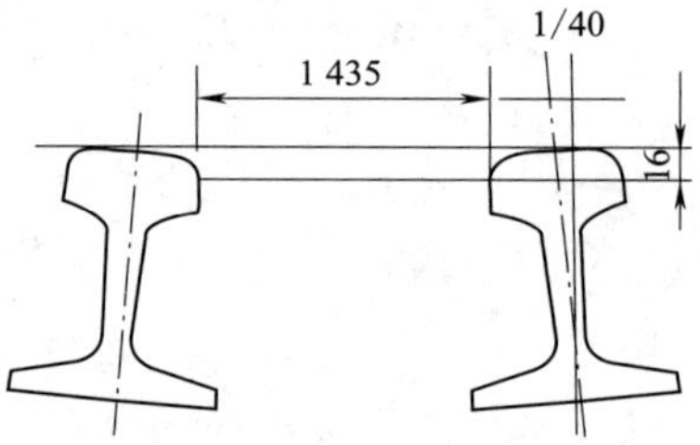

图 7.3　轨距测量(单位：mm)

轨距用道尺或其他工具(如轨道检查车、轨距水平小车)进行测量，其容许误差根据验收标准的不同而不同。轨距的变化需和缓平顺，在短距离内如有明显的轨距变化即使不超过允许误差，也会使机车车辆发生剧烈的摇摆。

②水平

水平指的是线路左右两股钢轨顶面的相对高差。它必须满足规定的均匀和平顺要求。轨道上两股钢轨的顶面，在直线地段应保持同一水平，在曲线地段应满足外轨均匀和平顺超高(图 7.4)的要求。这是为了使两股钢轨负担均匀，并保证车辆平稳行驶。

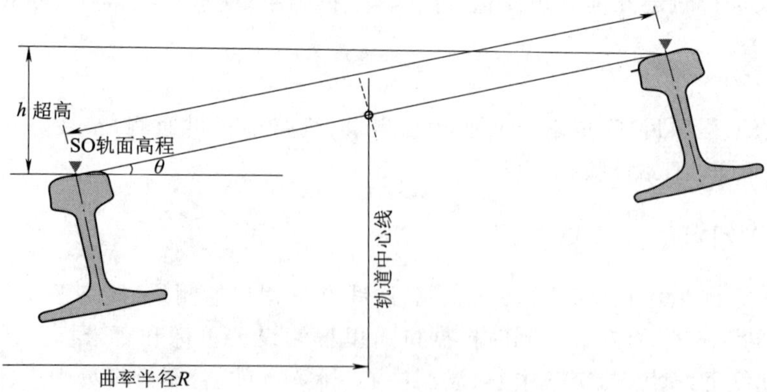

图 7.4　超高示意

实践中,有两种性质不同的钢轨水平误差,对行车的危害程度也不相同。第一种称水平差,就是在一段相当长的距离内,一股钢轨的轨顶水平,始终较另一股为高。另一种称三角坑(图 7.5),就是在一段不太长的距离内,先是左股钢轨高,后是右股钢轨高,而且两个最大水平误差点之间的距离不足 18 m。

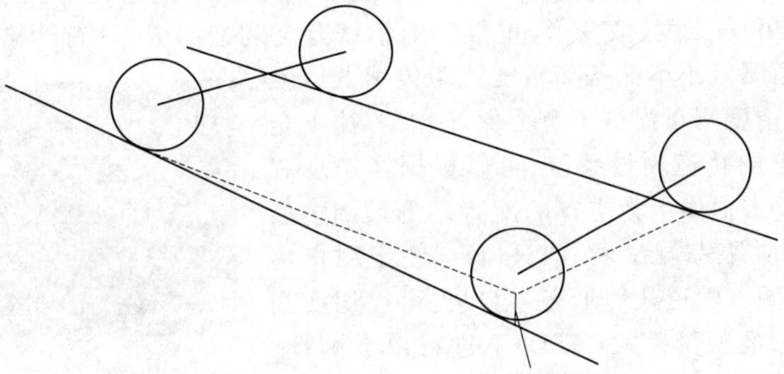

图 7.5　三角坑示意

③前后高低

轨道沿线路方向的竖向平顺性称前后高低。新铺或经过大修后的线路,即使轨面平顺,但经过一段时间列车运行后,由于路基状态、道床捣固坚实程度、扣件松紧、轨枕状态和钢轨磨耗的不同,就会产生不均匀下沉,造成轨面高低不平,在有些地方(通常在轨枕接头附近)下沉较多,出现坑洼;有些地方,从表面上看轨面是平顺的,但实际上轨底与铁垫板或轨枕之间存在间隙(间隙超过 2 mm 时称为吊板),或轨枕与道砟之间存在空隙(空隙超过 2 mm 时称为空板或暗坑),当列车通过时,这些地段的轨道下沉较大,也会产生不平顺,这种不平顺称为动态不平顺。随着高速铁路的发展,动态不平顺已受到广泛的关注。

轨道的前后高低用轨检车或轻型轨道不平顺检测小车测量。测量方法大多采用弦测法或惯性基准法。

④轨向

轨向是指轨道中心线在水平面上的平顺性,即轨道的中线位置,应和它的设计位置一致。但在机车车辆运行过程中,直线地段的轨道往往不再是一条理想的直线,而是一条由许多波浪形"曲线"组合而成的线段。每段曲线的长度在 10～20 m,一般肉眼不易看出。曲线轨道的受力状况比直线轨道更为复杂,变形也比较快。曲线轨道由于行车速度与实设超高不相适应,也由于车轮转向时,作用于钢轨上的附加横向力以及车轮进入或驶离缓和曲线时,对钢轨的横向和竖向冲击作用,使轨道变形进一步发展。反过来,曲线轨道的变形,将导致列车在曲线上的摇摆,增加作用于轨道上的横向力,使曲线轨道变形加剧。曲线轨道变形的结果,将使它不再是一条理想的圆曲线或曲率渐变的缓和曲线,而是一条有很多不同曲率半径圆弧组成的复曲线,形成严重的方向不平顺。

⑤轨底坡

车轮踏面和钢轨顶面主要接触部分是 1∶20 的斜坡,为了使钢轨轴心受力,钢轨不应竖直铺设,而要适当地向内倾斜。如果钢轨保持竖直,车轮的压力将离开钢轨的中心线而偏向道心一侧,且略向外斜,其结果将使钢轨头部磨耗不均,腰部弯曲,在轨头与轨腰连接处发生纵裂,甚至折损。

钢轨底面对轨枕顶面的倾斜度称为钢轨的轨底坡(也叫内倾度)。设置轨底坡的目的,是为了使车轮压力更集中于钢轨的中轴线，减少荷载的偏心距，降低轨腰应力。与此同时，还可减少钢轨头部由于接触应力而产生的塑性变形，因为在轨头中部，塑性变形的积累，要较两侧部分缓慢得多。

(2)动态测量

动态测量采用轨道几何状态测量仪(轨道测量小车配合全站仪)进行测量。轨道测量小车(图 7.6)的框架是由高强度、微变形、重量轻的铝镁合金制造而成，具有严格的几何尺寸和极高的稳定性。轨道测量小车配备高精度轨距传感器以及倾斜传感器，为高精度测量提供了有力保证，兼容徕卡全站仪和天宝全站仪的轨道测量系统，可以根据客户现有的资源及特定的要求提供更为丰富的配置。测量调整过程中，可以采用实时跟踪测量模式(RTK)，便于用户快速的、有预见性的调整轨道几何形态，用户也可以切换到测量精度更高的标准测量模式(STD)下进行单点测量，实现长轨和道岔轨的数据采集和最终定位。

图 7.6 小车整体

轨道测量小车界面可切换显示轨距，左右轨高程，中线坐标以及其他线路几何数据的偏移量，能直观的指导施工调整。测量数据可以导出多种数据格式，支持用户自定义格式。使用系统自带后处理软件，可以提交国际通用的数据格式报表，还可以自定义测量限差，并带有超限报警功能，测量结果以图形化和表格两种方式显示。软件支持长波短波的自定义，例如：10 m 弦、30 m 弦、300 m 弦等，方便施工单位和业主单位最后的验收沟通。

轨道几何状态测量应利用竣工测量的 CPⅢ控制点成果，采用全站仪自由设站配合轨道几何状态测量仪，将全站仪架设在已知点上或者通过 CPⅢ点自由设站。通过实时测量轨道小车上棱镜的绝对坐标 x,y,z 实时采集轨距传感器及超高传感器的测量数据，所有数据将发送到计算中心。

轨道精调测量前，应将线路平面、纵断面设计参数和曲线超高值等数据录入轨道几何状态测量仪，并复核无误。

轨道测量小车操作步骤如下：

第一步，打开软件系统，在内业建立的项目文件下新建一个工作任务，将通过内业软件生成的轨道中线、坡度、超高文件关联进来。

第二步，利用 CPⅢ控制点自由建站。

第三步，检核校准小车并输入轨道几何形态参数。

第四步，检查轨道几何形态参数。

第五步，测量。

第六步，导出数据文件，利用后处理软件，生成报表和图形文件。

至此，一个完整的数据采集工作完成。轨道几何状态测量仪测量步长：无砟轨道宜为 1 个扣件间距，有砟轨道不宜大于 2 m。更换测站后，应重复测量上一测站测量的最后 6～10 根轨枕(承轨台)。测量内容包括线路中线位置、轨面高程、测点里程、坐标、轨距、水平、高低、扭曲。

2. 线路里程贯通测量

里程测量宜采用线路中心坐标进行里程贯通计算。里程测量从既有线的车站中心或桥、隧建筑物等能确定既有里程的点位引出，按原定里程方向连续测量推算里程。当车站布设为鸳鸯股道时，应从车站中心转入另一条线连续测量，并推算里程。如车站中心在曲线上时，则应改在直线上换股。支线专用线，联络线等，应以联轨道岔中心为里程起点。

根据贯通里程测设公里标(图7.7)和百米标。并测量曲线五大桩、变坡点、竖曲线起终点、立交道中心、涵洞中心、桥梁台前、台尾及桥梁中心、隧道进出口、隧道内断面变化处、车站中心、道岔中心、支挡工程的起终点的里程。

图7.7　公里标实物

里程测量以线路轨道中心的长度为准,一般应沿轨道中心线丈量。当直线段较长时,在距曲线起、终点40～80 m以外的直线段可沿左轨轨面丈量。左右线并行地段应以左线贯通里程,绕行地段左右线分别计算里程。曲线地段应分别丈量,并在曲线测量终点的直线上取投影断链。当曲线间夹直线很短时,可几个曲线连续丈量,在最后一个曲线测量终点的直线上去投影断链。绕行线应单独测量,外业断链应设在绕行线终点外的百米标处,困难时可设在里程为10 m整倍数的加标处,不应设在车站、桥隧建筑物和曲线范围内。

在轨道上测量里程,不许用经纬仪定向,一般用轨道方尺定位。为了便于随尺量定千米、百米、20 m等整里程标位,使用经过检定或比长的钢卷尺丈量两次,较差在1/2 000以内时,以第一次丈量的里程为准连续贯通。

丈量直线段长度时,常用50 m钢卷尺整链量距。在曲线测量范围内,则采用每链丈量20 m弦长以代替弧长,当圆曲线半径小于300 m时,在圆曲线段要扣除弦弧差。

里程丈量应按照实测里程位置设置公里标、半公里标、百米标和加标,以便后续的工序和下阶段开展工作。纵向丈量到设标位置时,先用轨道方尺将点位平移到钢轨顶、侧面画粉笔线,用钢刷除去铁锈后,用油漆在左轨外侧腹部按封闭位画竖线(左轨为曲线外轨时,内轨外侧也要画竖线),在左轨竖线左侧标注千米整数,右侧标注里程零数。公里标和半公里标应写全里程,百米标和加标可不写千米数。

设置加标的地点和里程取位的规定如下:

(1)曲线测量范围,里程为20 m整倍数的点;直线段里程为50 m整数的点。

(2)桥梁中心、大中桥的桥台挡砟墙前缘和台尾、隧道进出口、车站中心、进展信号机等,取位至厘米。

(3)涵渠、平交道口、坡度标、跨越铁路的渡槽、跨线桥、电力线、通信线和地下管道等的中心,新型轨下基础、站台、路基防护支挡工程的起、终点和中间变化点,取位至分米。

(4)地形变化处,路堤、桥堑边坡的最高、最低处,路堤、路堑交界处,路基宽度变化处,路基病害地段等,取位至米。

需要设置加标的建筑物的点位,宜先作专业调查,在轨腰作粉笔标记。并在轨枕头上注明,以加快丈量进度,防止错漏。建筑物和标注的加标性质如桥中心、洞口、坡度标等,应在记录本上注明。

3. 线路平面和纵断面测量

线路平面和纵断面竣工测量应利用轨道几何状态测量仪测量的线路中线位置、轨面高程等数据进行线路平面曲线要素和纵断面坡度计算。不同的几何状态测量仪配套软件输出数据格式不同,GEDO CE软件计算输出的平面曲线要素数据格式如图7.8所示。

每条线路元素的横列描述定义,纵列间隔符号为十进制,第一行数据定义均为"0"而真正的线路开始元素是从第二行开始的。每条线路定义包含以下各项信息。

第一列:里程,输入的线路里程值。

0	0	0	0	0	0	0	0
1600033.898000	504682.230000	3088888.255100	189.73388900	2	430.000000	0.0000	10000.0000
1600463.898000	504748.226749	3088463.358840	191.10262151	1	930.930000	10000.0000	0.0000
1601394.828000	504834.844817	3087536.804858	197.02910596	2	430.000000	10000.0000	0.0000
1601824.828000	504848.745442	3087107.038438	198.39783847	9	0.000000	0.0000	0.0000

图 7.8 平面要素数据

第二列:东坐标,只需输入第一个里程点的正确东坐标。

第三列:北坐标,只需输入第一个里程点的正确北坐标。

第四列:方位角,只需输入第一个里程点的正确方位角。

第五列:曲线类型。

第六列:曲线长度。

第七列:起始曲线半径,直线段半径为 0。

第八列:结束曲线半径,直线段半径为 0。

数据前缀规则定义如下。

正号(+):曲率半径在里程方向的右侧——右转弯。

负号(-):曲率半径在里程方向的左侧——左转弯。

GEDO CE 利用 ASCⅡ 文件格式描述坡度文件的扩展名为 *.HDT。坡度根据实际情况划分成不同类型的坡度面,每条线路可利用同一行元素的坡度描述定义,纵列间隔符号为十进制,第一行规定以数字开始表示,其数字值为 $n-1$,$n=$总行数,而真正的线路开始元素是从第二行开始的。每条线路坡度定义包含以下各项信息。

第一列:变化处的里程值—变坡点。

第二列:切线交点处高程值—变坡点高程。

第三列:坡度变化半径(m)。

数据前缀规则定义如下。

盆地:曲率半径为正号(+)。

拱顶:曲率半径为负号(-)。

曲线元素没有弧段半径为 0,起始的曲线元素特殊,坡度曲线半径为 0,结束的曲线元素特殊,坡度曲线半径为 999。GEDO CE 输出的纵断面坡度数据格式如图 7.9 所示。

4		
1599469.000000	66.956300	0.000000
1601100.000000	81.146000	-30000.000000
1602700.000000	76.346000	-30000.000000
1603900.000000	61.946000	30000.000000
1605525.000000	64.058500	999.000000

图 7.9 纵断面坡度数据

4. 横断面测量

线路横断面竣工测量包括路基、桥梁、隧道的测量。横断面测量为线路改扩建做准备数据,所以,横断面应作较精细的测量。横断面测绘以线路中线贯通测量测设的中线桩为横断面中心线,以轨面高程为横断面高程基准。一般横断面测绘到路基坡脚、堑顶以外 20 m,或用地界以外 10 m。

横断面的位置和密度与线路中线桩相同。在直线地段不宜大于 50 m,曲线地段不宜大于 40 m,个别设计路基工点一般为 10～20 m,复杂工点为 5～10 m。

路基横断面应采用全站仪或水准仪进行测量。路基横断面测点应包括路基面高程变化点、如线路中点和两边点、变坡点、路肩、侧沟、平台、挡护墙、边坡坡脚、堑顶、护道、排水沟、天沟等。路基面范围各测点平面、高程测量中误差为±10 mm。

桥面横断面竣工测量方法和精度要求与路基横断面测量相同。桥面横断面测点应包括左右轨道中心线、桥梁中心线、挡砟墙脚和顶面。

隧道竣工横断面应采用测距精度不低于$(5+2\times10^{-6}D)$mm 的全站仪或断面仪进行测量，断面点测量中误差应≤10 mm，断面点应包括左右轨道中心线、隧道中心线、排水沟、电缆沟、内拱顶、起拱线以及轨顶以上 1.1 m、3 m、5.8 m 处的断面点。

横断面图的比例尺一般为 1∶200，特殊情况可用 1∶100 或 1∶500，图上要注明冠号、里程、轨面高程及特殊地物点，如房屋、道路、灌渠、河边、一级地质、地类分界点等。

任务 7.3　线下工程建筑及线路设备竣工测量

7.3.1　任务目标

熟悉高速铁路桥梁、隧道、车站及其附属建筑物的基本特征，掌握线路沿线设备接触网、行车信号与线路标志等主要设备的竣工测量方法，能对隧道、桥涵、路基工程，车站及其附属建筑等线下工程建筑及线路设备进行竣工测量。

7.3.2　工作任务

结合具体的工程项目，完成隧道、桥涵等工程及其附属建筑物竣工测量。

7.3.3　相关配套知识

为了检查主要结构物和建筑物以及线路位置是否符合设计要求，并提供竣工文件所需的资料，也为将来运营中的维修工程等提供测量控制点，必须进行竣工测量。线下工程建筑及线路设备竣工测量应包括：隧道、桥涵、路基工程、车站及其附属建筑物竣工测量，线路沿线设备接触网、行车信号与线路标志等主要设备的竣工测量。

1. 隧道竣工测量

隧道竣工后，在进行竣工测量时，首先进行中线测量，从隧道一端测至另一端。在测量时，直线地段每 50 m 的点，曲线地段每 20 m 的点，以及以后需要加测的断面处，如洞身断面变换处和衬砌类型的变换处，应打临时中桩或标志。如遇施工中埋设的中线点标志，即进行检测。在检测时应该对其里程及其与中线的偏差进行检测。此外，对洞身断面变换处和衬砌类型变换处的里程也应核对。在中线测量闭合后，于直线地段每 200 m 左右埋设一个永久中线点。曲线地段应在曲线主点埋设永久中线点，如果主点之间曲线过长，则可适当加设永久中线点，使相邻各点能相互通视。永久中线点埋设之后，应在边墙上标明点的名称及里程。永久中线点的埋石与洞内导线点的埋石相同。施工中已有的中线点，如其间距与埋石均符合要求时，可不再埋设新点。

洞内水准点每千米应埋设一个，短于 1 km 的隧道应至少埋设一个或两端洞门附近各设一个。水准点的编号和高程应标记在隧道的边墙上。洞内水准点应附合到洞外水准点上，平差后确定各点高程。

中线测量已在欲测断面处打有临时中线桩，据以测绘每个断面处隧道的实际净空，包括拱顶高程，路线中线左、右起拱线的宽度，铺底或仰拱高程。测量方法一般采用支距法，以路线中线为准，最后应绘出断面净空图(图 7.10)。

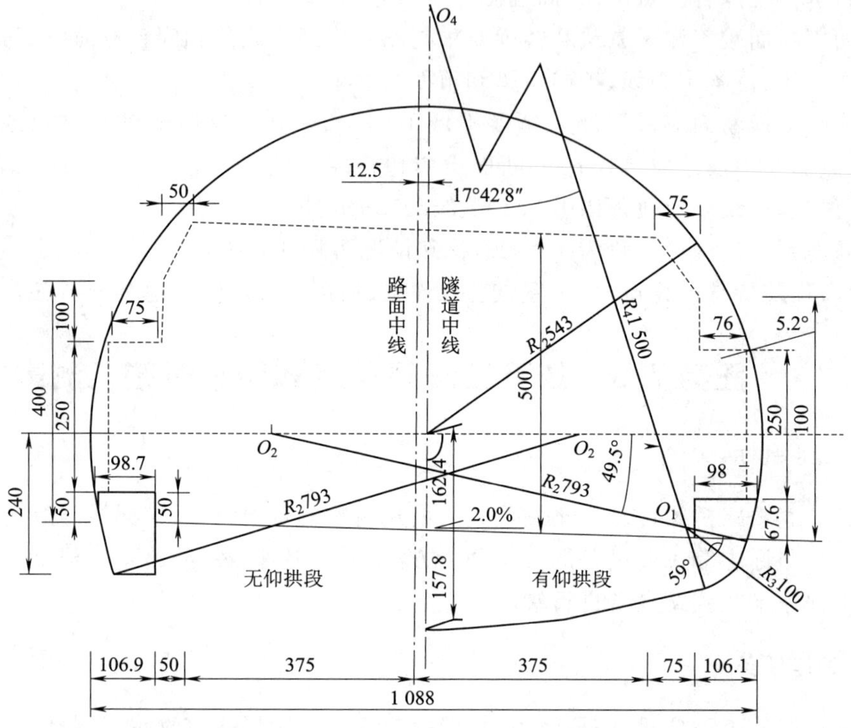

图 7.10　隧道断面净空(单位:cm)

2. 桥梁竣工测量

桥梁竣工后，须进行竣工测量。通过竣工测量，一方面可以检查施工过程是否满足设计要求，起到检查施工质量的作用；另一方面，在桥梁投入运营后，为保证桥梁的行车安全和使用寿命，需要定期进行变形观测。由于变形观测的资料是通过与竣工资料的对比来分析变形，因此，对变形观测而言，竣工资料也是必不可少的。桥梁竣工测量分两阶段进行。第一阶段是在桥梁墩台施工完毕、梁部架设以前，对全线桥梁墩台的纵、横向中心线、支承垫石顶高程、跨度进行贯通测量，并标出各墩台纵、横向中心线、支座中心线、梁端线及锚栓孔十字线。第二阶段是在梁部架设完成后，对全桥中线贯通测量并在梁面标出桥梁工作线位置。

(1)墩、台竣工测量

墩、台竣工测量的主要内容有：

①测定各墩、台间的跨度。

②丈量墩台各部尺寸。

③测定支承垫石顶面高程。

由于桥梁竣工后，各墩、台上已有工作线交点、墩中心点等标志，所以各墩、台的跨度可根据桥墩中心点或工作线的交点测定。如果跨度较小，则可用钢尺直接丈量；当跨度较大不便丈量时，可用光电测距仪或三角测量的方法施测。在测出各跨的距离后可计算出桥长，与设计桥长比较以估算其精度。

桥墩、台各部尺寸的检查内容主要是墩顶的尺寸、支承垫石的尺寸和位置等。这些内容的检查均可以墩顶标有的纵、横方向线或工作线为依据进行。

墩台顶面高程的测定，可自桥梁一端的一个水准点开始，逐墩测量，最后闭合于另一端的一个水准点。测量时应考虑前、后视距大致相等。

(2)桥梁架设竣工测量

此项竣工测量的内容包括：测定主梁弦杆的直线性、梁的拱度、立柱的竖直性以及各个支墩上梁的支点与墩、台中心的相对位置。

主梁弦杆的直线性、梁的拱度和立柱的竖直性的测定，可参照架梁时的方法进行，为求得墩上梁的支点与墩、台中心的相对位置，就要测定固定支座及活动支座底板中心与墩、台中心的相对位置，上摆对于铰枢中心的相对位置，以及支座底板中心与下摆中心纵向的相对位置。由于活动支座的下摆中心与底板中心的相对位置是随温度变化的，因而要在不同的温度条件下测出辊轴顶部及底部的位移变化，由此推算出在设计的标准温度下支座底板中心与下摆中心的相对关系。根据上述观测结果，即可推算出梁的支点与墩、台中心的相对位置及其与设计位置的差值。

3. 路基竣工测量

路基竣工测量主要是横断面测量，应在路基沉降稳定后进行。横断面间距为直线地段一般为 50 m，曲线地段一般为 20 m。横断面竣工测量应在恢复中线后用全站仪或水准仪进行测量，测点包括线路中心线及各股道中心线、路基面高程变化点、线间沟、路肩等。

路基面竣工测量成果应作为工序交接和无砟轨道混凝土支承层施工和变更的依据。

4. 车站及其附属建筑物竣工测量

车站及其附属建筑物竣工测量一般由施工单位负责完成，测量的内容应满足竣工图编制和竣工验收的要求，测量方法和精度与施工测量相同。

(1)站场平面测绘内容：正线、支线、专用线线路平面，站线的编号、长度、有效长、道岔辙岔号数及编号、道岔连接曲线、线路平面及距离，建筑物、设备及标志，站内排水系统及管道设施。

(2)站内平面测绘要求：站场平面测绘一般利用正线或另设基线作为坐标纵轴，用法线或坐标测定两侧站线和建筑物、设备、标志等的位置。

站内采用正线连接里程，较长的联络线、岔线、场、段、所及其他单独线路作支导线(辅助基线)单独丈量里程，并与正线联测里程和坐标关系。形成闭合导线时，闭合差应符合初测导线规定的精度要求。符合在正线上时，以正线坐标为准进行简易平差。

中间站和区段站一般利用正线或其外移桩作基线。车场或横向平行股道较多的站场，可在中轴线附近的股道间再设一条或几条辅助基线，分成几个条带进行平面测绘。横向有两条及以上的基线时应构成闭合环或基线网，以控制平面精度。

站内线路、建筑物、设备，以线间距或坐标确定平面位置。测绘内容除了已用中线测量方法测出的站线、道岔的平面位置外，对与建筑限界有关的建筑物和设备均需测出其边缘与线路中心的距离，岔心、警冲标、信号机等测出中心坐标，取位至 cm，点位误差不大于 5 cm。其他建筑物和设备，其距离取位至分米。对穿越线路的天桥、地道、电力和通信线路等跨越建筑物，还要测量与线路的交角和净高。

5. 线路沿线设备接触网、行车信号与线路标志的主要设备的竣工测量

线路沿线设备接触网、行车信号与线路标志等设备的竣工测量应按站后相关专业验收标准进行测量。

站场、区间接触网测量应包括：全部电化股道、与接触网架设有关的非电化股道、桥梁、隧道、涵管、虹吸管、平交道、地道、天桥、跨线桥、架线渡槽等、站场及与架设接触网相关的建筑物(如站舍、雨棚、仓库、搬道房、水鹤起、煤台及上下挡墙等)、支柱(钢柱、钢筋混凝土柱)、设备

(接地极、限界门、避雷器、隔离开关分段分相绝缘器等)、附加导线的走向、位置。站场接触网平面比例一般为 1∶1000。区间接触网平面布置要比站场简单,它的比例一般为 1∶2000。

隧道内接触网测量主要内容有:悬挂点间跨距、悬挂点的数量及位置、安装埋入孔的位置。桥梁接触网测量是测量桥钢柱地脚螺栓或桥支架锚栓在桥墩台的布置。行车信号测量主要包括自动闭塞的信号灯支架的测量和停车线标志的测量。信号灯支架的里程位置允许误差为±100 mm。车站停车线标志位置的允许误差为±100 mm。

线路标志测量主要包括线路的千米标、百米标、坡度标、竖曲线标、曲线元素标志、曲线要素(曲线的半径、缓和曲线、圆曲线)长度标志的位置和道岔警冲标位置的测量。标志允许误差为±100 mm,轨腰上标志位置的允许误差为±5 mm。

知识拓展

隧道贯通误差的调整应按以下方法进行:当隧道处于直线段时,用折线法调整;当隧道处于曲线段时,根据实际贯通误差,由曲线的两端向贯通面按长度比例调整中线;当采取精密导线法测量时,贯通误差用坐标增量平差来调整;进行高程贯通误差调整时,贯通点附近的水准点高程,采用由进出口分别引测的高程平均值作为调整后的高程。

隧道贯通后,施工中线及高程的实际贯通误差,应在未衬砌的 100 m 地段内(即调线地段)调整。该段的开挖及衬砌均应以调整后的中线及高程进行放样。

折线法调整应符合下列要求:

(1)因调整而产生的转折角小于 5′时,可视为直线线路。

(2)转折角在 5′～25′时,应按顶点内移量确定线路及相应衬砌位置。顶点内移量应符合表 7.2 的规定。

(3)转折角大于 25′时,则应加设半径为 4 000 m 的圆曲线。

通过导线测得的贯通误差,在规定的贯通误差限差以内时,贯通误差调整应符合下列要求:

表 7.2　顶点内移量

转折角/(′)	内移量/mm
5	1
10	4
15	10
20	17
25	26

(1)方位角贯通误差分配在未衬砌地段的导线角上。

(2)计算贯通点坐标闭合差。

(3)坐标闭合差在调线地段导线上,按边长比例分配,闭合差很小时也可按坐标平差处理。

(4)采用调整后的导线坐标作为未衬砌地段中线放样的依据。

高程贯通误差在规定的贯通误差限差之内时,按下列方法调整:

(1)由两端测得的贯通点高程,应取平均值作为调整后的高程。

(2)按高程贯通误差的一半,分别在两端未衬砌地段的高程点上按路线长度的比例调整。

(3)应以调整后的高程,作为未衬砌地段高程放样的依据。

任务 7.4　线路竣工图及铁路用地界测量

7.4.1　任务目标

了解线路竣工地形图基本知识,掌握线路竣工图测量方法,掌握铁路用地界桩测量方法;

能用全站仪数字化测图法、GNSS-RTK数字化测图法等方法测图，能用全站仪极坐标法、全站仪自由设站法或GNSS-RTK根据铁路用地图对铁路用地界桩进行测设。

7.4.2　工作任务

结合具体的工程项目，完成铁路用地界测量和竣工地形图测量。

7.4.3　相关配套知识

1. 线路地形测量

线路竣工地形图测量范围应满足用图单位的需要，一般为铁路两侧各100 m（站场由最外股道起算），特殊情况至少包括铁路用地界外50 m，地形图比例尺为1∶2000。

线路竣工地形图宜采用航空摄影的方法测绘，也可利用线路施工平面图进行修测。线路地形图应能全面反映路基边坡以内的建筑物、设备和线路状态，边坡以外的自然地形、地物和地貌。

地形测量一般在外移桩或导线点、基线点上进行。区间距线路中心、站内距站台或最外股道中心30 m以内及改扩建工程范围的房屋应分栋测出并注明用途，路基边坡以外的地形、地物测量与新测图方法相同。地形图比例尺一般为1∶2000。

图根点可用导线法、支导线法和GNSS-RTK法测设，起闭于初测导线点或GNSS点。图根点相对于邻近控制点，平面点位中误差不大于图上0.1 mm，高程中误差不大于1/10基本等高距。在测站上作业前，应核对后视点的距离和高程，并应重测前站所测的明显地物点或数个测点进行检查。观测时间较久及移站前均应检查后视方向。

地形测量宜采用摄影测量方法成图，其技术指标和精度应符合相关规范的规定。当采用全站仪数字化测图法等方法测图时，仪器对中误差不得大于5 mm，仪器高和棱镜高应量至0.01 m。数据采集开始前和结束后，应对后视点的距离和高程进行检核，距离较差应不大于图上0.1 mm，高程较差应不大于1/6基本等高距。检测结果超限时，本站已测的碎部点必须重测。

当采用GNSS-RTK数字化测图法等方法测图时，求解转换参数的高等级控制点应均匀分布于周围，且数量不少于4个。数据采集开始前，宜检测1个以上不低于图根点精度的已知点。平面较差应不大于图上0.2 mm，高程较差应不大于1/5基本等高距。根据测图比例尺的精度要求在GNSS控制器上设置精度指标，当测点的精度满足精度指标时存储测量点成果。在测量记录各个点时，应输入测量点的属性（点号、代码），必要时现场绘制草图，标明点的连接关系。

站场和路基范围内建筑物、设备较多，应结合站场和线路的平面测绘制图。地形测图内容包括线路中线或基线、外移桩、站场股道、道岔、站台、房屋、标志、界桩及信号、机务、给水等设备、桥梁、涵洞、跨线建筑物、隧道、挡墙、道路、管槽、电力通信线等。

在地形图上需注明铁路去向、公里标的位置及里程。对线路上及其两侧的建筑物、铁路标志、设备和有关地物等，在地形图上精度达不到要求或显示有困难时应进行调回。调回工作可在里程丈量之后并结合有关调查工作一并进行。调回宽度及内容应满足设计需要，一般情况每侧不小于20 m，重点工程及用地较宽处应酌量加宽。

原有线路施工平面图经核对确认可以利用时可不重测而进行修测，但宽度不足及地形、地物有明显变化的部分应予以补测。

地形图测量完毕需对地形图平面和高程精度进行检查，地物点在图上的点位精度检查时，点位中误差应按式(7.22)、式(7.23)计算：

(1)当用高精度方法检查时

$$m_s=\pm\sqrt{\frac{\sum\Delta_s^2}{n}} \tag{7.22}$$

(2)当用同等精度方法检查时

$$m_s=\pm\sqrt{\frac{\sum\Delta_{1s}^2}{2n}} \tag{7.23}$$

式中　m_s——检测时点位中误差；

Δ_s——高精度检查点位与图上同名点位较差；

Δ_{1s}——同精度检查点位与图上同名点位较差；

n——同一地面横坡的检查点数。

地物点在图上的点位中误差应符合表 7.3 的规定。

表 7.3　点位中误差

地形图比例尺	点位中误差/mm
1∶500、1∶1 000	1.6
1∶2 000	Ⅰ、Ⅱ级地形：1.0；Ⅲ、Ⅳ级地形：1.2；困难时：1.6
1∶5 000、1∶10 000	Ⅰ、Ⅱ级地形：0.5；Ⅲ、Ⅳ级地形：0.8；困难时：1.2

等高线高程精度检查时高程中误差应按式(7.24)、式(7.25)计算：

(1)当用高精度方法检查时

$$m_h=\pm\sqrt{\frac{\sum\Delta_h^2}{n}} \tag{7.24}$$

(2)当用同等精度方法检查时

$$m_h=\pm\sqrt{\frac{\sum\Delta_{1h}^2}{2n}} \tag{7.25}$$

式中　m_h——检测时高程中误差；

Δ_h——高精度检查点的高程与图上内插高程之差；

Δ_{1h}——同精度检查点的高程与图上内插高程之差；

n——同一地图横坡的检查点数。

等高线高程中误差应符合表 7.4 的规定。

表 7.4　高程注记点和等高线的高程中误差

地形等级	Ⅰ		Ⅱ		Ⅲ		Ⅳ	
比例尺	误差类别							
	高程注记点(m)	等高线(m)	高程注记点(m)	等高线(m)	高程注记点(m)	等高线(m)	高程注记点(m)	等高线(m)
1∶500	0.20	0.25	0.40	0.50	0.60	0.75	0.80	1.00
1∶1000	0.40	0.50	0.60	0.75	0.80	1.00	1.20	1.50
1∶2000	0.60	0.75	0.96	1.20	1.60	2.00	2.00	2.50
1∶5000	0.90	1.00	1.20	1.50	2.00	2.50	3.00	3.50
1∶10000	1.20	1.50	2.00	2.50	3.2	4.00	4.80	6.00

注：隐蔽和困难地区，可按表中规定放宽到 1.5 倍。

2. 铁路用地界测量

铁路用地界桩测量应根据铁路用地图，利用 CPⅠ、CPⅡ、CPⅢ控制网采用全站仪极坐标法、全站仪自由设站法或 GNSS-RTK 进行测设。

沿线路两侧每隔 300～500 m 及地界宽度变化处均应埋设地界桩，用地界桩的测量点位中误差不应大于 5 cm。

地界测量是针对行政区域界线、地块或宗地界线等的主要界标设施所进行的测量。对行政区域和地块界线、界点、重要界标设施等所进行的测量。

建设用地定界测量，从工作性质上可分为两类：一是经土地管理部门确认和批准的，具有用地界址点坐标或用地界址线技术数据的建设用地方案图，采用测量的方法将该用地的界点及界线在实地标定出来，简称地界放点。二是已经建设和使用的、在实地已形成一定范围和界线的用地，采用测量的方法将实地界点的坐标或界线技术数据测量出来，简称为地界测点。以上两类定界测量工作，从测量依据、工作程序、成果内容和成果使用上均有区别。

铁路用地界桩测量应根据铁路用地图，利用 CPⅠ、CPⅡ、CPⅢ控制网采用全站仪极坐标法、全站仪自由设站法或 GNSS-RTK 进行测设。地界放点的依据资料是：经土地管理部门确认和批准的，在有效期内的用地方案图(规划红线图)或宗地图。用地方案图或宗地图由土地管理部门或用地单位提供。

地界放点应埋设稳固的永久性标志。根据用地的建设阶段和现场情况，可以采用如下四种标志类型：

(1)埋设混凝土桩，适用于泥土地和能挖坑的砂石地。对于特别松软的泥土地需在桩的周围用水泥进行加固。

(2)打入带帽钢钉，适用于坚硬的路面、水泥地面等。

(3)刻十字、配喷漆，适用于已建成的永久性地物上，如房角、墙角、瓷砖地面等。

(4)木桩，只适用作临时性的指示标志，如界点位置处于临时堆土区、拆迁区、平整推土区和临时指示桩等。

地界放点所埋设的界桩，均需要用油漆在桩上标注界点号。个别未经过正式编号的界点，也应标注临时编号。

地界放点过程中，若遇到下列情况应在界点与界点间加测中间界桩，称“加桩”。加桩的临时编号用阿拉伯数字前加字母 G 表示：

(1)相邻界点间的直线距离超过 150 m。

(2)相邻界点间距离虽没有超过 150 m，但界点间有较高土堆或山包、山头等妨碍视线的障碍物时。

(3)只有起、终点坐标及曲线元素的曲线地界，较长的曲线部分应适当测放加桩。

地界放点过程中，若遇待放点位暂时无法到达或不能设置标志时，须在待放点附近适当位置测设指标桩并测量出指标桩坐标值与待放点的关系尺寸。其资料应载明于放点测量报告中。指示桩的编号可在阿拉伯数字前加字母 S 表示。地界测点须在待测点位按依据资料确定并设置标志后进行。待测点的编号为临时编号，可在阿拉伯数字前加字母 C 表示。

地界放点外业工作完成后，测量人员应向用地单位或个人交验各界桩位置。交验桩位完毕，应由用地单位验桩人员在放点依据资料中的特设位置签字。如因特殊情况而设置指示桩的，也应在现场说明。

地界测点及地界放点的点位精度：界点相对于邻近控制点的点位中误差不大于±0.05 m。

地界点坐标值取位至 0.01 m。界点间的界址边长中误差不大于±0.05 m，界址边长取位至 0.01 m。

地界放点测量外业工作完成后应整理并提交地界放点测量报告。测量报告内容包括：

(1)地界放点测量技术说明。

(2)坐标表。

(3)宗地现状图。

(4)地界放点测量依据资料。

按以上顺序的各项资料装订成册并加封面成为地界放点测量报告书。

地界放点测量技术说明应包括放点测量依据、界点数、利用或补充测量控制点的情况及点号、放点方法简述、放点或埋桩过程特殊情况的处理说明及测量成果使用时注意事项等。坐标表中除了抄录测量依据资料中的坐标值外，还应列明对应点号、界点标志类型、备注栏。若测量了加桩或指示桩，应列明加桩或指示桩坐标值及标志类型。地界测点测量外业工作完成后应整理并提交地界测点测量报告。测量报告书的形式及项目与地界放点测量报告书中相同。其内容的区别主要在于坐标表中的坐标值是实测计算而得，界址现状图上的界点位置须用实测坐标展绘，坐标表中无加桩或指示桩的坐标，对于只测个别界点的，可按界点周围测量局部现状图。

项目小结

本项目围绕高速铁路隧道、桥涵等工程结构、轨道几何状态等，介绍了控制网竣工测量、线路轨道竣工测量、线下工程建筑及线路设备竣工测量、竣工地形图及铁路用地界测量等内容。

控制网竣工测量。包括 CP0、CPⅠ、CPⅡ、CPⅢ控制网、线路水准基点网竣工测量及轨道维护基标测量等内容。对在施工过程中毁坏、丢失的桩点，应按同精度内插补设，同时根据高速铁路运营养护管理的需要对轨道维护基标进行测设，并完成竣工测量。

线路轨道竣工测量。包括轨道几何状态测量、线路里程贯通测量、线路平面和纵断面竣工测量、线路横断面竣工测量等内容。曲线五大桩、变坡点、竖曲线起终点、立交道中心、涵洞中心、桥梁台前、台尾及桥梁中心、隧道进出口、隧道内断面变化处、车站中心、道岔中心、支挡工程的起终点等特征点，均需测量。

线下工程建筑及线路设备竣工测量。包括隧道、桥涵、路基工程，车站及其附属建筑物竣工测量，线路接触网、行车信号与线路标志等沿线主要设备的竣工测量。主要检查结构物和建筑物以及线路位置是否符合设计要求。

竣工地形图及铁路用地界测量。线路竣工地形图宜采用航空摄影的方法测绘，也可利用线路施工平面图进行修测，要求全面反映路基边坡以内的建筑物、设备和线路状态，边坡以外的自然地形、地物和地貌；铁路用地界桩测量应根据铁路用地图，利用 CPⅠ、CPⅡ、CPⅢ控制网，采用全站仪极坐标法、全站仪自由设站法或 GNSS-RTK 进行测设。

复习思考题

1. 竣工控制网测量内容包括哪些？

2. 如何保证竣工控制网的精度?
3. 如何进行轨道几何状态测量?
4. 线路平、纵横断面图如何施测? 有哪些注意事项?
5. 线下工程测量包括哪些内容?
6. 线路地形图测量数据采集方法有哪些? 如何保证测量精度?

项目8　运营及养护维修测量

项目描述

为满足高速铁路无砟轨道运营和维护管理需要，保持轨道结构的安全性、稳定性和耐久性，全面提高无砟轨道养修质量，确保列车以规定速度安全、平稳和不间断运行，在运营期应按照设计要求进行系统的沉降变形动态观测，掌握线下结构物变形状态，为轨道维护收集技术数据。运营及养护维修测量主要应包括控制网的复测、构筑物变形监测、区域沉降地段变形监测、轨道几何状态检测等。

学习目标

1. 知识目标

(1)掌握控制网的布设、观测及数据处理的方法；

(2)掌握桥梁、隧道、涵洞和路基等工程建筑物变形监测的方法；

(3)掌握轨道几何状态的检测的方法。

2. 能力目标

(1)能进行控制网的布设、观测及数据处理；

(2)能进行桥梁、隧道、涵洞和路基等工程建筑物变形监测；

(3)能进行轨道几何状态的检测。

3. 素质目标

(1)培养正确查询、运用行业规范、标准的能力；

(2)培养与人沟通以及写作能力；

(3)培养质量意识、安全意识、环保意识与协作意识；

(4)培养吃苦耐劳精神和严谨认真的工作作风。

任务8.1　构筑物变形测量

8.1.1　任务目标

掌握沉降变形观测点布设原则及步骤，掌握变形监测网的建立及基点布设，变形监测网的主要技术要求，掌握沉降观测的精度要求和观测方法，变形监测网施测要求；能对构筑物(桥梁、隧道、涵洞和路基等)进行变形监测。

8.1.2　工作任务

结合具体的工程项目，完成路基、桥涵、隧道等构筑物变形监测点的布设、外业观测及数据处理，并编制变形监测报告。

8.1.3　相关配套知识

1. 观测点的设置

运营期间沉降监测应尽量利用建设期间布设的观测点,并根据运营监测需要在重点地段增设特征断面监测点,其增设应满足下列要求:

(1)路基地段监测断面测点不应少于6个,路基无砟轨道道床板施工后,在原观测点断面上、下行轨道外侧(路肩侧)距支承层边缘200 mm处支承层台面上各设一个新沉降观测点。具体布设位置如图8.1所示。

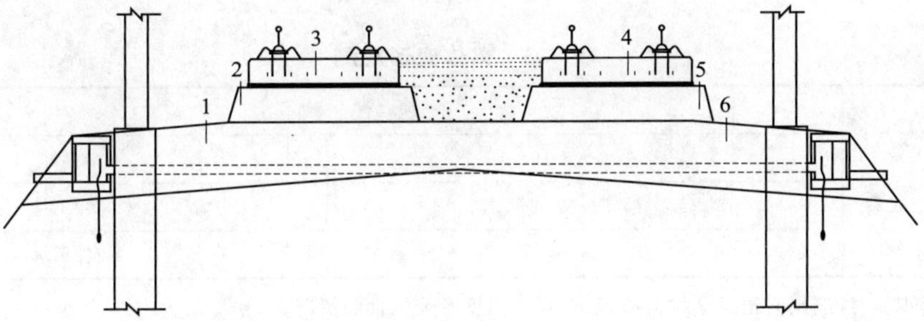

图8.1　路基地段监测断面测点布设位置示意

注:图中数字表示观测点编号。

(2)桥梁地段监测断面测点不应少于6个,具体布设位置如图8.2所示。桥梁地段可利用桥墩监测点进行桥梁受区域地面沉降影响的监测工作。

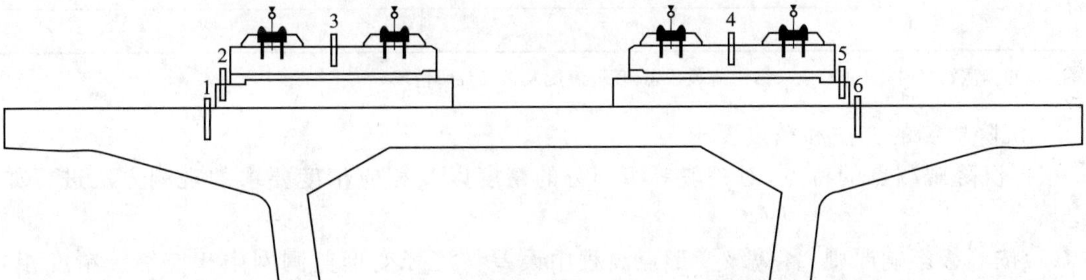

图8.2　桥梁地段监测断面测点布设位置示意

注:图中数字表示观测点编号。

2. 沉降监测的频次

(1)路基地段,无砟轨道施工后应进行沉降观测,路基沉降观测的频次按表8.1规定实施,当环境发生变化或数据异常时,应及时观测。

表8.1　路基沉降观测频次

观测阶段	观　测　频　次	
无砟轨道铺设后	第1月	1次/2周
	第2、3月	1次/月
	第3～12月	1次/3月

(2)桥涵地段,为有效地控制“工后变形”,使其满足无砟轨道设计安装精度要求,保障运营

安全平稳。桥梁、涵洞在运营过程中，应按表8.2、表8.3、表8.4规定，对桥梁、涵洞的变形分阶段性并以合理的观测频次进行观测。

表8.2 墩台沉降观测频次

观测阶段	观测频次	
无砟轨道铺设后	第0～3月	1次/月
	第4～12月	1次/3月
	第13～24月	1次/6月

注：观测墩台沉降时，应同时记录结构荷载状态、环境温度及天气日照情况。

表8.3 梁体变形观测

观测阶段	观测频次	
无砟轨道铺设完成后	第0～3月	1次/月
	第4～12月	1次/3月
	第13～24月	1次/6月

注：梁体变形观测时，应同时记录结构荷载状态、环境温度及天气日照情况。

表8.4 涵洞沉降观测频次

观测阶段	观测频次	
无砟轨道铺设完成后	第0～3月	1次/月
	第4～12月	1次/3月
	第13～24月	1次/6月

注：观测涵洞沉降时，应同时记录结构荷载状态、环境温度及天气日照情况。

3. 沉降监测的方法和精度要求

根据沉降观测点的特点，对一般等级划分的精度以及相应精度要求的观测方法进行如下规定：

(1)按等级影响原则，各等级变形点高程中误差与沉降变形监测网中相应等级精度相当，即一等为±0.3 mm、二等为±0.5 mm、三等为±1.0 mm、四等为±2.0 mm。

(2)区域沉降地段的监测方法可采用InSAR技术、GNSS技术、水准测量方法或建立分层水位监测井和分层沉降标的方法。

(3)观测方法主要采用几何水准测量，在高精度沉降观测中也可使用液体静力水准测量。

(4)根据高速铁路无砟轨道对线下构筑物变形的要求，沉降变形观测点的精度应按二等水准精度观测。

任务8.2 轨道几何状态检测

8.2.1 任务目标

掌握轨道不平顺管理值，即轨距、高低、轨向、水平、扭曲，掌握几何状态检查的内容和周期，了解轨道检测仪器的原理；能采用轨道检查设备对检查线路进行周期性检查，以指导线路养修工作。

8.2.2 工作任务

结合具体的工程项目，完成轨道的轨距、轨向、高低、水平、扭曲以及轨道中线三维坐标测量。

8.2.3 相关配套知识

轨道几何状态检测宜利用轨道控制网(CPⅢ)，采用轨道几何状态测量仪进行测量。

(1)对高速铁路轨道平顺状态检测设备的基本要求

①可测波长范围

高速行车条件下长波不平顺对旅客舒适度的影响较大，因此轨检车的可测波长范围必须增大，而需要检测的波长主要根据客车车体主振频率和行车速度确定，当客车车体主振频率在1 Hz左右，容易引起车体谐振，舒适性恶化的波长约为80 m。因此高速铁路轨道不平顺波长的监控管理范围应延长到80～100 m。

②传递函数

检测轨道不平顺的设备，只有当其传递函数在需测波长范围内恒定不变时，才能如实测出轨道不平顺的幅值和波形，尤其在高速行车条件下，需用功率谱密度等统计函数来评定诊断轨道的平顺性，轨检系统的传递函数必须且有较好的平直特性，传递函数随波长或速度变化的检测系统难以满足要求。

③分辨精度

高速行车条件下，幅值微小的轨面短波不平顺能使轮轨间产生很大的冲击力，因此国内外均要求测量短波不平顺的分辨精度应不低于0.1 mm。对于波长在1 m以上的中长波轨道不平顺，分辨精度一般都规定为1 mm。

(2)高速轨道几何状态检查车及辅助检测设备

①轨道检查车

高速轨检车应能准确地检测出前进各种垂向、横向和复合不平顺，以及轨道不平顺引起的车体垂向和横向振动加速度，并能实时处理检测数据，分析评定轨道的平顺状态，诊断平顺性的恶化程度。当发现可能危及行车安全的严重不平顺时，应能立即通过无线通信设备，将需要降速和紧急整修的地段和有关数据，向行车管理部门报告。目前国外高速轨检车对高低、方向两种基本轨道不平顺的检测，大多采用弦测法或惯性基准法，检测性能都还需要进一步研究提高。法国Mauzin(莫赞型)轨检车采用的六点弦测系统，虽比三点弦测系统的传递特性有所改进，但可测波长范围仍较窄。日本东海道新干线等高速轨检车采用三点10 m、20 m弦测量系统，经推算后能获得40 m弦测结果，虽使可测波长范围较原10 m弦测结果展宽了很多，但由于弦测法的传递函数随波长等因素变化。测得的轨道不平顺幅值和波形都有较大失真，需按各波长成分不同的传递特性进行复杂的修正“复原”，才能得到轨道不平顺的实际波形和正确的功率谱密度。英、美、中、德、荷等国和日本新干线、法国TGV的新型轨检车，均采用更先进的惯性基准法，其传递函数有较好的平直特性，测得的不平顺波形失真小。但由于惯性检测系统比较复杂，当对车辆的各种振动或倾斜、转动修正补偿不良时仍可能引起测量失真，高通滤波器等瞬态特性不佳时基线也会波动，因此必须注意正确补偿修正。此外，测量波长较长的不平顺时，幅值的分辨精度尚需进一步提高。

②轻型轨道不平顺检测小车

轻型轨道不平顺检测小车是一种可检测无列车轮载作用时静态轨道不平顺的便捷工具，现代轻型轨道不平顺检测小车已采用电测传感器、专用或便携式计算机等先进检测和数据处理设备，可检测高低、水平、扭曲、轨向、轨距等轨道不平顺。国外铁路在动静态不平顺差异较小的高平顺线路、无砟轨道线路以及在新线施工中，整道、检查铺轨精度、验收作业质量时，轻型轨道不平顺检测小车得到了较广泛的采用。

③车体振动加速度监测

车体振动加速度是一种或多种轨道不平顺激扰引起的车辆综合响应，振动加速度的大小与人的舒适性感觉和行车安全都有密切关系。为了确保高速客车平稳舒适和行车安全，弥补轨道检查车对复合不平顺的检测评定尚不成熟、检测周期较长等不足，国外高速铁路还通过测量客车车体垂向和横向振动加速度来帮助监控评价轨道的平顺性。由于车体振动加速度不能区分是由何种轨道不平顺引起的，并且同一幅值和波长的轨道不平顺，在不同行车速度时引起的车体振动加速度大不相同，因此车体振动加速度不能用来确切地定量评定轨道的平顺状态。

④轨面短波不平顺检测

目前国内外高速铁路上使用的各种轨检车，检测短波不平顺的分辨精度都还不能满足要求，因此对轨面短波不平顺的检测，大多使用更精确的手提式专用检测装置或检测小车。为适应我国高速铁路建设的需要，应尽快研制分辨精度高、测量基长符合钢轨平直性技术条件规定、技术先进的轨面短波不平顺检测设备。

⑤长波不平顺的检测

日本新干线和德国高速轨检车装备了陀螺仪作基准的长波高低不平顺检测装置。40 m弦测量长波不平顺的性能较其他弦长好，已为日本高速轨检车采用，但不能检测 20 m、10 m 等波长的不平顺。对于运行速度 350 km/h 的高速铁路，轨检车的可测波长范围需增至 100 m。由于不少轨检车检测长波不平顺的性能尚不尽人意，往往还需用精密水平仪、全站仪进行测量，经剔除线路坡度、曲线曲率变化等影响的处理后，才可得到长波不平顺数据。

(3)轨道刚度连续检查车

轨道刚度不均匀不仅直接构成轨道不平顺，也是轨道不平顺发展增大的重要根源，因此也需严格控制。轨道刚度连续检查车能连续检测桥、隧、涵头尾以及槽床路基刚度的不均匀性，比在地面人工间断检测精度高、效率快，能获得完整连续的刚度变化曲线数据。日本、美国、加拿大都研制有性能、原理各不相同的轨道刚度检测车，中国铁道科学研究院集团有限公司也已研制成先进的轨道刚度检测车，并曾在提速、高速试验中发挥了重要作用。

(4)检测周期

用轨检车检测高速轨道平顺状态的周期，一般应根据轨道平顺状态变化的快慢而定。行车密度不太大、轨道结构强、道床路基不均匀残余变形小的线路，轨检周期可以较长，反之较短。国外高速铁路轨检车的检测周期一般在十天至一个月之间。车体加速度的监测，有的每天都进行，有的一周或半月进行一次。

(5)轨检车检测速度对检测结果的影响问题

轨道不平顺是某种轨道结构自身的几何特征，是客观存在的、不应随检测速度等检测方式变化的轨道固有状态。性能良好的轨检车，以不同的运行速度反复对同一段轨道进行检测，所得的轨道不平顺波形不仅应具有良好的重复性，还应与该轨检车准静态移动时车轮重心的轨迹线相符。理论和试验证明，不同行车速度引起的轨道附加弹性变形量小于轨检车的分辨精度，对检测结果没有实质性的影响。目前我国轨检车和世界上性能良好的轨检车，用不同速度测量同一段轨道所得的轨道不平顺波形，其重复性都很好，肉眼几乎看不出差异。

检测轨道不平顺时，对轨检车检测速度的要求与测量车辆振动、平稳舒适性和轮轨作用力时的要求不同，不必要求非得在车辆的实际运营速度下进行。高速铁路的平顺状态也可用较低速度的轨检车来测量，例如法国行车速度 270～300 km/h 的 TGV 高速铁路，所用的莫赞型轨检车，检测速度仅 120～160 km/h。

知识拓展

1. 非接触式轨道几何状态检测小车技术特点

非接触式轨道几何状态检测小车对轨道的静态测量，采用了一种便携式激光非接触测量线路几何状态的方法。使用激光传感器技术和光纤陀螺技术测量线路的各种几何参数，检测小车主要由机械部分(测量车)、传感与数据采集系统、嵌入式计算机系统、数据处理软件等部分组成。非接触式轨道几何状态检测小车实物如图 8.3 所示，现场使用情况如图 8.4 所示，其主要特点有如下两点。

图 8.3　轨道检测小车实物

图 8.4　现场使用情况

(1)在静态轨道几何参数检测方面，首次采用非接触式激光传感器技术来得到轨向、轨距等几何参数，并使检测小车能顺利通过各种钢轨、道岔、道口，避免钢轨飞边、钢轨磨耗对测量的影响，克服了既有检测小车不能通过道岔、道口等缺点，同时检测小车采用可拆卸结构，方便搬运。

(2)利用测量车自身提供的直线基准而不是惯性基准来测量高低和轨向等参数，同时采用多种误差矫正算法，进一步提高了测量的准确性。

2. 非接触式轨道几何状态检测小车主要功能

测量水平、轨距、高低、轨向和正矢等参数；测量过程自动进行，无须人工干预；测量具备自检功能和自动标定与修正功能；测量结果自动判断，测量参数超限报警；测量数据自动存储、打印，自动生成报表，测量原始数据可长期保存。主要测量参数与指标见表 8.5。

表 8.5　主要测量参数与指标

检测项目	测量范围	检测精度
距离	0～15 km	≤0.1%
速度适用范围	0～6 km/h	—
轨距	1 415～1 480 mm	≤1 mm
高低	±100 mm(20 m 范围内)	≤1.0 mm

续上表

检测项目	测量范围	检测精度
轨向（含正矢）	±100 mm（20 m 范围内）	≤1.0 mm
水平及超高	±100 mm	≤1.0 mm

项目小结

本项目围绕高速铁路工程构筑物和轨道结构的运营及养护维修测量，重点介绍了构筑物的变形监测和轨道几何状态的检测等内容。

构筑物的变形监测。应根据高速铁路无砟轨道对线下构筑物变形的要求，以二等水准测量方法，对高速铁路路基、桥涵、隧道、过渡段等特殊地段进行变形监测。

轨道几何状态的检测。主要包括轨距、轨向、高低、水平、扭曲以及轨道中线三维坐标测量等内容。用轨检车检测高速铁路轨道平顺状态的周期，一般应根据轨道平顺状态变化的快慢而定。

复习思考题

1. 在无砟轨道运营阶段，存在哪些情况时要进行变形监测？
2. 什么是 InSAR 技术？利用该技术可以对铁路进行哪些方面的监测？
3. 简述对高速铁路轨道平顺状态检测设备的基本要求。

项目9　GNSS定位测量技术

项目描述

全球导航卫星系统(GNSS)是一种通过卫星提供定位、导航和授时(PNT)服务的系统。它包括多个独立的卫星导航系统,如中国的北斗(BDS)卫星导航系统、美国的GPS全球定位系统、俄罗斯的GLONASS导航卫星系统、欧洲的GALILEO卫星导航系统等。GNSS测量技术通过卫星发送的无线电信号进行定位,用户设备至少需要接收到四颗卫星的信号来进行三维定位。由于GNSS测量技术具有精度高、速度快、成本低、受限制少等显著优点,并且随着硬件设备的不断发展更新和数据处理技术的进一步完善,该技术不仅可以作为高等级控制测量的手段,而且可以代替传统测量仪器进行常规测量工作。

学习目标

1. 知识目标

(1)了解GNSS系统的组成和卫星信号内容;

(2)了解GNSS测量误差的分类及其影响;

(3)掌握GNSS定位测量的原理;

(4)掌握GNSS控制网网形设计的要求及相关指标;

(5)掌握GNSS测量数据采集的方法和仪器操作;

(6)掌握GNSS测量数据处理的方法。

2. 能力目标

(1)能描述GNSS系统的组成和卫星信号内容;

(2)能描述GNSS测量误差的分类及其影响;

(3)能进行GNSS控制网的网形设计;

(4)能进行GNSS测量数据采集和仪器操作;

(5)能进行GNSS测量数据处理。

3. 素质目标

(1)培养正确查询、运用行业规范、标准的能力;

(2)培养与人沟通以及写作能力;

(3)培养质量意识、安全意识、环保意识与协作意识;

(4)培养吃苦耐劳精神和严谨认真的工作作风。

任务 9.1　GNSS 定位测量系统描述

9.1.1　任务目标

掌握 GNSS 定位测量系统的组成，掌握 GNSS 卫星信号的内容。

9.1.2　工作任务

阅读相关材料，描述 GNSS 定位测量系统的组成、GNSS 卫星信号的内容。

9.1.3　相关配套知识

全球四大导航卫星系统分别为：中国的 BDS、美国的 GPS、俄罗斯的 GLONASS 和欧洲的 GALILEO。GNSS 已进入以这四大系统为主、涵盖其他卫星导航系统的多系统并存时代，它们共同组成了全球导航卫星系统。总的来说，GNSS 系统的核心组成包括三大部分：空间卫星部分、地面监控部分和用户接收部分。如图 9.1 所示，以下分别介绍它们的组成、作用和工作状况等。

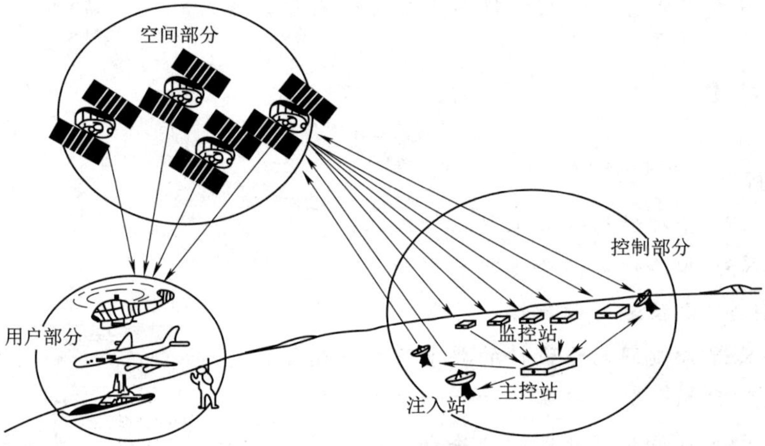

图 9.1　GNSS 定位系统的组成

1. 空间卫星部分

GNSS 的空间部分是由天空中工作的卫星组成，它们分布在不同的轨道上（如中地球轨道、地球静止轨道等），如图 9.2 所示，它们可以发射高精度导航信号，为用户提供定位所需的时空信息。图 9.3 为 GNSS 工作卫星。

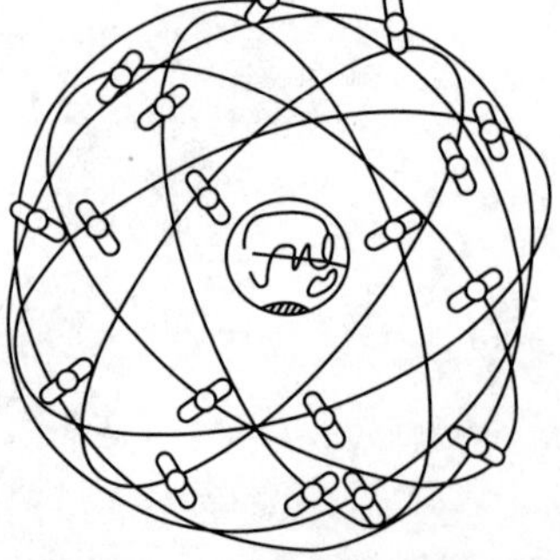

图 9.2　GNSS 卫星星座分布

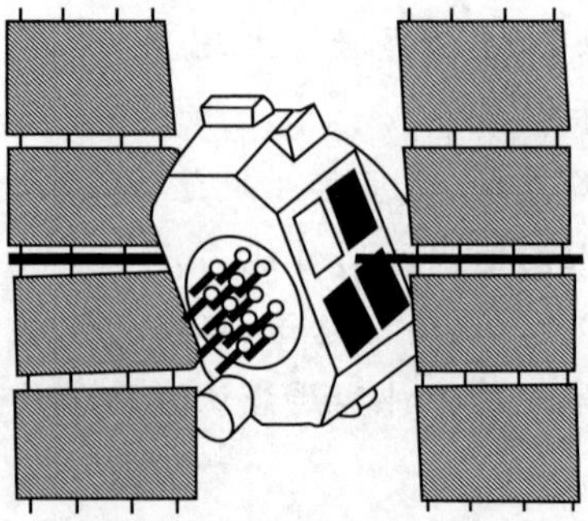

图 9.3　GNSS 工作卫星

2. 地面监控部分

GNSS 地面监控部分一般由主控站、监测站和注入站组成。主控站汇总全球监测数据，生成卫星星历和钟差修正参数；监测站数量较多，跟踪卫星信号并采集数据；注入站负责将修正后的导航电文等上传至卫星。

3. 用户接收部分

用户接收部分包括天线、射频前端、信号处理模块和计算单元等，其任务是跟踪可见卫星，捕获一定卫星高度截止角的待测卫星信号，并对卫星信号进行变换、放大和处理，解译出 GNSS 卫星所发送的导航电文，测量出 GNSS 信号从卫星到接收机的传播时间，实时计算出测站的三维位置、三维速度和时间。

4. GNSS 卫星信号

GNSS 卫星向地面用户接收机发射的卫星信号，包含载波信号、测距码、数据码等多种分量。用户利用接收机采集到这些卫星信号之后，通过机内软件以及 GNSS 数据的后处理软件对信号进行处理，达到高精度定位、导航的目的。GNSS 信号的产生、构成和复制等，都涉及现代数字通信理论和技术方面的内容，这里不作详细介绍，只介绍信号的内容，卫星信号的内容如图 9.4 所示。

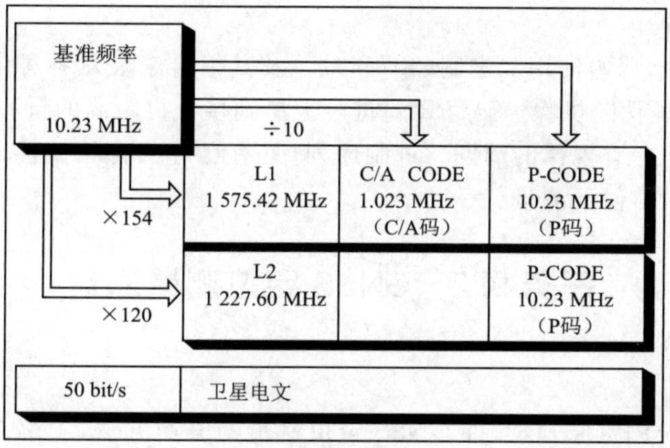

图 9.4　GNSS 卫星信号内容

(1)GNSS 载波信号

GNSS 的载波信号是卫星导航系统的核心组成部分，负责传输测距码和导航电文，使用户接收机能够计算位置、速度和时间。不同 GNSS 系统使用特定的波段频率，全球主要导航系统的载波频率和用途见表 9.1。

表 9.1　全球主要导航系统的载波频率

系　统	主要载波频率/MHz	用　途
北斗系统	B1 频段（中心频率 1 561.098）； B2 频段（中心频率 1 207.14）； B3 频段（中心频率 1 268.52）	B1 频段：民用导航和定位服务； B2 频段：与 B1 频段共同提供双频定位能力，以提高定位精度； B3 频段：主要用于军用服务，提供更高的定位精度和抗干扰能力

续上表

系统	主要载波频率/MHz	用途
GPS 系统	L1 频段(中心频率 1 575.42); L2 频段(中心频率 1 227.60); L5 频段(中心频率 1 176.45)	L1 频段:用于民用和商业应用,调制有 C/A 码、L1C 码、P(Y) 码和 M 码等信号; L2 频段:主要用于精密定位和军事应用,调制有 P 码、L2C 码; L5 频段:用于增强信号和抵抗干扰,主要为民用精密定位和导航服务
GLONASS 系统	G1 频段(中心频率 1 602); G2 频段(中心频率 1 246); G3 频段(中心频率 1 202.025)	G1 频段:用于民用和军用导航定位; G2 频段:主要用于军用高精度定位和导航服务; G3 频段:主要用于卫星导航系统的信号传输和定位计算
GALILEO 系统	E1 频段(中心频率 1 575.42); E5a 频段(中心频率 1 176.45); E5b 频段(中心频率 1 207.14); E6 频段(中心频率 1 278.75)	E1:用于民用导航定位等; E5a、E5b:用于民用安全服务等; E6:主要用于商业服务和加密服务等

(2)GNSS 测距码

现代数字通信中,普遍使用二进制("0"和"1")及其组合来表示各种信息,我们称之为码。GNSS 测量中,采用了伪随机噪声码(PRN)进行卫星到接收机距离的量测,伪随机噪声码是一种貌似随机但实际上是有规律的周期二进制序列,具有良好的自相关性、特定的编码规则,并具有周期性、可复制性,便于测量。

任务 9.2 GNSS 定位测量原理

9.2.1 任务目标

掌握 GNSS 定位测量原理,掌握 GNSS 定位测量的分类方法,了解 GNSS 定位测量技术的优点。

9.2.2 工作任务

阅读相关材料,描述 GNSS 定位测量的原理及分类。

9.2.3 相关配套知识

目前,GNSS 定位测量技术已经应用于多个方面,在大地测量和工程测量当中应用广泛,显示出了巨大的潜力和前景。在 GNSS 定位测量中,通过观测 GNSS 卫星并获得某种观测量来实现定位的目的。利用 GNSS 进行定位,就是把卫星视为"动态"的控制点,在已知其瞬时坐标(可根据卫星轨道参数计算)的条件下,以 GNSS 卫星和用户接收机天线之间的距离为观测量,进行空间距离后方交会,从而确定用户接收机天线所处的位置。

利用 GNSS 进行定位有多种方式,如果按参考点位置不同,可以分为单点定位和相对定位;若就用户接收机天线所处的状态而言,定位方式又可分为静态定位和动态定位。下面对其各自定位原理分别予以介绍。

1. 单点定位和相对定位

(1)单点定位原理

单点定位也称为绝对定位，即在协议地球坐标系中，利用一台接收机来测定接收机天线相位中心在该坐标系中的绝对位置。GNSS 定位所采用的协议地球坐标系为 WGS-84 坐标系。因此单点定位的最初坐标成果为 WGS-84 坐标。

GNSS 单点定位的实质是空间距离后方交会，如图 9.5 所示。现在欲确定待测点 P 的空间位置，可以在该处安置一台 GNSS 接收机，如果在某一时刻 t_i 同时测得了 4 颗 GNSS 卫星 A、B、C、D 到接收机的距离 S_{AP}、S_{BP}、S_{CP}、S_{DP}，则可以列出下列 4 个观测方程：

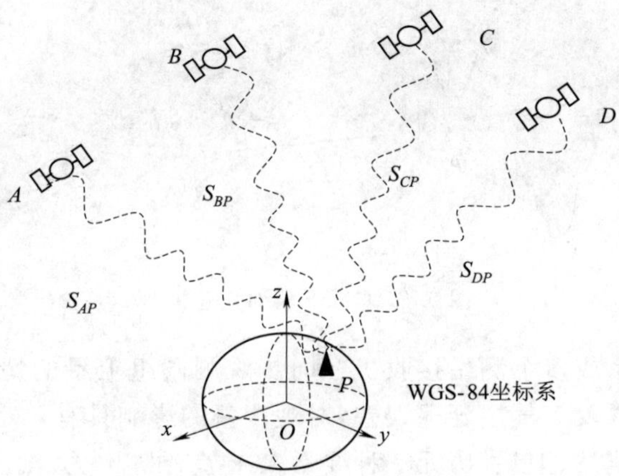

图 9.5　GNSS 单点定位原理示意

$$\left.\begin{aligned}S_{AP}&=[(x_P-x_A)^2+(y_P-y_A)^2+(z_P-z_A)^2]^{\frac{1}{2}}+c(v_{tA}-v_T)\\S_{BP}&=[(x_P-x_B)^2+(y_P-y_B)^2+(z_P-z_B)^2]^{\frac{1}{2}}+c(v_{tB}-v_T)\\S_{CP}&=[(x_P-x_C)^2+(y_P-y_C)^2+(z_P-z_C)^2]^{\frac{1}{2}}+c(v_{tC}-v_T)\\S_{DP}&=[(x_P-x_D)^2+(y_P-y_D)^2+(z_P-z_D)^2]^{\frac{1}{2}}+c(v_{tD}-v_T)\end{aligned}\right\}\tag{9.1}$$

式中　(x_A,y_A,z_A)，(x_B,y_B,z_B)，(x_C,y_C,z_C)，(x_D,y_D,z_D)——卫星 A、B、C、D 在 t_i 时刻的空间直角坐标；

v_{tA}，v_{tB}，v_{tC}，v_{tD}——t_i 时刻 4 颗卫星的钟差，均由卫星星历所提供。

图 9.5 中空间直角坐标系 $o\text{-}xyz$ 即为 GNSS 定位系统所使用的 WGS-84 坐标系。求解上述方程，即得待定点在该空间直角坐标系下坐标(x_P,y_P,z_P)。由此可见，GNSS 定位的实质就是利用高速运动的卫星所提供的卫星的瞬时位置作为已知的起算数据，采用空间距离后方交会，确定待定点的空间位置。

(2)GNSS 相对定位原理

相对定位是用两台 GNSS 接收机，分别安置在基线的两端 P_1 和 P_2，同步观测相同的卫星，通过两测站同步采集 GNSS 数据，并经过数据处理以确定基线两端点的相对位置或基线向量，如图 9.6 所示。这种方法可以推广到多台 GNSS 接收机安置在若干条基线的端点，通过同步观测相同的 GNSS 卫星，以确定多条基线向量。相对定位中，需要多个测站中至少一个测站的坐标值是已知的。以该站点为基准，利用观测解算获得的基线向量，去求解出其他各站点的坐标值。

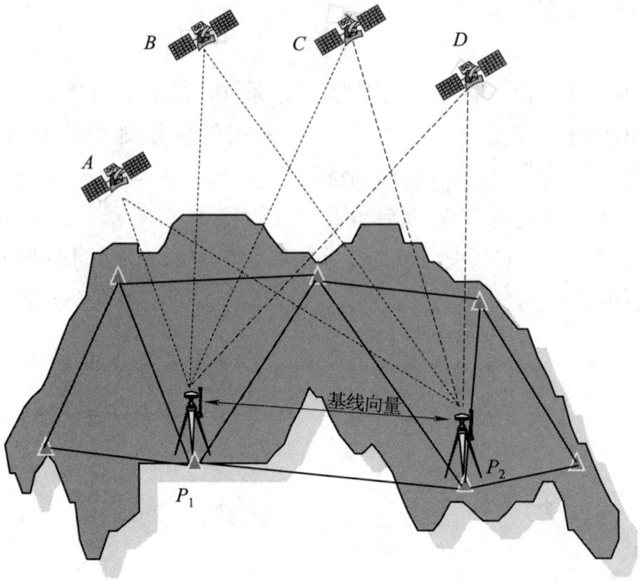

图 9.6　GNSS 相对定位原理

在相对定位中,两个或多个测站接收机在同步观测同组卫星的情况下,卫星的轨道误差、卫星钟差、接收机钟差以及大气层延迟误差,对观测量的影响具有一定的相关性。利用这些观测量的不同组合,按照测站、卫星、历元三种要素来求差,可以大大削弱有关误差的影响,从而提高相对定位精度。相对定位在精度要求高的控制测量、工程施工测量中应用广泛。

2. 静态定位和动态定位

(1)静态定位

静态定位是指 GNSS 接收机在进行定位时,待定点的位置相对其周围的固定点位没有发生变化,其天线位置处于固定不动的静止状态。即在定位过程中,将接收机安置在测站点上并固定不动。严格说来,这种静止状态只是相对的,通常指接收机相对与其周围点位没有发生变化。由于接收机的位置固定不动,就可以进行大量的重复测量,所以静态定位精度高,可靠性好,在大地测量,精密工程测量当中应用广泛,是目前精密定位中的基本模式。

(2)动态定位

动态定位是指在定位过程中,接收机位于运动着的载体上,接收机通过接收 GNSS 卫星信号实时地测定运动载体的位置。其特点是测定一个点的实时位置所采集的多余观测量少,因此定位精度低,一般不能应用于高精度测量工作中,主要应用于导航等方面,可以达到几十米的精度。目前,动态定位与相对定位技术的结合在实际应用中越来越广泛,并且定位的精度相比动态定位而言,也有质的提高,比如实时载波相位差分技术(RTK)的应用。

3. GNSS 定位测量技术的优点

GNSS 定位测量是通过安置在测站点上的地面接收机来接收天上 GNSS 卫星所发射的定位信号来测定该点的坐标,并通过进一步的数据处理,从而得到测站点在国家统一坐标系或地方独立坐标系下的坐标。与传统测量技术相比较,该技术具有以下几方面的优越性。

(1)测站间无须通视

GNSS 测量不要求测站点之间相互通视,只需测站点上空开阔即可。因此,该技术的应用很好地解决了传统测量仪器需要点与点之间通视的难题,增加了测量工作的灵活性。

(2)定位精度高

实践证明,GNSS 相对定位精度在 50 km 以内可以达到 10^{-6},100～500 km 可达 10^{-7},1 000 km 以上可达 10^{-9}。在 300～1 500 m 的精密工程定位当中,当观测时段长度大于 1 h 时,GNSS 接收机所确定的测站坐标平面位置误差小于 1 mm,与 ME-500 电磁波测距仪测定的边长比较,其边长较差最大为 0.5 mm,较差中误差为 0.3 mm。以上所进行的精度比较说明 GNSS 测量技术应用于各类工程测量中完全是可行的。

(3)观测时间短

随着 GNSS 定位系统的不断完善,软件的不断更新,目前 20 km 以内相对定位,仅需 15～20 min的观测时间;快速静态相对定位测量时,当每个流动站与基准站相距 15 km 以内时,流动站观测时间只需 1～2 min;动态相对定位测量中,流动站出发时观测 1～2 min,之后可以随时定位,每站只需几秒钟。

(4)可提供三维坐标

传统测量工作中,将平面和高程测量采用不同的方法分别进行,GNSS 可以同时测得点的三维坐标,因此可将平面和高程测量同时进行。目前,在实际应用中,GNSS 水准可以达到四等水准测量的精度,完全满足一般高程测量的精度要求。

(5)操作简便

测绘仪器的发展,有一个重要特点就是不断使观测者的操作减少,降低劳动强度。随着 GNSS 接收机不断改进,自动化程度越来越高,接收机的体积和质量越来越小,极大地减轻了测量工作者的劳动强度,使野外工作变得较为轻松。

4. 全天候作业

目前,GNSS 测量可以在一天的任何时间进行,不受阴天黑夜、刮风下雨等天气的影响。但雷雨天气不要作业,以免遭受雷击,造成安全事故。

任务 9.3　GNSS 定位误差的来源

9.3.1　任务目标

了解 GNSS 定位测量误差的来源,了解 GNSS 定位测量误差对观测成果的影响。

9.3.2　工作任务

阅读相关材料,描述并分析 GNSS 定位测量误差对观测成果的影响。

9.3.3　相关配套知识

GNSS 定位测量是通过地面接收设备接收并处理卫星传送的信号来确定空间点的三维坐标。在这一过程中,精确测定在某一历元(瞬间)卫星到测站点上用户接收机的距离至关重要,将直接决定定位测量精度的高低,目前站星距离的测定常采用的方法有载波相位测量法和伪距法等。经研究发现,GNSS 定位测量的主要误差来源有以下三个方面:一是与 GNSS 卫星有关的误差,主要包括卫星星历误差、卫星钟误差、SA 干扰误差及相对论效应的影响等;二是与信号传播有关的误差,主要包括电离层折射、对流层折射及多路径误差等;三是与接收设备有关的误差,主要包括接收机钟误差,天线相位中心变化等。

1. 与卫星有关的误差

(1)卫星星历误差

卫星星历就是一组对应某一历元时刻的轨道参数，它是计算卫星瞬时位置的依据。这些参数的数值确定卫星的运行轨道和运行状态，有了卫星星历就可以计算出任一时刻的卫星位置。卫星星历通常分为：广播星历（预报星历）和实测星历（精密星历）。广播星历是一种外推星历，通常包括相对于某一参考历元的开普勒轨道参数和必要的轨道摄动改正项，用户 GNSS 接收机所接收到的卫星信号中即包含广播星历。为保持广播星历的必要精度，一般要限制外推时间间隔。实测星历是一些国家根据自己的卫星跟踪站的跟踪观测资料，经过事后处理直接计算的卫星星历，它向广大用户提供有偿服务，使卫星星历的精度大大提高。

卫星星历误差是指根据卫星星历计算出的卫星空间位置与卫星实际位置间的偏差，由于卫星空间位置是由地面监控系统根据对卫星的测轨结果计算求得的，所以又称为卫星轨道误差。它是一种起始数据误差，其大小取决于卫星跟踪站的数量及空间分布、观测值的数量及精度、轨道计算时所用的轨道模型及定轨软件的完善程度等。星历误差是 GNSS 测量的重要误差来源。

(2)卫星钟差

卫星钟差是指 GNSS 定位系统的卫星钟表示的时间与 GNSS 标准时间的差别。为了保证时钟的精度，GNSS 卫星均采用高精度的原子钟，但它们与 GNSS 标准时之间的偏差和漂移总量仍在 0.1～1 ms 以内，由此引起的等效测距误差将达到 30～300 km。该误差为系统误差，必须加以修正。在相对定位中，采取接收机之间求一次差可以较好地消除卫星钟误差的影响。

(3)相对论效应的影响

由于卫星钟和主控站点所处空间位置不同，运动速度不同，并且它们分别处在不同的引力场中，这样由于相对论效应的影响，也会引起卫星钟频率的漂移，从而造成卫星钟和接收机钟之间的不同步，这种误差我们称之为相对论效应影响误差。为了改正这种误差，应在卫星钟基准频率上加以相对论效应改正，通过将卫星钟频率事先降低一个经精密计算得到的常数(4.449×10^{-10})以改正主项，用对卫星钟读数加改正数以顾及小的常数项及周期误差影响部分，从而对相对论效应误差进行较好地控制。

2. 与传播途径有关的误差

(1)电离层折射

在地球上空距地面 50～100 km 范围的电离层中，气体分子因受到太阳等天体各种射线辐射产生强烈电离，形成大量的自由电子和正离子。当 GNSS 信号通过电离层时，与其他电磁波一样，信号的传播路径要发生弯曲，传播速度也会发生变化，从而使测量的距离发生偏差，这种影响称为电离层折射误差。对于电离层折射可用 3 种方法来减弱它的影响：①采用双频接收机观测，利用不同频率的观测值组合来对电离层的延尺进行改正。②利用电离层模型加以改正。③利用同步观测值求差，这种方法对于短基线的效果尤为明显。

(2)对流层折射

对流层的高度为 50 km 以下的大气底层，其大气密度比电离层更大，大气状态也更复杂。对流层与地面接触并从地面得到辐射热能，其温度随高度的增加而降低。GNSS 信号通过对流层时，也使传播的路径发生弯曲，从而使测量距离产生偏差，这种现象称为对流层折射误差。减弱对流层折射的影响主要有三种措施：①采用对流层模型加以改正，其气象参数在测站直接测定。②引入描述对流层影响的附加待估参数,在数据处理中一并求得。③利用同步观测量求差。

(3)多路径效应

测站周围的反射物所反射的卫星信号(反射波)进入接收机天线,将和直接来自卫星的信号(直接波)叠加并产生干涉,从而使接收机的相位中心位置发生变化,产生所谓的"多路径误差"。这种由于多路径的信号传播所引起的干涉时延效应被称作多路径效应,如图 9.7 所示。减弱多路径误差的方法主要有:①选择合适的测站位置。测站不宜选择在山坡、山谷和盆地中,应避开高层建筑物。②选择较好的接收机天线,在天线中设置径板,抑制极化特性不同的反射信号。

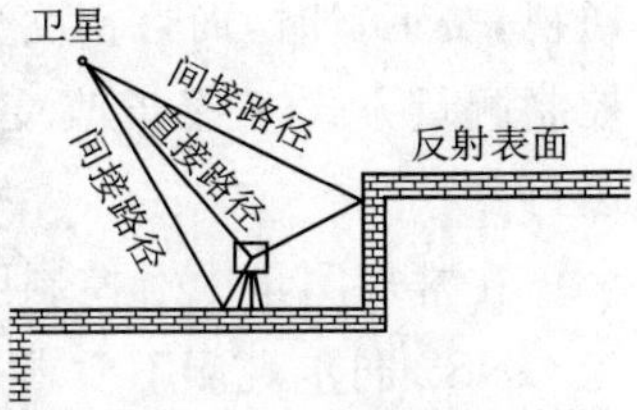

图 9.7　多路径效应

3. 与 GNSS 接收机有关的误差

(1)接收机钟差

GNSS 接收机一般采用高精度的石英钟,接收机钟的时间与 GNSS 标准时之间的不同步称为接收机钟差。如果接收机钟与卫星钟间的同步差为 1 μs,则由此引起的等效观测距离误差将会达到 300 m。在实际测量当中,把每个观测时刻的接收机钟差当作一个独立的未知数,并认为各观测时刻的接收机钟差间是相关的,在数据处理中与观测站的位置参数一并求解,可减弱接收机钟差的影响,详见单点定位原理部分内容。

(2)接收机的位置误差

接收机天线相位中心相对测站标石中心位置的误差,叫接收机位置误差。其中包括天线对中和整平误差,以及量取天线高误差。在精密定位时,要认真操作,来尽量减少这种误差影响。在变形监测中,应采用有强制对中装置的观测墩。

(3)接收机天线相位中心偏差

在 GNSS 测量时,观测值都是以接收机天线的相位中心位置为准的,而天线的相位中心与其几何中心,在理论上应保持一致。相位中心随着信号输入的强度和方向不同而有所变化,这种差别叫天线相位中心的位置偏差。这种偏差的影响可达数毫米至厘米。而如何减少相位中心的偏移是天线设计中的一个重要问题。在实际工作中若使用同一类天线,在相距不远的两个或多个测站同步观测同一组卫星,可通过观测值求差来减弱相位偏移的影响。但这时各测站的天线均应按天线附有的方位标进行定向,使之根据罗盘指向磁北极,以减小天线相位中心不稳定所造成的误差。

任务 9.4　GNSS 控制网网形设计

9.4.1　任务目标

掌握 GNSS 网图形构成特征条件的计算方法,掌握 GNSS 网同步图形的扩展方法。

9.4.2　工作任务

结合任务要求,进行 GNSS 网图形构成特征条件计算和 GNSS 网同步图形的扩展设计。

9.4.3　相关配套知识

GNSS导航定位技术一经出现，就展现出其巨大的优越性，在社会各领域都得到了广泛的应用。传统的大地测量、工程控制测量常采用三角测量、导线测量方法来实施，不仅要求点间通视，费工费时，而且精度分布不均匀。近年来随着GNSS定位测量技术的发展应用，传统的控制测量方式正逐步改变，越来越多的工程控制测量工作采用GNSS定位测量的方式来进行。

在常规测量中对控制网的图形设计是一项非常重要的工作，而在GNSS图形设计时，因为GNSS同步观测不要求通视，所以其图形设计具有较大的灵活性。GNSS网的图形设计主要取决于用户的要求、经费、时间、人力以及所投入的接收机类型、设备数量和后勤保障条件等。

在实际布网设计时还要遵守以下几项原则：

(1)GNSS观测的一个优点就是在GNSS网中点与点间不要求通视，所以在图上选点时尽可能考虑方便测量作业；但如果需要考虑以后用常规测量方法加密，则每个GNSS控制点和相邻控制点间应有一个以上的通视方向。

(2)为了沿用原有城市测绘成果资料以及各种大比例尺地形图，应采用原有城市坐标系统，对符合GNSS网点要求的旧点，应充分利用其标石。

(3)GNSS网必须由异步独立观测边构成若干闭合环或附合路线，在GNSS网中每个异步环的边数应符合表9.1的要求。

表9.1　最简独立闭合环或附合路线边数的规定

级　别	B	C	D	E
异步环的边数/条	≤6	≤6	≤8	≤10

1. GNSS网图形构成特征条件的确定

在进行GNSS网图形设计前，应进行GNSS网特征条件的计算。

(1)GNSS网特征条件的计算

首先，最重要的是要确定完成整个GNSS网的图形构成所需要的最少观测时段数，其计算公式为

$$C=n\cdot m/N \tag{9.2}$$

式中　C——完成整个GNSS网的图形构成所需要的最少观测时段数；

n——GNSS网的观测点个数；

m——每个平均设站次数；

N——使用的接收机台数。

对于某一个GNSS网，点的个数n通过图上的选点可以确定，每点平均设站次数m根据本网的设计精度等级可以在规范里找到相应要求，见表9.2中的观测时段数，接收机台数就是设计投入观测的接收机台数，由测量单位自行确定，确定上述数据后根据公式即可求出整个GNSS网的图形构成所需要的最少观测时段数。

表 9.2　B、C、D、E 级 GNSS 网观测的基本技术规定

项　目	技术指标要求			
	B 级	C 级	D 级	E 级
卫星截止高度角/(°)	15	15	15	15
同时观测有效同系统卫星数	≥4	≥4	≥4	≥4
有效观测卫星总数	≥20	≥6	≥4	≥4
观测时段数	≥3	≥2	≥1.6	≥1.6
时段长度	≥23 h	≥4 h	≥60 min	≥40 min
采样间隔/s	30	15～30	5～15	5～15

注:(1)计算有效观测卫星总数时,应将各时段的有效观测卫星数扣除其间的重复卫星数;

(2)观测时段长度,应为开始记录数据到结束记录的时间长度;

(3)观测时段数"≥1.6"指采用网观测模式时,每站至少观测一时段,其中二次设站点数应不少于 GNSS 网总点数的 60%;

(4)采用基于卫星导航定位基准站的点观测模式时,可连续观测。但观测时间应不低于表中规定的各时段观测时间的和。

注意:这里由规范得到的 C 只是最少观测时段数,意味着少于这个数段数就满足不了规范的要求。当然不低于这个时段数也可以完成整网图形的构成,只是可靠程度不高。最终的观测的时段数 C' 由测量单位在最少观测时段数的基础上结合图形设计来确定。

在 GNSS 网中,在确定了最终的时段数 C' 后,就可以得到以下特征条件。

①总基线数:$J_T = C' \cdot N \cdot (N-1)/2$。

②必要基线数:$J_N = n-1$。

③独立基线数:$J_D = C' \cdot (N-1)$。

④多余基线数:$J_S = C' \cdot (N-1)-(n-1)$。

依据上述公式进行计算,就可以确定出一个具体的 GNSS 网图形结构的主要特征。

(2)GNSS 网同步图形及独立边的选择

对于一个时段,由 N 台 GNSS 接收机构成的同步图形中包含的 GNSS 基线数为

$$J_T = N \cdot (N-1)/2 \tag{9.3}$$

其中,只有 $N-1$ 条是独立的 GNSS 基线,其余的是非独立的 GNSS 基线。当同步观测的 GNSS 接收机台数 $N \geqslant 3$ 时,需要检查一个时段里由三条同步观测基线所构成的同步闭合环的闭合差。理论上,同步闭合环中各 GNSS 边的坐标差之和(即闭合差)应为 0,但由于观测误差的存在,同步闭合环中闭合差并不等于零。《全球导航卫星系统(GNSS)测量规范》规定了同步闭合差的限差,原则上应遵守此限差的要求,但当由于某种原因导致不能较好同步时,应适当放宽此项限差的要求。

值得注意,若同步闭合环的闭合差较小,通常只能说明这一时段的 GNSS 基线向量的处理模型和过程没有问题,但不能确认没有接收的信号受到干扰而产生的某些粗差或人为的粗差(或仪器高量错)。

为了确保 GNSS 观测效果的可靠性,有效地发展观测成果中的粗差,必须使 GNSS 网中的独立边构成一定的几何图形,这种几何图形可以是由数条 GNSS 独立边构成的异步多边形(或称独立闭合环),也可以是当 GNSS 网中有若干个起算点时由两个起算点之间的数条 GNSS 独立边构成附合路线。GNSS 网的图形设计,也就是根据对所布设的 GNSS 网的精度要求和其他方面的要求,设计出由独立 GNSS 边构成的多边形网。对于独立闭合环的构成,

一般应按所设计的网图选择,必要时也可根据具体情况适当调整。

2. 同步图形扩展方式设计

同步图形扩展式是布设 GNSS 网时最常用的一种布网形式,多台接收机在不同测站上进行同步观测,在完成一个时段的同步观测后,又迁移到其他的测站上进行同步观测,每次同步观测都可以形成一个同步图形。在测量过程中,不同的同步图形间一般有若干个公共点相连,整个 GNSS 网由这些同步图形构成。同步图形扩展式具有扩展速度快,图形强度较高,且作业方法简单的优点。

同步网之间的连接方式有以下几种。在选择测设方案时,应从所具备的接收机数量和精度、工作量大小、卫星运行状态、测区条件等方面进行权衡设计。采用同步图形扩展式布设的 GNSS 控制网,其观测作业方式主要有以下几种形式:点连式、边连式和混连式。

(1)点连式

点连式就是在观测作业时,相邻的同步图形间只通过一个公共点相连。这样,当有 m 台仪器共同作业时,每观测一个时段,就可以测得 $m-1$ 个新点,当这些仪器观测了 s 个时段后,就可以测得 $1+s\cdot(m-1)$个点,如图 9.8 所示。

特点:点连式观测作业方式的优点是作业效率高,图形扩展迅速;它的缺点是图形强度低,如果连接点发生问题,将影响到后面的同步图形。

(2)边连式

所谓边连式就是在观测作业时,相邻的同步图形间有一条边(即两个公共点)相连。这样,当有 m 台仪器共同作业时,每观测一个时段,就可以测得 $m-2$ 个新点,当这些仪器观测了 s 个时段后,就可以测得 $2+s\cdot(m-2)$个点,如图 9.9 所示。

特点:边连式观测作业方式具有较好的图形强度和较高的作业效率。

(3)混连式

在实际的 GNSS 作业中,一般并不是单独采用上面所介绍的某一种观测作业模式,而是根据具体情况,有选择地灵活采用这几种方式作业,这样一种观测作业方式就是所谓的混连式,如图 9.10 所示。

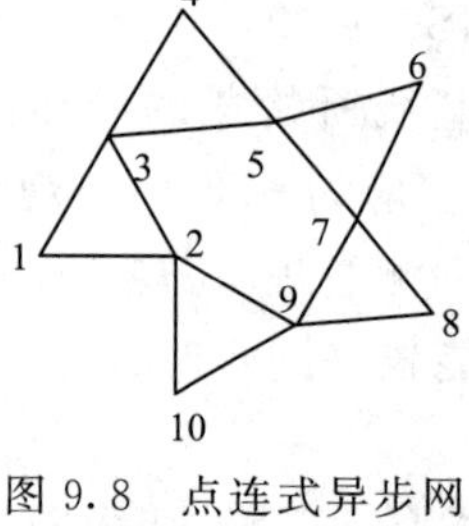

图 9.8　点连式异步网

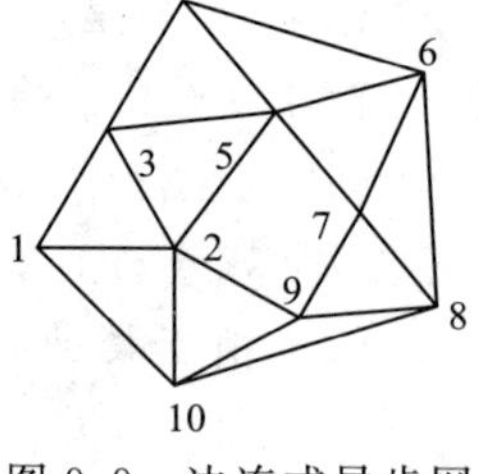

图 9.9　边连式异步网

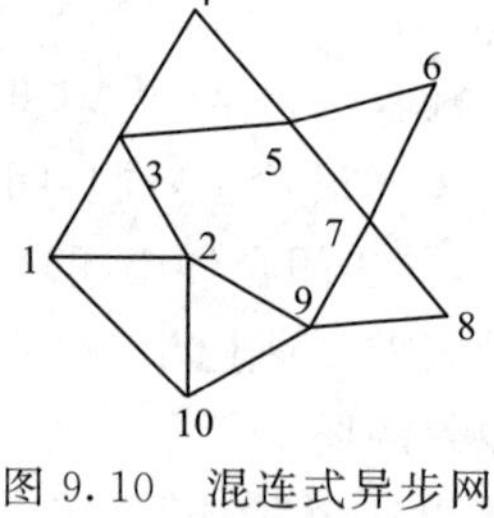

图 9.10　混连式异步网

特点:混连式观测作业方式是我们实际作业中最常用的作业方式,它实际上是点连式、边连式和网连式的一个结合体。

在实际工作中当只有三台 GNSS 接收机时,整个网的布设连接方式存在较多选择,需要多做些图形优化设计的工作;有四台 GNSS 接收机时,一般采取边连式来完成图形连接;有五台或更多 GNSS 接收机时,多采取网连式,每个同步图形间通过 2 个或 3 个共同点来完成图形连接。在图形设计过程中,可以采取从网的某一端开始,向其他待测地域扩展的方式;也可以从网的中间向四周扩展的图形设计方式,具体情况应结合实际地形、交通情况、工作安排,在后续的外业观测调度工作中，也可酌情修改图形设计。

任务9.5 GNSS测量数据采集

9.5.1 任务目标

掌握GNSS控制测量准备工作的内容和程序，掌握正确进行观测记录的方法，掌握GNSS观测成果外业检核的内容和程序。

9.5.2 工作任务

结合具体项目，完成GNSS控制测量的准备工作，能够正确进行观测和记录，并能对GNSS观测成果进行外业检核，及时发现问题，进行重测和补测。

9.5.3 相关配套知识

观测作业的主要任务是捕获GNSS卫星信号，并对其进行跟踪、处理和量测，以获得所需要的定位信息和观测数据。符合要求的高质量GNSS测量数据采集，需要测量人员严谨细致的操作和一丝不苟的工作作风。

1. 天线安置

为了避免严重的重影及多路径现象干扰信号接收，确保观测成果质量，必须妥善安置天线。天线要尽量利用脚架安置，直接在点上对中。天线的定向标志线应指向正北，其中A级与B级在顾及当地磁偏角修正后，定向误差不应大于$\pm 5^\circ$。

天线安置后，应在每时段观测前后各量取天线高一次。对备有专门测高标尺的接收设备，将标尺插入天线的专用孔中，下端垂准中心标志，直接读出天线高。对其他接收设备可采用倾斜测量方法。从互成120°的脚架三个方向测量天线底盘下表面至中心坐标面的距离，互差小于3 mm时，取平均值L，若天线底盘半径为R，再利用厂方提供的平均相位中心至底盘下表面的高度H_c，计算求出实际天线高。

(1)安置要求

GNSS接收机天线的安置，应按照以下的过程和要求来进行：

①天线通常应该按它上面的方向标识进行定向，所有测站上的天线均采用罗盘使其指向同一方向，这样可以确保任何天线的中心偏移(由其机械中心量测到电气相位中心)以系统性的方式传递到基线解(地面标识到地面标识)中。

②同一天线、接收机和电缆应集中到一起，保存到仪器箱中(目前一体机较多)。

③由于GNSS测量的精度很高，因而天线的对中非常重要，如果对中不好，整个测量的精度都将受到影响；应避免采用垂球对中，要对带有光学对中器的基座经常进行检校。

④天线应安置在带有光学对中器的标准测量基座上，并安放在高质量的测量脚架上。

⑤将天线安置在观测墩上是既省力又能保证观测质量的方式。

⑥如果接收机需要在原地观测两个或多个时段，每次都应该重新安置天线。

测量过程中，天线的安置可能最为关键，直接影响观测成果的质量。

(2)天线高的量测

由于GNSS的观测值是相对GNSS天线的相位中心(antenna phase center，APC)得来的，因而GNSS定位软件最初计算出的位置就是天线相位中心的位置。但是用户所需要的位置通常是一个物理标识，它通常直接在天线的下方。天线的相位不是一个物理点，而是相对于天线上的一个物理特性,它可以通过一组校正观测值来确定。天线上还有一个被称为天线参考点的特殊点,它通常位于天线底部中央,从天线参考点(antenna reference point,ARP)到相位中心的向量称为天线偏移量(antenna offset)。另外,对于 $L1$ 和 $L2$ 载波相位数据来说,天线偏移量是不同的。

不同类型的天线有不同的建议量高方法,应该对所有的天线高量测值加以仔细的记录,最好附加图示。由天线外罩上的标准参考点所量测的天线高于点标志的高度,需要量到毫米,而且需要在每一时段的开始和结束时进行。由于这是一个常见的误差源,因而需要对量测值进行检查,例如由另外的人独立观测量测或采用英制单位来量测,进行交叉检验。

2. 外业观测记录

在外业观测过程中,所有信息资料和观测数据都要妥善记录。观测记录由接收设备自动完成,均记录在存储介质(如磁卡等)上,记录项目主要有:载波相位观测值及其相应的 GNSS 时间、GNSS 卫星星历参数、测站和接收机初始信息(测站名、测站号、时段号、近似坐标及高程、天线、接收机编号、天线高)。

存储介质的外面应贴制标签,注明文件名、网区名、点名、时段号、采集日期、测量手簿编号等。接收机内存数据文件转录到外存介质上时,不得进行任何剔除和删改,不得调用任何对数据实施重新加工组合的操作指令。

外业测量记录手簿是在接收机启动前与作业过程中,由测量员随时签写的。其中图幅编号,可填写 1∶50 000 地形图图幅编号;近似经纬度填至 1′,近似高程填至 100 m。整个观测过程出现的重要问题及其处理情况,亦应如实地填写在记事栏内。外业测量记录手簿是 GNSS 精密定位的依据,必须按照规定妥善保管。外业测量记录手簿记录有在测站上进行观测和数据采集时所输入的信息,主要包含有下列信息:

①日期与时间和作业人员。

②点名和点号。

③时段号。

④接收机、天线、数据记录器、内存卡等的序列号。

⑤观测的开始和结束时间。

⑥观测期间卫星的状态。

⑦天线高。

⑧气象观测值(如温度、气压和相对湿度)。

⑨接收机运行参数,如数据记录率、观测值类型、截止高度角等。

⑩观测期间发生的问题。

在进行外业数据采集观测期间,测量人员应注意如下情况:

①电池状态。

②所剩存储空间。

③所跟踪的卫星及其信号信噪比。

④实时导航定位状态。

⑤天线连接指示符。

⑥数据记录量状态。

3. 野外数据检核

观测成果的外业检核是外业工作中的最后一个环节。每当观测任务结束,必须对观测数的质量进行分析并作出评价,以确保观测成果和定位结果的预期精度。对野外观测资料首先要进行复查,内容包括:成果是否符合调度命令和规范的要求,进行的观测数据质量分析是否符合实际。然后进行下列项目的检核。

(1)每个时段同步边观测数据的检核

两端点接收机通过同步观测,经平差解算的基线边称为同步边。同步边检核的内容有:

①数据剔除率。剔除的观测值个数与应获取的观测值个数比值称为数据剔除率。同一时段观测值的数据剔除率,其值应小于 10%。

②平差值的中误差。同步计算边各时段平差值中误差和相对中误差,其中中误差应小于 0.1 m,相对中误差应符合《全球导航卫星系统(GNSS)测量规范》(GB/T 18314—2024)规定的 GNSS 测量精度要求。

(2)重复观测边的检核

同一基线边若观测了多个时段,则可得到多个边长结果。这种具有多个独立观测结果的边就是重复观测边。对于重复观测边的任意两个时段的成果互差,均应小于接收机标称精度的 $2\sqrt{2}$ 倍。

(3)环闭合差的检核

当独立观测的各同步边构成闭合环形(如三角形、多边形)时,各边的坐标差之和应为零。但是由于多种误差的存在,环中各独立观测边的坐标差分量闭合差不为零,设其为

$$\left.\begin{aligned}\omega_x &= \sum_{i=1}^{n}\Delta x_i\\ \omega_y &= \sum_{i=1}^{n}\Delta y_i\\ \omega_z &= \sum_{i=1}^{n}\Delta z_i\end{aligned}\right\} \tag{9.4}$$

式中　n——闭合环中同步边数。

此时环闭合差的定义是:$\omega=(\omega_x^2+\omega_y^2+\omega_z^2)^{\frac{1}{2}}$。环闭合差的大小是评价观测成果质量的重要标志之一。《全球导航卫星系统(GNSS)测量规范》规定,若干个独立边组成闭合环时,各坐标差分量闭合差不应大于 $3\sqrt{n}\sigma$,其中 σ 为相应级别按平均距离算出的规定中误差。

(4)同步观测环的检核

当环中各边为多台接收机同步观测时,由于各边是不独立的,所以其闭合差应恒为零。例如三边同步环中只有两条同步边可以视为独立的成果,第三边成果应为其余两边的代数和。但是由于模型误差和处理软件的内在缺陷,使得这种同步环的闭合差实际上仍然可能不为零。这种闭合差一般数值很小,不至于对定位结果产生明显影响,所以也可把它作为成果质量的一种检核标准。

《全球导航卫星系统(GNSS)测量规范》规定,三边同步环中第三边处理结果与前两边的代数和之差值应小于下列数值:

$$\omega_x\leqslant\frac{\sqrt{3}}{5}\sigma\quad \omega_y\leqslant\frac{\sqrt{3}}{5}\sigma\quad \omega_z\leqslant\frac{\sqrt{3}}{5}\sigma\quad \omega=(\omega_x^2+\omega_y^2+\omega_z^2)^{\frac{1}{2}}\leqslant\frac{3}{5}\sigma \tag{9.5}$$

式中　σ——相应级别的规定中误差(按平均边长计算)。

对于 4 站以上的多边同步环,可以产生大量同步闭合环,在处理完各边观测值后,应检查一切可能的闭合差。以图 9.11 为例,应检核:① AB—BC—CA;② AC—CD—DA;③ AB—

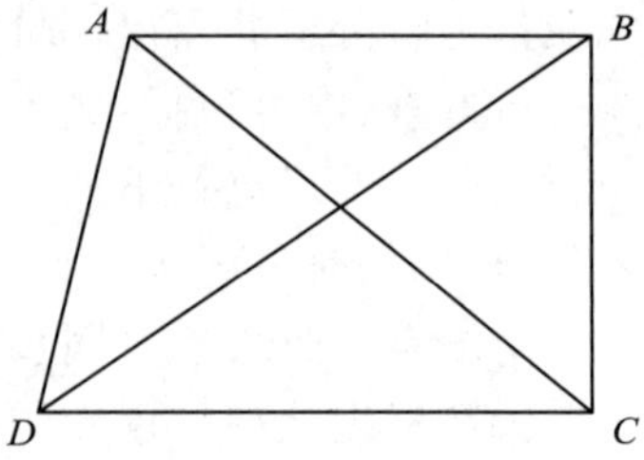

图 9.11 同步环闭合差

BD—DA；④ BC—CD—DB；⑤AB—BC—CD—DA；⑥ AB—BD—DC—CA；⑦AD—DB—BC—CA。所有闭合环的分量闭合差不应大于$\frac{\sqrt{n}}{5}\sigma$，而环闭合差为

$$\omega=(\omega_x^2+\omega_y^2+\omega_z^2)^{\frac{1}{2}}\leqslant\frac{\sqrt{3n}}{5}\sigma \tag{9.6}$$

式中 n——闭合环中的边数；

σ——相应级别的规定中误差。

当发现边闭合数据或环闭合数据超出上列规定时，应分析原因并对其中部分或全部成果重测。需要重测的边，应尽量安排在一起进行同步观测。

任务 9.6 观测数据处理

9.6.1 任务目标

掌握 GNSS 测量数据预处理的方法，掌握 GNSS 控制网测量数据基线解算的方法，掌握 GNSS 控制网测量数据网平差的方法及质量检验。

9.6.2 工作任务

结合具体项目，在完成 GNSS 控制网外业测量的基础上，完成 GNSS 测量数据预处理，能够进行 GNSS 控制网测量数据基线解算和 GNSS 控制网测量数据网平差，并能及时发现有问题的数据，进行重测和补测。

9.6.3 相关配套知识

外业观测完成之后，需要对接收机所采集到的定位数据信息进行处理。因 GNSS 定位系统使用的坐标系为 WGS-84 坐标系，实际应用当中点位坐标往往是在国家统一坐标系或地方独立坐标系下的坐标。因此，在进行 GNSS 定位测量数据内业处理时，关键是测站点所在坐标系的变换及转换参数的确定。数据处理主要经过以下几个程序：数据传输、基线解算、网平差、坐标系统转换、与原有地面网的联合平差。对外业观测所得到的基线向量进行质量检验，并对由合格的基线向量所构建成的 GNSS 基线向量网进行平差解算，得出网中各点的坐标成果。如果需要利用 GNSS 测定网中各点的正高或正常高，还需要进行高程拟合。因 GNSS 定位测量外业观测所采集的数据量大，处理过程复杂等特点，我们在进行数据处理时往往利用编制好的专用数据处理软件来进行内业数据处理，简化了内业工作的复杂性。

1. 数据预处理

在一天的外业观测结束后，需要尽快进行数据传输、归档与处理工作，主要内容包括：

(1)将数据由接收机下载到计算机。

(2)进行数据验证、格式转换、备份和归档。

(3)进行基线的初步计算。

(4)进行初步的质量控制检验，如复测基线、闭合环的检验和已构网的无约束平差。

2. GNSS 控制网基线解算

基线解算就是将 GNSS 观测值通过数据处理得到测站的坐标或测站间的基线向量值。

(1)GNSS 基线解算的过程

每一个厂商所生产的 GNSS 接收机都会配备相应的数据处理软件，虽然他们在具体操作的细节上存在一些差异，但在总体操作步骤上却是大致相同的。GNSS 基线解算的过程如图 9.12所示。

①导入观测数据。在进行基线解算时，首先需要导入原始的 GNSS 观测值数据。一般说来，各接收机厂商随接收机一起提供的数据处理软件都可以直接处理从接收机中传输出来的 GNSS 原始观测值数据，而由第三方开发的数据处理软件则不一定对全部接收机的原始观测值数据都能进行处理，要采用第三方软件处理数据，通常需要进行观测数据的格式转换，将原始数据格式转换为软件能够识别的格式。目前最常用的格式是 RINEX 格式，对于按此种格式存储的数据，几乎所有数据处理软件都能直接处理。

②检查与修改外业输入数据。在导入了 GNSS 观测数据后，就需要对观测数据进行必要的检查，以发现并改正由于外业观测时的误操作而引起的错误。检查的项目包括：测站点（点号），天线高，天线类型，天线高量高方式等。

③设定基线解算的控制参数。基线解算的控制参数用来确定数据处理软件使用何种处理方式来进行基线解算，设定控制参数是基线解算时的一个重要的环节，控制参数的设置直接影响着基线解算结果的质量，基线的精化处理也是通过控制参数的设定来实现的。

④基线解算。基线解算的过程一般自动进行，无须人工干预。

⑤基线质量的控制。基线解算完毕后，基线结果并不能马上用于后续的处理，还必须对基线解算的质量进行评估，只有质量合格的基线才能用于后续的处理。若基线解算结果质量不合格，则需要对基线进行重新解算或重新测量。基线的质量评估指标包括 RATIO、RDOP、RMS、同步环闭合差、异步环闭合差和重复基线较差，以及 GNSS 网无约束平差基线向量改正数等。

⑥得到最终的基线解算结果。获得通过基线解算阶段质量检核的基线向量。

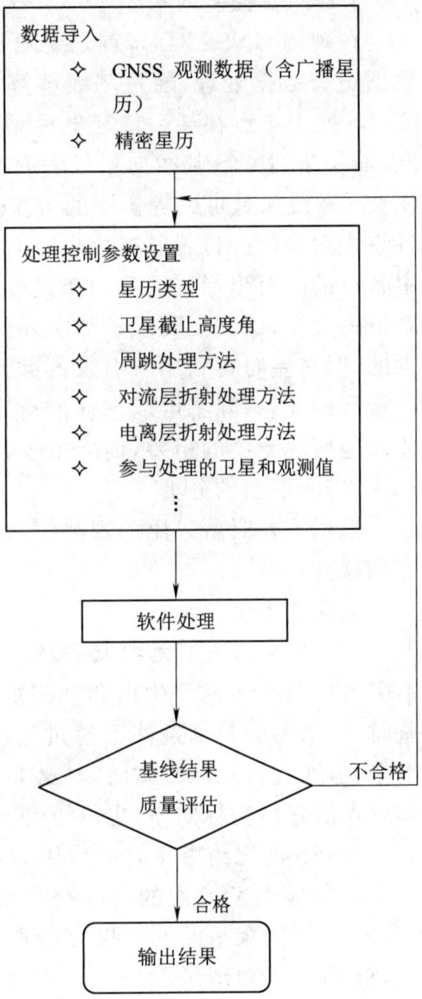

图 9.12　GNSS 基线解算过程

(2)基线解算的输出结果

基线处理软件的输出结果随着所使用的软件不同而有所不同，但通常具有一些共有的内容。基线输出结果可用来评估解算的质量，并可以输入到后续的网平差软件中进行网平差处理。一般情况下，基线解算结果包括如下以文字或图形方式给出的内容：

①数据记录情况（起止时刻，历元间隔，观测卫星，历元数）。

②测站信息：位置（经度、纬度、高度），所采用接收机的序列号，所采用天线的序列号，测站编号，天线高。

③每一测站在测量期间的卫星跟踪情况。

④气象数据(气压、温度、湿度)。

⑤基线解算控制参数设置(星历类型,截止高度角,解的类型,对流层折射的处理方法,电离层折射的处理方法,周跳处理方法等)。

⑥基线向量估值及其统计信息[基线分量,基线长度,基线分量的方差—协方差阵/协因数阵,观测值残差 RMS,整周模糊度解方差的比值(RATIO),单位权方差因子(参考方差)]。

⑦观测值残差序列。

3. GNSS 控制网平差

在观测 GNSS 网时,首先要对构成 GNSS 网的基线进行观测,并利用所采集到的 GNSS 数据进行数据处理,通过基线解算,获得具有同步观测数据的测站间的基线向量。为了确定 GNSS 网中各点在某一特定坐标系统下的绝对坐标,需要提供位置基准、方位基准和尺度基准,而一条 GNSS 基线向量只含有在 WGS-84 下的水平方位、垂直方位和尺度信息,通过多条 GNSS 基线向量可以提供网的方位基准和尺度基准,由于 GNSS 基线向量中不含有确定网中各点绝对坐标的位置基准信息,因此,仅凭 GNSS 基线向量所提供的基准信息无法确定出网中各点的绝对坐标。而我们布设 GNSS 网的主要目的是确定网中各点在某一特定局部坐标系下的坐标,这就需要从外部引入位置基准,这个外部基准通常是通过一个以上的起算点来提供的,网平差时可利用所引入的起算数据来计算出网中各点的坐标。当然,利用 GNSS 基线向量网的平差,除了可以求解出待定点的坐标以外,还可以发现和剔除 GNSS 基线向量观测值和地面观测中的粗差,消除由于各种类型的误差而引起的矛盾,并评定观测成果的精度。

(1)网平差的分类

根据平差时所采用的观测值和起算数据的数量和类型,可将平差分为无约束平差、约束平差和联合平差。

①无约束平差

GNSS 网的三维无约束平差是指平差在 WGS-84 三维空间直角坐标系下进行的,平差时不引入使 GNSS 网产生由非观测量所引起的变形的外部约束条件。具体地说,就是在进行平差时,所采用的起算条件不超过三个,且不包括与尺度和方向有关的起算条件。对于 GNSS 网来说,在进行三维平差时,其必要的起算条件的数量为三个,这三个起算条件既可以是一个起算点的三维坐标向量,也可以是其他三个提供位置基准的起算条件,前者最为常见。

GNSS 网无约束平差的作用为:

a. 评定 GNSS 网的内部符合精度,发现和剔除 GNSS 观测值中可能存在的粗差。由于 GNSS 网无约束平差的结果完全取决于 GNSS 网的布设方法和 GNSS 观测值的质量,因此,GNSS 网的平差结果就完全反映了 GNSS 网本身的质量,如果平差结果质量不好,就说明 GNSS 网的布设或 GNSS 观测值的质量有问题;反之,则说明 GNSS 网的布设或 GNSS 观测值的质量没有问题。

b. 重新调整基线向量观测值的权。在进行无约束平差时,最初基线向量观测值的权由基线解算结果确定,通过网平差,可以采用方差分量估计的方法,对它们的权进行调整,使其更符合实际情况。

c. 得到 GNSS 网中各点在 WGS-84 坐标系下经过了平差处理的三维空间直角坐标,为将来可能进行的高程拟合等工作提供经过了平差处理的大地高数据。

在进行 GNSS 网无约束平差时,如果指定网中某点准确的 WGS-84 坐标作为起算点,则最后可得到 GNSS 网中各点经过了平差处理的在 WGS-84 坐标系下的坐标。用 GNSS 水准替代常规水准测量获取各点的正高或正常高是目前GNSS应用中一个新领域，现在一般使用的是利用公共点进行高程拟合的方法，在进行高程拟合之前，必须获得经过平差的大地高数据，无约束平差可以提供这些数据。

②约束平差

GNSS网的约束平差指的是平差时所使用的观测值完全是GNSS网观测值（即GNSS基线向量），而且在平差时引入了使得GNSS网产生由非观测值所引起的变形的外部起算数据，如引入多个起算点或引入方位、尺度起算数据等。

约束平差的目的主要是：

a. 获取GNSS网点在指定坐标系（参心系）的坐标。

b. 评定GNSS网的外部符合精度。

③联合平差

GNSS网的联合平差指的是平差时所使用的观测值除了GNSS观测值以外，还有地面常规观测值，这些地面常规观测值包括边长、方向、角度等观测量。

联合平差的目的与约束平差相同。

(2)GNSS控制网平差的过程

在使用数据处理软件进行GNSS网平差时，需要按以下步骤来进行。

①提取基线向量，构建GNSS基线向量网。要进行GNSS网平差，首先必须提取基线向量，构建GNSS基线向量网。提取基线向量时需要遵循以下原则：

a. 必须选取相互独立的基线，若选取了相互不独立的基线，则平差结果会与真实的情况不相符。

b. 所选取的基线应构成闭合的几何图形。

c. 选取质量好的基线向量，基线质量的好坏可以依据RMS、RDOP、RATIO、同步环闭合差、异步环闭合差和重复基线较差来判定。

d. 选取能构成边数较少的异步环的基线向量。

e. 选取边长较短的基线向量。

②无约束平差

在构成了GNSS基线向量网后，需要进行GNSS网的无约束平差，通过无约束平差主要达到以下目的：

a. 根据无约束平差的结果，判别在所构成的GNSS网中是否有粗差基线，如发现含有粗差的基线，则需要进行相应的处理，必须使得最后用于构成GNSS基线向量网的所有基线向量均满足质量要求。

b. 调整各基线向量观测值的权，使它们相互匹配。

③约束平差/联合平差

在进行完约束平差后，需要进行约束平差或联合平差，约束平差的具体步骤是：

a. 指定进行平差的基准和坐标系统。

b. 指定起算数据。

c. 检验约束条件的质量。

d. 进行平差解算。

④GNSS网平差中的质量控制

根据我国《全球导航卫星系统(GNSS)测量规范》的要求，GNSS网无约束平差所得出的相邻点距离精度应满足《全球导航卫星系统(GNSS)测量规范》中对各等级网的要求，无约束平差基线分量改正数的绝对值($V_{\Delta x}$,$V_{\Delta y}$,$V_{\Delta z}$)应满足式(2.4)的要求。

对应式(2.4)中,σ为相应级别规定的基线的精度。

若基线分量改正数超限,则认为该基线或其附近的基线存在粗差,应在平差中将其剔除,直到所有参与平差的基线满足要求为止。

根据我国的相关规范要求,在GNSS网的约束平差中,基线分量改正数经过粗差剔除后的无约束平差的同一基线相应改正数较差的绝对值($dV_{\Delta x}$,$dV_{\Delta y}$,$dV_{\Delta z}$)应满足式(2.5)的要求。

对应式(2.5)中,σ为相应级别规定的基线的精度。

若结果不满足要求,则认为作为约束的已知坐标、已知距离、已知方位中存在一些误差较大的值,应删除这些误差较大的约束值,直到满足要求为止。

在进行GNSS网的约束平差或联合平差时,必须对起算数据的质量进行检验,由于在GNSS网平差中所用的起算数据一般为点的坐标,在这里仅给出已知点的检验方法。

具体做法为在进行平差解算时,不是一次性固定所有已知点,而是逐步加以固定。首先固定一个已知点进行平差,将平差所得到的其他已知点坐标与已知值进行比较,由于WGS-84坐标系与当地坐标系间存在旋转和缩放的原因,此时的坐标差异可能会达到分米级,但具有一定的系统性;然后再增加一个固定点进行平差,同样将进行平差所得的其他已知点坐标与已知值进行比较,当已知点坐标不存在问题时,它们之间的差异应在厘米级,否则就可以确定已知点的坐标存在问题。为了确定存在问题的起算点,可以采用轮换固定多个已知点进行平差解算的方法。

当只有2个已知点时,可通过直接用GNSS联测这两个已知点,然后再在当地坐标系下比较坐标差的已知值与联测值或边长的已知值与联测值的方法来检验起算数据,但无法确定存在问题的点。

项目小结

本项目围绕GNSS定位测量技术的发展和应用,系统介绍了GNSS定位测量技术的原理、误差、网形布设、外业观测及数据处理等内容。

GNSS定位原理。GNSS定位测量通过地面接收设备,依据其所接收并处理卫星传送的信号,来确定空间点的三维坐标。按参考点位置不同,可分为单点定位和相对定位;按用户接收机天线所处的状态而言,可分为静态定位和动态定位。

GNSS测量误差来源。根据GNSS测量的误差来源,主要包括与GNSS卫星有关的误差、与信号传播有关的误差、与接收设备有关的误差。

GNSS控制网布设。为确保GNSS观测效果的可靠性,GNSS控制网可以由数条GNSS独立边构成异步多边形(或称独立闭合环);当GNSS控制网中有若干个起算点时,也可由两个起算点之间的数条GNSS独立边构成附合路线。

GNSS数据外业观测。主要任务是捕获GNSS卫星信号,并对其进行跟踪、处理和量测,以获得所需要的定位信息和观测数据。外业观测结束后,必须对观测数据的质量进行分析并作出评价,以确保观测成果和定位结果的预期精度。

GNSS数据处理。主要包括数据传输、基线解算、网平差计算、坐标系统转换、与原有地面网的联合平差等流程,数据处理的关键是确定测站点所在坐标系的变换及转换参数。

复习思考题

1. GNSS 由哪几部分组成？测量人员主要接触哪部分？
2. 采用 GNSS 技术进行平面控制测量时，控制点选择应符合哪些要求？
3. 简述相对定位和绝对定位的区别，列举各自的主要应用方面。
4. 简述 GNSS 测量数据处理的流程。
5. GNSS 测量的误差来源包含哪些方面？简述其对观测结果的影响。
6. 列举 GNSS 测量技术在高速铁路建设中的主要应用。

参 考 文 献

[1] 中华人民共和国铁道部．高速铁路工程测量规范(2024 年局部修订):TB 10601—2009[S]. 北京:中国铁道出版社,2009.

[2] 国家铁路局．铁路工程测量规范(2024 年局部修订):TB 10101—2018[S]. 北京:中国铁道出版社,2018.

[3] 国家铁路局．铁路工程摄影测量规范:TB 10050—2010[S]. 北京:中国铁道出版社,2010.

[4] 国家铁路局．铁路工程卫星定位测量规范:TB 10054—2025[S]. 北京:中国铁道出版社有限公司,2025.

[5] 国家铁路局,中铁集团勘察设计院集团有限公司,中国铁道科学研究院．高速铁路设计规范(2024 年局部修订):TB 10621—2014[S]. 北京:中国铁道出版社,2015.

[6] 李昌宁．CRTSⅡ型板式无砟轨道轨道板预制与铺设技术[M]. 北京:中国铁道出版社,2012.

[7] 李昌宁．CRTSⅠ型板式无砟轨道轨道板预制与铺设技术[M]. 北京:中国铁道出版社,2012.

[8] 李昌宁．CRTSⅠ双块式无砟轨道轨枕预制与铺设技术[M]. 北京:中国铁道出版社,2013.

[9] 李昌宁．CRTSⅡ双块式无砟轨道轨枕预制与铺设技术[M]. 北京:中国铁道出版社,2013.

[10] 李昌宁．岔区板式与枕式无砟轨道施工技术[M]. 北京:中国铁道出版社,2013.

[11] 周建东,谯生有．高速铁路施工测量[M]. 西安:西安交通大学出版社,2011.

[12] 赵景民．无砟轨道施工测量与检测技术[M]. 北京:人民交通出版社,2011.

[13] 朱颖．高速铁路无砟轨道铁路工程测量技术[M]. 北京:中国铁道出版社,2009.

[14] 席浩,武斌忠．高速铁路工程施工测量技术研究与应用[M]. 北京:中国水利水电出版社,2012.

[15] 党星海．全站仪自由设站法在高速公路桥梁施工中的应用与分析[M]. 测绘通报测绘科学前沿技术论坛论文集,2008.

[16] 姜远文,唐平英．道路工程测量[M]. 北京:机械工业出版社,2002.

[17] 李天和．地形测量[M]. 郑州:黄河水利出版社,2012.

[18] 李章树,刘蒙蒙,张齐坤．工程测量学[M]. 2 版．成都:西南交通大学出版社,2015.

[19] 王健,田桂娥,吴长悦,等．道路工程测量[M]. 武汉:武汉大学出版社．2015.

[20] 肖利,王海生．铁路工程测量[M]. 2 版．成都:西南交通大学出版社,2014.

[21] 钱治国．城市轨道交通工程测量[M]. 北京:人民交通出版社．2014.

[22] 卿三惠．高速铁路施工技术(施工测量分册)[M]. 北京:中国铁道出版社．2013.

[23] 王桔林．高速铁路精测控制网及无砟轨道板精调测量技术[M]. 北京:中国铁道出版社．2011.

[24] 张宪丽,王天成,郭亚琴．高速铁路施工测量[M]. 北京:中国铁道出版社,2015.

[25] 王劲松,李士涛．轨道工程测量[M]. 北京:人民交通出版社,2013.

[26] 中国铁路总公司运输局工务部．线路检测与测量[M]. 北京:中国铁道出版社,2017.

[27] 李向国．高速铁路施工新技术[M]. 北京:机械工业出版社,2010.

[28] 王炳龙．高速铁路路基与轨道工程[M]. 上海:同济大学出版社,2015.

[29] 许其凤．空间大地测量学:卫星导航与精密定位[M]. 北京:解放军出版社,2001.

[30] 李征航,黄劲松．GPS 测量与数据处理[M]. 武汉:武汉大学出版社,2010.

[31] 徐绍铨,张华海,杨志强．GPS 测量原理及应用[M]. 武汉:武汉大学出版社,2008.

[32] 聂琳娟．GPS 测量技术[M]. 武汉:武汉大学出版社,2012.

[33] 铁道部第二勘测设计院．铁路测量手册[M]. 北京:中国铁道出版社,2006.

[34] 周国术．现代测绘技术及应用[M]. 北京:中国水利出版社,2009.

[35] 张志刚．线桥隧施工测量[M]. 成都:西南交通大学出版社．2014.

[36] 国家市场监督管理总局,国家标准化管理委员会. 全球导航卫星系统(GNSS)测量规范:GB/T 18314—2024[S]. 北京:中国标准出版社,2024.

[37] 夏春玲. 工程测量(上册)[M]. 2 版．北京:中国铁道出版社有限公司,2021.

[38] 熊嘉阳，沈志云. 中国高速铁路的崛起和今后的发展[J]. 交通运输工程学报，2021，5(21)：6-29.
[39] 孙耿杰. 中国高速铁路发展回顾[J]. 中国交通观察，2022，6(44)：20-30.
[40] 胡瑞. 基于高速铁路的山东省城市可达性演变及其空间公平研究[D]. 济南：山东师范大学，2024.
[41] 李远富. 高速铁路规划与建设[M]. 成都：西南交通大学出版社，2021.
[42] 谢毅，肖杰. 高速铁路发展现状及趋势研究[J]. 高速铁路技术，2021，2(12)：23-26.
[43] 王同军. 中国高速铁路创新成就与展望[J]. 京沪高铁运营10周年学术论文集，2022：3-9.
[44] 梅熙，赖鸿斌，李学仕，等. 高速铁路工程测量体系建设与创新[J]. 高速铁路技术，2020，2(11)：68-72，117.
[45] 任晓春. 高速铁路精密工程测量技术[M]. 成都：西南交通大学出版社，2018.
[46] 何学浩. 高速铁路精密工程测量技术体系的建立及特点[J]. 成果交流，2018，7：119-121.
[47] 周东卫. 兰新高速铁路精密工程测量技术体系及特点[J]. 高速铁路技术，2018，1(9)：70-75.
[48] 夏晨翕，罗庄，张献州，等. 高速铁路工程测量标准体系现状分析与完善措施思考[J]. 测绘地理信息，2020，3(45)：122-126.
[49] 黎奇. GNSS/INS多传感器组合高速铁路轨道测量技术研究[D]. 北京：清华大学，2020.
[50] 国家市场监督管理总局，中国国家标准化管理委员会. 精密工程测量规范：GB/T 15314—2024[S]. 北京：中国标准出版社，2024.
[51] 中华人民共和国住房和城乡建设部. 工程测量通用规范：GB 55018—2021[S]. 北京：中国建筑工业出版社，2021.
[52] 中华人民共和国国家质量监督检验检疫总局，中国国家标准化管理委员会. 国家一、二等水准测量规范：GB/T 12897—2006[S]. 北京：中国标准出版社，2006.